创新创业系列教材

创新管理与企业成长

段利民　编著

西安电子科技大学出版社

内容简介

本书系统地介绍了创新管理的基础知识和基本概念，共分为十一章，内容包括创新的本质、创新的类型、技术创新的基础理论、创新的源泉、创新的流程、创新战略管理、创新资金管理、创新知识产权管理、创新组织管理、创新集群和国家创新体系。

本书可作为高等院校管理专业的本科教材，也可作为企业创新管理工作中技术管理、专利管理等工作人员的参考用书，对于创新管理方向的研究生也有一定的参考价值。

图书在版编目(CIP)数据

创新管理与企业成长/段利民编著. —西安：西安电子科技大学出版社，2017.8
(创新创业系列教材)
ISBN 978 - 7 - 5606 - 4516 - 2

Ⅰ. ① 创…　Ⅱ. ① 段…　Ⅲ. ① 企业管理—研究　Ⅳ. ① F272

中国版本图书馆 CIP 数据核字(2017)第 128004 号

策划编辑　戚文艳
责任编辑　唐小玉　雷鸿俊
出版发行　西安电子科技大学出版社(西安市太白南路 2 号)
电　　话　(029)88242885　88201467　　邮　　编　710071
网　　址　www.xduph.com　　电子邮箱　xdupfxb001@163.com
经　　销　新华书店
印刷单位　陕西大江印务有限公司
版　　次　2017 年 8 月第 1 版　2017 年 8 月第 1 次印刷
开　　本　787 毫米×1092 毫米　1/16　印张　14
字　　数　329 千字
印　　数　1～3000 册
定　　价　26.00 元
ISBN 978 - 7 - 5606 - 4516 - 2/F
XDUP　4808001 - 1

前 言

经济进入新常态将是我国现在和将来很长一段时间内的基本国情。新常态不仅意味着经济从高速增长进入中高速甚至中速增长，更意味着经济增长方式要从依靠要素投入的粗放型增长转向依靠科技、管理投入的集约型增长。在“大众创业，万众创新”的时代背景下，经济增长方式的转变则体现为新创企业(Startups)的不断出现和中小企业的不断成长，这一切都有赖于全民创新意识和创新技能的提高。在校大学生是未来创新的主力军。在校期间，学生不仅要学到专业化的知识和技能，更要注重培养创新意识和创新素质。

出于这一目的，我们编写了《创新管理与企业成长》这本书。本书主要面对在校本科生，旨在给大学生灌输创新意识，使他们正确理解创新，并培育大学生一定的创新管理技能。本书不仅涵盖了创新与创新管理的基础知识和基本概念，还适度引入了国内外当前研究的前沿问题。另外，本书在每章附有大量国际创新案例，这些案例有的生动有趣、引人入胜，有的发人深省、意味深长。因此，本书也适合研究生和企业创新管理人员参阅。

本书主要内容可以概括为三大部分。第一部分主要介绍创新的内涵和外延，包括第1～5章，分别是创新的本质、创新的类型、技术创新的基础理论、创新的源泉以及创新的流程，这些章节对一般创新理论进行了系统的介绍；第二部分主要涉及创新管理问题，包括第6～9章，分别是创新战略管理、创新资金管理、创新知识产权管理和创新组织管理；第三部分主要从开放的视角介绍了创新环境问题，包括第10、11两章，分别是创新集群和国家创新体系。三个部分由浅入深、由内到外地形成了一个有机整体，让学生逐步认识什么是创新，创新涉及哪些管理问题，以及如何充分利用企业内外部资源开展创新活动。

本书之所以能够与读者见面，首先要感谢“西安电子科技大学教材建设基金”的资助，还要感谢西安电子科技大学经济与管理学院、创新创业管理研究所各位同仁的鼎力支持，尤其要感谢杜跃平和王林雪两位教授提出的大量中肯的建议。此外，西安电子科技大学经济与管理学院的硕士研究生王磊、李苗苗、崔佳佳、涂月圆、杨庆红、殷雪参与了教材的案例收集和编写工作。本书在编写中参阅了国内外大量学者和同行的研究成果，已经在书后参考文献列出，仓促之间未能列出者，在此致以歉意，一并表示感谢！

由于编者水平有限，书中可能还有遗漏和不妥之处，欢迎专家和同行批评指正。

编　者

2017年4月

前言

目　录

第1章 创新的本质

学习目标

※ 创新的概念
※ 创新与发明的区别
※ 创新与创业的关系
※ 创新的重要阶段
※ 创新的本质

创新目前已经成为社会经济领域中一个耳熟能详的词汇。尤其是在我国新一届政府提出了“大众创业，万众创新”的创新发展战略后，创新更是被提到了前所未有的高度。然而值得注意的是，使用创新词汇的人来自不同领域，包括政治、经济、文化和社会等不同层面，导致创新一词的使用有所泛化，甚至滥化。如果对创新的概念理解是不全面的，那么管理创新就无法发挥全面的作用。即使有时候初衷良好，其执行效果也不理想。现实生活中，最常见的问题就是把创新混同于发明，其实发明仅仅是创新漫长过程中的第一步。因此，本章将会引导我们从相对“专业”的角度去认识创新，准确把握创新的本质。

1.1 创新的定义

1.1.1 多样化的创新概念

西方经济学界和工商企业界对创新的关注由来已久。在我们正式给出创新的定义之前，首先来看一下西方政府与组织、经济学家和创新学者以及企业家/经理人是如何理解创新的。

> 产业创新包括技术、设计、制造、管理和其他商业活动，这些活动主要出现在新产品(改良产品)的市场营销活动中，或者第一次实现对新的(改良的)工艺或者设备的商业化使用过程中。
>
> ——Christopher Freeman(1982年)

> 创新并不必然地意味着重大前沿技术进步的商业化应用(根本性创新)，它同时也包括诸如技术诀窍等小范围技术变革的应用(改良型创新或者渐进性创新)。
>
> ——Roy Rothwell和Paul Gardiner(1985年)

> 创新是企业家手中的一个特殊工具。通过创新，企业家可以把机会

转变成提供产品或者服务的机遇。创新可以被作为学科来讲解，也可以被学习，更可以被不断实践。

——Peter Drucker(1985 年)

企业通过创新活动获取竞争优势。它们从最宽泛的意义上开展创新，使用新的技术和使用新的事务处理流程。

——Michael Porter(1990 年)

创新是一个创意、一个操作或者一个物体，它被个人或者采用单位视为新的东西。

——Everett M. Rogers(1995)

创新是对新工艺的首次商业化应用，或者新产品的首次商业化生产。

——Christopher Freeman 和 Lue Soete(1997 年)

创新是在生产、配送和消费产品或者服务过程中所采用的新东西。

——Peter Betje(1998 年)

创新是对新创意的成功利用。

——英国贸工部(2004 年)

如同盲人摸象一般，不同定义从不同的出发点阐述了创新不同方面的特征。认真体会和比较上面众多对创新的理解，有助于我们把握创新的本质。

首先，创新必然意味着新生的事物。创新的英文翻译为“innovation”，该词源自于拉丁语“nova”，意思是“新”。尽管单纯的“新”并没有完全抓住创新的核心，创新还需要新颖和与众不同。如何与众不同，不可以一言概之，但是通常而言，大多数创新总会有一定的新颖性。因此，在许多创新的定义当中都体现了创新的“新”或者“新颖”。

其次，仅仅强调创新的新颖性是不够的，这容易忽略创新的其他方面。早期创新的定义无助于区分创新和发明。后来的概念在表述上更有效，因为其中提到了企业和商业，这正是所有创新所必须具备的第二个重要特性，即创新是对发现或者发明的商业化开发和应用，以便其能在市场上交易。尽管创新需要新颖性，但同时也需要商业化流程去把发明转变为能够上市的产品。

美国历史上最成功的创新者是托马斯·阿尔瓦·爱迪生，他一生中注册了 1000 多项专利，其公司所推出的产品包括电灯泡、35 毫米电影胶片，甚至死刑电椅等。爱迪生比其他人更懂得，创新真正的挑战不是发明或提出好的创意，而是让创意在技术上和商业上变得可行。凭借这种本领，爱迪生创造了一个商业帝国，其公司在 1920 年价值就高达 216 亿美元。他对创新的互动性本质有着深刻的理解，并创建了世界上第一个有组织的研发实验室。

例如，电灯泡的发明固然是一个好的创意，但是在一个没有电源的地方，电灯泡是毫无意义的。因此，自电灯发明后，爱迪生就开始了建造发电和电力配送基础设施的工作，包括灯座、电闸和布线设计等。1882 年，曼哈顿的发电站成功送电，点亮了该区域的800 多个灯泡。接下来的若干年中，他又在全世界陆续建成了 300 多个发电站。正如爱迪生所言，创新不仅仅是提出好的想法，更是一个把创意投入实际使用的过程。有关创新的定义尽管在文字表述上有所差异，但是它们都强调了知识开发和利用的必要性，而不是仅局限于知识的发明。

最后，创新不局限于有形物理产品。上面 Freeman 和 Soete 的概念中还有一个缺陷，即创新必须是物理实体或者事物，比如产品和流程，但其实创新也包括服务。近年来，互联网更是大大提高了服务创新所占的比例，Facebook、eBay、Youtube、淘宝、微信等普受欢迎的新型服务皆因互联网技术而生，它们满足了消费者的各类需求。

综上所述，创新包含了技术和创意两个维度。通常我们把第一个维度视作发明，而将第二个维度视为商业化，即创意是指对发明的开发利用，是把模型或者原型转变为市场上可供消费者购买的东西。与创造一项发明相比，商业化没有英雄主义的迷人色彩，但却更加重要。然而不幸的是商业化往往被人忽略。由于没有商业化，很多发明都遗憾地止步在创意阶段，无法给消费者带来满意的产品。只有两个维度均被有效地实施，才能成功地实现创新。

1.1.2　定义创新：创新＝发明＋商业化＋创新扩散

创新的概念分析清楚地告诉我们，创新(innovation)与发明(invention)有着千丝万缕的联系，发明是创新的一部分或者一个阶段。发明源自于一个创意、一个发现或者一个新的突破，然后经试验过程开发为一个可实际工作的发明，这就是我们所讲的研发工作(Research & Development，R&D)的重要构成部分。发明的关键之处在于“新颖”，即必须迈出创造性的一步。然而该阶段的发明通常是不具备上市条件的，因为生产出单个产品是一回事，以可行的成本以及可靠的质量大规模生产以满足消费者需求则是另外一回事了。

所以，创新不完全等同于发明，还包含了推动产品/服务上市或者质量改善的其他一些活动，这些活动形成了创新当中至关重要的市场开发或者商业化阶段。图 1－1 清楚地展示了创新中发明和商业化的关系。由此，我们也能够清楚地理解为什么发明的范畴要大于创新，这是因为商业化过程通常是一个漫长而昂贵的过程，许多发明尽管包含了好的创意，但是没能通过商业化阶段而最终走向市场。

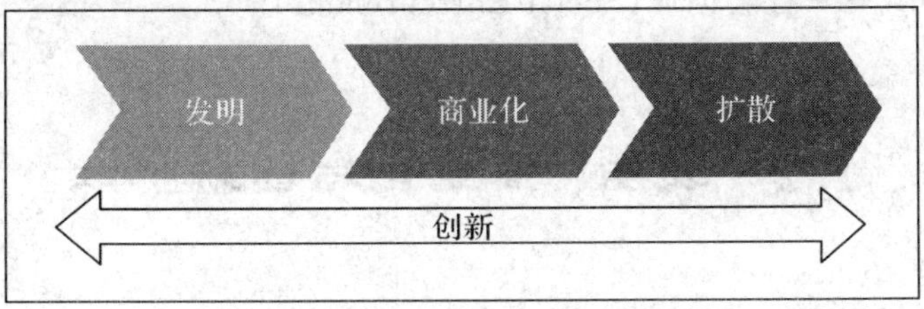

图 1－1　发明、商业化与扩散

商业化通常也包括研发(R&D)当中的开发工作(Development)部分，其主要任务是确保产品不仅在实验室和车间而且还要在实际用户手上能够可靠安全地工作，并且能够在工厂内大批量地生产。除此之外，商业化还包括一系列的商务活动，例如市场营销、公司组织以及财务工作。商务活动工作的目的是把产品推向市场，确保消费者知道并且能够方便地获取新产品。

发明和商业化共同造就了创新，然而事情并非到此为止，紧随其后的是第三个阶段——创新扩散。尽管扩散不是创新的重要组成部分，但总是与创新相伴而生。在这里，扩散是描述消费者对创新产品接纳的一个概念，有些情况下扩散速度相当缓慢，另外一些情形下扩散速度则非常快，比如与互联网相关的服务 eBay、Facebook 等。

1.1.3 创新与创业

提起创新，另一个与之形影相伴的概念就是创业(Entrepreneurship)。创新与创业是紧密地联系在一起的，这种联系不仅体现在各类研究机构总是把创新和创业放在一起研究，更体现在诸多利用创新成功实现创业的实践上。

生存与成长是在位企业时刻关注的问题，但是也为新进入企业一改游戏规则提供了机遇。如一句名言所说，“一个人的问题往往是另一个人的机会”，创新就是如此。创新的本质在很大程度上就是创业，而创业是一个混合了视野、激情、精力、狂热、洞察、决断和朴实努力工作的过程，它最终把好的创意变成现实。正如管理学大师彼得・德鲁克所言：

> 创新是企业家手中的一个特殊工具，通过创新，企业家把机会转变成提供产品或者服务的机遇。创新可以被作为学科来讲解，也可以被学习，更可以被不断践行。
>
> ——彼得・德鲁克(1985 年)

创业精神也被称作企业家精神，是一种人类特质。它包括在激情中创建，在远见卓识中规划，在智慧中运用工具，在饱满精神中执行战略，在风险承担中决策。

企业家精神在不同的创业情境中均发挥着作用，最典型的例子就是开创新企业。但是，不仅新创企业需要企业家精神，成熟企业也同样需要。只有持续创业的企业才能够不断更新自己的产品/服务，才能不断更新把产品/服务送达消费者手中的方式。这种创业被称为“内部创业”(Internal Entrepreneur)，或者简称“内创”(Intrepreneur)，通常在公司创业部(Corporate Entrepreneur Department)或者公司风险投资部(Corporate Venture Department)管理下进行。这些部门为公司内部创业提供动力、愿景和资源，把一些有风险的新创意转化为现实的产品/服务。当然，有时候企业家精神所改变的并不局限于产品/服务的商业价值，而是要改善工作条件、自然环境或者更宽泛的社会环境，此类创业已经形成了独特的创业领域——社会创业(Social Entrepreneur)。

1.2 发明、商业化与创新扩散

1.2.1 发明

1. 创新与发明

2002 年，英国 BBC 电台 4 套 Today Programme 邀请听众为纪念英国专利局成立 150 年进行投票，并选出了前 10 项发明(降序排列)：

- 自行车(Pierre Lallenmente，1886 年)

- 广播(Guglielmo Marconi，1897 年)
- 计算机(Alan Turing，1945 年)
- 盘尼西林(Florey and Heatley，1940 年)
- 内燃机(Nicolaus Otto，1876 年)
- 万维网(Tim Berners Lee，1989 年)
- 灯泡(Thomas Edison and Joseph Swann，1829 年)
- 猫眼(Percy Shaw，1936 年)
- 电话机(Alexander Graham Bell，1876 年)
- 电视机(John Logie Baird，1923 年)

Pierre Lallenmente 于 1860 年代在巴黎发明的自行车以压倒性优势取胜。由于投票是为了纪念专利局的成立，因此毫不奇怪他们选出来的是前 10 项发明而没有特别说明必须是创新。但有趣的是，所筛选出来的这些发明都是创新。为什么呢？因为每一个案例都没有停滞在发明阶段，所有的发明都变成了产品，找到了市场，并且直到今天仍在使用。这是区分发明与创新的关键，正如下面的抗生素案例一样，类似盘尼西林这样的新发现在成为有用的产品之前只能称之为发明，只有在成功实现了商业化之后才能被称为创新。然而，并非所有发明，即使是那些注册了专利的发明，都能成功地转化为市场上的商品。正如图 1-2所示，如果把发明视作一个较大的集合，则创新仅仅是其中的一个子集。尽管发明本身并非易事，但是把一项发明推向市场的商业化流程同样需要漫长的经历，也需要一系列完全不同的能力支撑，这正是导致许多发明无法走向市场、成功转变为商品的原因。

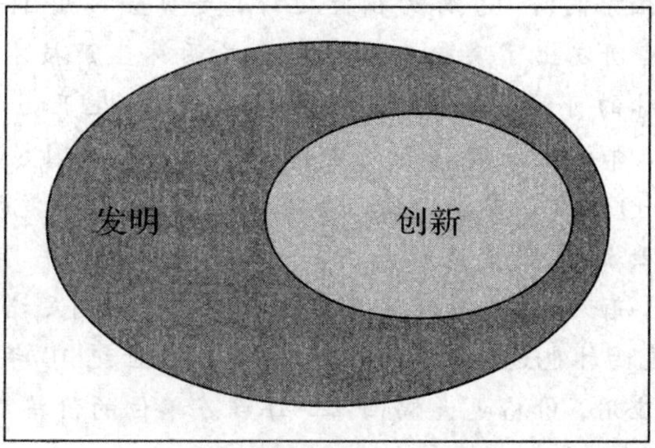

图 1-2 发明与创新

小案例

抗生素——发明与创新

如今抗生素已经成为许多感染的标准处方或者治疗方案，然而事实上直到 1950 年前后，抗生素才首次被广泛应用。作为一项重大发明，抗生素的诞生主要归功于三个人：亚历山大·弗莱明、霍华德·弗洛里和厄恩斯特·钱恩。

当时弗莱明在位于伦敦帕丁顿的圣玛丽医院工作。1928年，他正在研究一种细菌——葡萄球菌。为了重复早期的一项研究，他培养了许多葡萄球细菌，并在外出度假的时候让这些细菌继续生长。当他回来的时候，他发现其中的一个细菌培养液中长出了霉菌，而霉菌周围没有细菌繁殖。于是他叫来同事查尔斯·拉·图升一起来研究这个霉菌，发现这是盘尼西林的一个菌株。弗莱明继续研究了一系列更多的霉菌，但是再也没有发现类似的抗生素效果。他和他的助手尝试提纯和稳定他们所使用的盘尼西林，但是最终只生产了很少的一些样本，效力也比较差。弗莱明发现盘尼西林可以用于流行性感冒诊断，并且剂量要求不高，于是在一篇科技论文中写下了盘尼西林用于诊断感冒的要点。虽然发现了盘尼西林作为一种诊断工具的潜在价值，但弗莱明没有把盘尼西林作为一种治疗感染的抗生素继续进行研究。

十多年后，牛津大学的霍华德·弗洛里教授领导的一个研究小组才又开始研究盘尼西林作为一种治疗感染的抗生药的潜在价值。1939年，霍华德和他的同事厄恩斯特·钱恩得到了洛克菲勒基金会的资助，得以继续研究盘尼西林作为抗生素的潜在价值。1940年，厄恩斯特·钱恩开始用小白鼠进行试验。他们给小白鼠注射了致命的葡萄球菌，很快显示出了盘尼西林的医疗效果。经过不懈的努力，他们终于生产了足量的盘尼西林，并将其用于少数几例人类致命感染的医疗尝试。盘尼西林的抗感染效果证据非常充足，霍华德·弗洛里和厄恩斯特·钱恩在医疗界权威杂志《柳叶刀》中报告了他们的结果。实验阶段已然结束，剩下的问题就是如何制造足量的盘尼西林用于人类疾病的治疗。

一开始，弗洛里尝试向英国的医药公司求助，但是由于战事频繁没有公司出手相助。但弗洛里并没有放弃，他把目光投向了美国。他们联系到了美国政府的医疗研发委员会，后者很快看到了这种抗生素的潜力。作为权宜之计，委员会征用了一家位于伊利诺伊斯州的农业部的实验室，最终研发出了实验室方法的盘尼西林生产技术。此举意义非凡，它大大提高了实验用盘尼西林的可获得性，但是距离大规模商业生产还遥遥无期。

为了达到商业目的，弗洛里在委员会的支持下，获得了美国数家医药公司的帮助。其中，辉瑞制药公司(Pfizer)作出了重要贡献，发明了所谓的“深层发酵”技术。至此，情况逐步好转。1942年，盘尼西林的产量只够治疗一个人，1943年早期产量增加到可以治疗500人；到1944年6月，有21家公司在生产盘尼西林，可以满足诺曼底登陆受伤盟军的治疗需求。与此同时，盘尼西林也逐步开始向民间发放。20世纪40年代末，盘尼西林作为一种新的抗生素开始广泛应用，价格也大幅回落，每百万单位的价格从1943年的200美元下降到了1950年的50美分。

来源：Kingston(2000)

2. 发明产生的三种模式

毫无疑问，与创新关系最密切的当属发明。在该阶段创意被转变为可以实际工作的实体；也正是在这一阶段，创意才变得可行。如果创新的技术性较强，那么大量的实验将是这阶段的重要特征，试验目的是证明概念的可行性，并制作出可用的东西。如果创新的技术性较弱或不够新颖，如生产线扩充产品或再定位类型的创新，则实验很少或者没有实验，甚至无需开展一定量的技术工作以使产品具备所期望的性能。创新的发明阶段是如何开展的？通常情况下有三种模型可以描述，如图1-3所示。

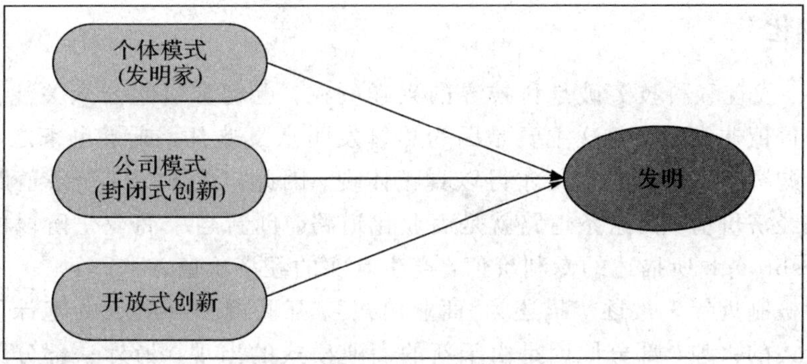

图 1－3　发明产生的三种模式

第一种模式称为经典发明创造模式，也叫个体模式，是一种发明家单干的模式。在这种情况下，发明家往往被神话为英雄人物，其特点是挑战传统、孤立无援、缺乏支持和资源匮乏。尽管这种模式在广播电视上频频出现，但实际上这种模式是相对罕见的。未来依旧可能会有这样的人物出现，他们会对社会产生巨大影响，并且引起公众关注。例如，互联网搜索引擎 Google 就是由加利福尼亚州的斯坦福大学在校研究生拉里・佩奇(Larry Page)和谢尔盖・布林(Serge Brin)基于数据挖掘软件开发出来的。再如，无袋真空吸尘器也是由英国工业设计师詹姆斯・戴森(James Dyson)在巴斯附近的家中车库里面单独一个人研究出来的。这两个例子中的发明都是个人努力的结果。

尽管个体发明模式造就了许多经典传奇，但是这种模式逐渐让位于公司发明模式。在公司发明模式下，企业内部的研发设施如研发实验室成为了发明的引擎。从 20 世纪中叶起，一些大的公司，如杜邦、IBM、AT&T 构成了这种发明模式的基础。他们拥有大量的研发设施，相互之间也展开着激烈的研发竞争，以开展更多的研发实验。

由于大量的发明活动发生在单一的组织内部，同时相应的商业化活动也发生在该组织内部，因此这种公司模式被称作封闭式创新模式。

近年来，一种新的创新模式已经产生，并且与传统的封闭式创新模式形成了鲜明的对比，这种模式被称为开放式创新模式。在该模式下，发明不再是单一企业实验室的研究成果。尽管企业的研发实验室依旧是创新的重要来源，但其他一些外部创新源的作用也不容低估。这些外部创新源之一是其他一些大公司，有时候这些大公司研发出了新的科技，但是并没有成功实施商业化。对于研发出了技术的公司自身而言，这些技术没有明显的直接或间接用途，因此他们对那些希望进行创新并且能把这些技术转化为产品的公司进行授权。另外一些外部创新源是那些小的处于创业阶段的高科技公司，这些公司大多是高校或者企业的衍生企业，公司在非常狭小的专业领域拥有专业知识和技能。虽然这些公司没有足够设施取得重大的技术突破，但它们往往有着巨大的创新能力，把突破性技术转化为特定专业领域的应用能力。专业化分工以及高度的灵活性让这些公司能够生产出具有一定潜力的创新产品，然后通过与大公司合作实施商业化。开放式创新模式告诉我们，尽管大量的创新活动是在企业内部开展的，但发明可以来自于企业外部组织。与封闭式创新相比，开放式创新具有高度的灵活性，企业可以通过内部路线开展发明，而在商业化阶段则可以利用外部组织对发明实施商业化。

1.2.2 商业化

尽管发明、发现和科技突破是科技界的兴趣所在，也经常引起公众关注，但事实上单纯科技突破的价值非常有限。这主要是因为尽管发明意义非凡，成果也来之不易，但是只有消费者开始购买时，它们的意义才得以真正体现。因此，必须找到一条道路把发明的科技潜力转化为经济价值，而这条道路就是商业化道路。创新当中商业化阶段的实质在于解放 Henry Chesbrough 所描述的专利价值，产生真实的经济价值。

商业化的机制近年来被逐步描述为“商业模式”。互联网和 dot. com 泡沫的兴起引发了人们对商业模式的兴趣，部分原因是由于新的商业模式的出现，另外一部分原因则是人们已经意识到只有通过一定的商业模式，才能够真正解锁互联网带来的新机遇。

那么到底什么是商业模式呢？从实质上来讲，商业模式就是让发明家能够真正从他们的创意和发明当中盈利的工具。那么商业模式又是如何真正成就创新的呢？根据 Chesbrough(2006)研究，商业模式在发明的商业化阶段当中发挥着价值创造(Value Creation)和价值俘获(Value Capture)两方面的重大作用，如图 1-4 所示。

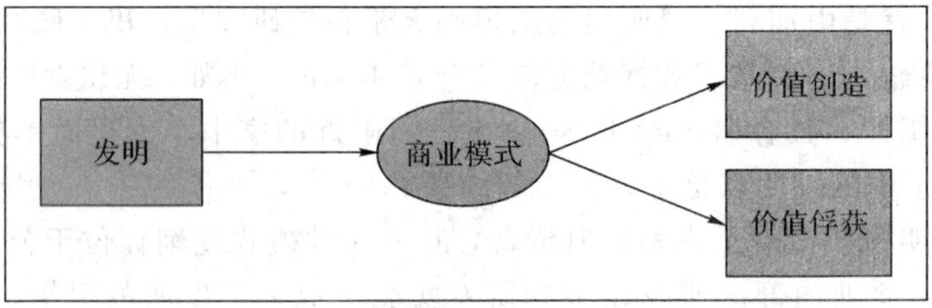

图 1-4 商业模式功能

1. 价值创造

价值创造包括一系列商业活动，它能够让消费者认识到发明给他们带来的好处，并将这种好处进行强化。对于新的技术而言，价值创造功能至关重要，因为技术可能是科技突破的结果，往往不针对用户特定需求和特殊问题。商业模式首先要解决的问题，就是识别创新的潜在用户并向他们传达价值主张，这样消费者才能够了解创新的用途并且相信他们能够从中获益。只有了解了这种益处，消费者才可能愿意考虑购买问题。发明价值的宣传必须是有效的，否则消费者绝不会买账。

由于价值创造不善而导致创新失败的最具说服力的例子是英国发明家克莱夫·辛克莱发明的 C5 汽车。辛克莱把它定义为能够改变城市交通的电动汽车，然而真正出现在街头的很明显不是一辆汽车。事实上，它只是一个单座的电动三轮车，由改进的洗衣机马达和汽车电池驱动；有效行驶里程只有 6.5 英里，最高时速也只有 12 英里，与传统汽车毫无相像之处。C5 的目标客户群毫不明确，作为一种交通工具，它无法满足最低旅程的行驶里程要求；作为娱乐型汽车，又缺乏承载能力。很明显，C5 到底是为哪类客户发明的是非常不清楚的。简而言之，他的商业模式缺乏有效的价值创造，所以失败是毫不奇怪的。

2. 价值俘获

商业模式的第二种功能是价值俘获，是指发明者通过一系列活动占有(Appropriate)发明的经济价值。发明家通常期望获得的经济价值主要是指收入，例如货币收入，当然同样也可能存在其他类型的收入。获取收入最直接的方式就是销售，消费者通过花费金钱来获取产品和服务。不过也存在着很多种其他产生收入的方法，如租赁、交易服务、广告、预定和售后支持收费。如果创新与现有产品相去甚远，消费者可能不愿意用产业当中的传统支付方法进行支付。同时，行业中的现有企业也可能不愿意改变他们所熟悉的收入产生方法。另外，还存在着第三方通过复制来占有价值的风险。为了避免这种风险的产生，采用一些价值独占措施来保护知识产权是非常必要的。而商业模式正是要解决商业化问题和获利模式的选择问题。基于这一点，收入产生机制是商业模式的核心所在。

苹果公司的 iPhone 手机就是一个很好的例子，通过这个例子我们可以了解如何利用商业模式的价值俘获功能来盈利。苹果公司在 2007 年 1 月份生产出 iPhone 手机的时候，产品由于高度的创新性而备受欢迎，人们对其设计的原创性大加赞扬。然而 iPhone 并不是一个简单的移动手机，实质上它是一个手持计算机，并且支持功能强大和用户众多的 Unix 操作系统，这就把功能单一的手机转变成了一个多用途的设备。而促使 iPhone 手机销售量和收入大幅度增加的一个重要因素是那些第三方编写和开发的软件应用程序。任何人都可以为 iPhone 编写程序，并且一旦被苹果公司认证，程序就可以进入 iTunes Store 作为 APP 被下载。John Naughton 将这一现象描述为“iPhone 应用程序大爆炸”。自 iPhone 面世以来，APP 商店在第一个月就提供了 6 千万的下载量，不仅为程序开发者提供了 7 千万美元的收益，而且一举为公司创造了 3 千万美元的收入(苹果公司与开发商按照 30∶70 的比例来分配收入)。更为重要的是，这些附加的补充程序大大提升了 iPhone 手机所能带来的价值主张。在此收益机制中，iPhone 手机已经变成了一个平台，其他公司则不断对该平台进行投资。苹果公司投资甚微，而在消费者眼中苹果手机能带来的价值却日益增多。这种收益机制绝非一种巧合，这种模式早在苹果公司刻意帮助外部组织开发新的 APP 应用程序时就已经得到了预测。

3. 三种商业模式

价值创造与价值俘获是商业模式的两个关键要点，但是价值俘获中存在为数众多的收益模式，对应地也就有许多的商业模式。Chesbrough 总结了三种重要模式，如图 1-5 所示，它们能够通过以下方式把技术潜力转变为经济价值：

- 把技术整合进现有业务；
- 把技术向第三方进行许可；
- 创建新企业，在新的领域对技术进行应用。

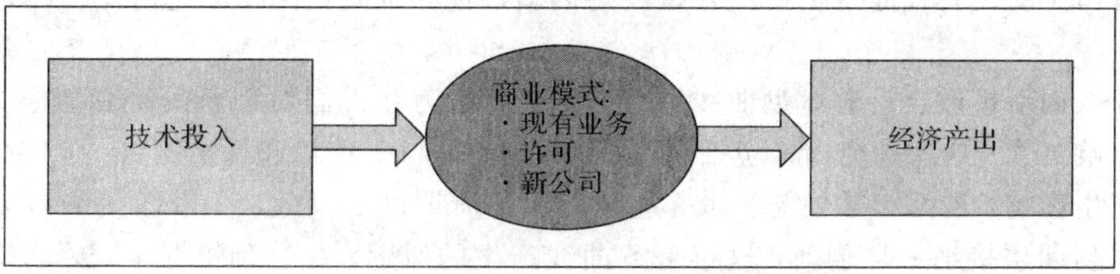

图 1-5 三种商业模式

商业模式决定由谁来负责实施发明的商业化以及如何开展商业化。把一项发明转化为市场产品，不同的商业模式拥有不同的运作机制。第一种商业模式的应用案例为数众多，因为这是当公司开发出一项新的东西时最正常也是最符合逻辑的做法。例如，当苹果公司在2001年开发出iPod的时候，公司就非常清楚虽然音频播放器不是公司现有产品组合的一部分，但是这项发明还是被纳入到了现有业务范围，作为苹果公司的产品进行销售。第二种商业模式应用范围之广也超过了大众的想象，许多大公司从专利许可费用当中也获得了大量收入。典型的例子就是詹姆斯·戴森的双旋风真空吸尘器。吸尘器刚研发出来时，他认为最好的商业化方法就是向现有的真空吸尘器厂商进行专利许可。不幸的是这项工作很难开展，许多真空吸尘器厂商虽然看到了双旋风技术的潜力，但是他们对旧有的商业模式过于执着，认为吸尘袋更换能够给他们带来巨大收入，因此不愿意把双旋风技术纳入到他们的业务范围里面去。由于只和日本的一些公司达成了小范围的许可协议，无奈之下，戴森选择了新创企业的商业模式。新成立的戴森电器有限公司最终拓展出了数百万英镑的业务。采用第三种商业模式的另外一个案例是英国的汽车部件制造商卢卡斯伟利达。他们研发出一种新的汽车动力转向电力系统后，决定与美国汽车零部件供应商天合汽车集团(TRW)成立合资企业，向全球领先的汽车制造商推销这项技术。

创新过程当中商业模式的选择意义重大，同样的技术通过不同的商业模式推向市场时会产生不同的经济价值。有些发明家会名利双收，而有些发明家则一无所获，正是上述观点的有力佐证。

1.2.3 创新扩散

创新扩散是指一项创新被消费者接受和使用的过程，在工艺创新的情况下是指新的工艺被其他组织接纳和使用的过程。扩散描述了一项创新如何逐步变得流行起来，一项创新如果很快就变得流行并被广泛使用，我们就称之为有很快的扩散速度；反之有些创新只有很低的扩散速度。因此创新扩散也可以被定义为一项创新被接纳的速度。

扩散很少按照稳定的线性速度进行，通常呈现S型的曲线特征。其过程一般为：起初消费者对新产品或服务的潜在价值不甚了解，不太愿意购买产品。因此初始阶段销售量很少，创新扩散速度较低。接下来是意识提高阶段，消费者开始逐步熟悉创新。根据罗杰斯“早期采用者”理论，那些能够影响别人观点的个人，在这一阶段对于创新认识的提高起到了很大的作用。随着越来越多的消费者认识到了这种创新的好处，扩散开始加速，销售额迅速上升，创新变得流行起来，扩散处于S曲线快速上升的阶段。最终到达曲线的顶端，市场开始变得饱和，销售量增长速度缓慢，曲线变得平坦，扩散速度适中。此时，那些采用落后产品者由于缺乏替代品也不得不开始接纳创新产品。至此，我们认为创新已经被充分扩散了。

为什么创新扩散会沿着S型曲线进行？罗杰斯认为在人们对创新的接受意愿方面，社会因素影响甚大。这些社会因素包括同行压力、时尚、口头传播和社会网络，他们会对潜在采纳者产生影响，进而影响创新扩散，这就形成了所谓的从众效应。潜在接纳者因为害怕落后而迫切期望接纳一项创新，这正是S曲线产生的原因。在这种情况下，创新采纳速度取决于已经接纳创新的人数，一旦达到了接纳水平的某个阈值，同行压力(而非对潜在价值的理性估计)会导致更多人去接受创新，这一效应放大了扩散路径的S型曲线。社会因素的力量，如口碑传播和同行压力，被近年来基于互联网的一些创新，如Facebook和YouTube

的扩散进一步证实。这上述两个例子中，社会因素导致创新扩散速度急剧加快，产生陡峭的 S 型曲线。

1.3 创新的本质

1.3.1 创新的本质是获取竞争优势

创新就是找到新的做事方式，以获取战略优势。

约瑟夫·熊彼特是一位关注创新的美国经济学家。他的创新观点非常简单，即企业家应抓住创新的机会——新产品、新服务或者新的工艺，以获取战略优势。短期内，创新是独此仅有的，因此企业家可以获取熊彼特所谓的“垄断利润”。但是其他企业家会看到这种创新并竞争模仿，其他相同或与之竞争的创新就会出现，从而打破这种垄断利润，直至达到某个平衡点。此时，新一轮创新就会开启，先前的企业家或者别的企业家则会寻找下一个创新点，重新改写游戏规则，然后进入新的循环。熊彼特认为创新是一种“创造性破坏”的过程，在这一过程中，人们不停地搜寻、创造新的东西，同时破坏旧的规则和现存事物。所有这一切都是在追寻新的利润来源动机之下进行的。

1.3.2 创新的本质是破坏性颠覆

在熊彼特的眼里，创新的本质就是竞争，包括新产品竞争、新技术竞争、新的供应和组织形式的竞争。这些竞争不是对现有企业的利润和产品形成冲击，而是直接颠覆现有企业的生存基础和寿命。

> “生产过程一直在革新，社会环境也在不断变化，不确定性挥之不去，所有旧的产业已经被摧毁，每日都在消亡。它们正在被新的产业淘汰，新的产品不仅被国内消费，而且还被运至全球。原有的需求被满足以后，我们又会不断发现新的需求，一国的知识创造力已经成为公共财产。”

上面这段话不是出自一个当代新闻记者或者政治家之口，而是来自于 1848 年马克思和恩格斯撰写的《共产党宣言》！虽然时过境迁，但是这段话依旧能够提醒我们，创新带来的挑战不是一个当代社会才有的新问题，一个企业要想生存和成长，必须时刻考虑变革它们所提供的产品、生产方式和把产品送到消费者手中的方式。真正的问题在于，创新的目标是不断变化的——不仅现有企业之间存在竞争，而且创新竞争所处的环境也在一直不停地变化。尽管有些企业尝试用新的方法参与创新竞争，但是有时候竞争的游戏规则会发生变化，从而让企业毫无还手之力。正如在下面的小案例《消融的采冰产业》中所看到的，创新不断地摧毁着原有的产业，同时也催生着新的行业。

小案例

消融的采冰产业

相信看过动画片《冰雪奇缘》的人们对于电影开头伴随着音乐所播放的采冰镜头并不陌生吧？这并非只存在于童话中。时间后退到 19 世纪 80 年代，美国东北部的确存在利润丰厚的采冰产业，并且兴极一时。采冰产业的商业模式也非常简单，只要将从北方冰冻的水中采掘的大块的冰打包后尽快运到温暖的南方或者国外即可，其主要用途之一是保存食物。根据记载，在行业鼎盛时期，1886年共采冰2500万吨，采集、储藏和运输工人达上万名。行业内创新不断，切削技术、雪犁、绝缘技术和物流技术的发展促进了行业的快速成长。这些创新的影响意义深远，使得售冰市场远达香港、孟买和里约热内卢。尽管运输路途遥远，运送时间漫长，但是从波士顿港口起运到达目的地后依旧会有足够的冰块剩余，依旧能够带来丰厚的利润。

正在这一高效的行业快速发展时，一批研究者如德国工程师卡尔·冯·林德(Carl von Linde)等开始在实验室研究新兴的制冷技术。不久之后，人工制冰变成现实。雅各布·帕金斯证实，通过在密闭系统中对不稳定液体进行汽化和液化能够产生制冷效果，这一发现一举奠定了现代冰箱的基础架构。1870年，林德出版了他的研究成果。1873年，市场上出现了第一个有专利的制冷系统。随后几年，人工制冷行业开始发展起来。1879年，人工制冰工厂只有35座，10年后已经达到222座。这无疑为采冰产业敲响了死亡的丧钟，多年之后采冰行业才彻底没落。在此期间，这两个产业并肩发展，沿着各自的技术路径不断发展和创新，共同促进了冰市场的发展，例如通过向"冰盒"填冰来满足城市的用冰需求。但是，当采冰技术最终不可避免地到达了技术极限时，新的技术便占据了上风。大多数采冰者由于深陷传统模式中难以转型而最终走向没落。采冰产业被新兴的制冷产业所替代，新进入者占据了主导地位。

故事到此并没有结束。随后家用电冰箱的出现，再次淘汰了传统"制冰工厂"的商业模式。

1.3.3 创新是经济增长的源泉

创新不仅在企业层面产生影响，而且日益成为一国国民经济增长的源泉。美国经济学家威廉·鲍莫尔(William Baumol)认为："自18世纪以来的经济增长，几乎都可以归因于创新"。鉴于此，创新正在逐步成为世界各国制定经济政策时考虑的核心问题。例如，英国科学与创新办公室把创新视作"现代经济的发动机，持续不断地把知识和创意转化为有用的产品和服务"；澳大利亚政府同样指出："不投资创新的企业是在自毁前程。企业如果无法用创新性的方法解决日益涌现的问题，公司业务将无法兴旺，更无从开展竞争。"正是基于这一逻辑思路，各国中央政府和地方政府才会在国家层面和区域层面出台越来越多的政策措施，对创新进行激励和培育。

思考题

(1) 为什么在许多创新成功人物的自传当中，这些创新人物更多地被视作发明家？

(2) 解释发明与创新的区别。你认为哪个更重要？为什么？

(3) 画图描述创新过程的主要阶段。

(4) 创新和创业存在什么样的区别？又有着哪些内在的联系？

(5) 讨论创新的本质究竟是什么。

案例分析

辉瑞公司：伟哥 13 年漫长而艰难的市场化道路

引 言

过去几年曾出现了很多关于辉瑞公司伟哥产品的故事。这些故事中有一些是真实的，但也有很多仅仅是为了制造某些舆论而虚构的故事，其中最常见的就是伟哥是纯粹运气好的结果。为了了解伟哥背后的故事，本案例深入分析探索了伟哥从实验室到市场化的 13 年历程中所面临的重要挑战。特别是当现有市场研究结果显示产品仅存在较小市场时，项目评估所要考虑的因素；以及由于性无能这个话题非常不受欢迎，因此在广告商无法通过划分特殊消费群来达到宣传目的情况下，项目启动时应注意的事项。

什么是伟哥

辉瑞公司的伟哥是商业故事中成功实现产品创新的典范。伟哥作为世界知名品牌之一，年销售额超过 19 亿美元，把辉瑞公司从一个中等规模的制药公司成功转型为世界领先企业。然而，尽管产品能激发人们的兴趣，但是临床和经济效果并不显而易见，致使伟哥在临床试验时几乎被淘汰。伟哥的发现的确属于意外。科学家们在测试一些试验治疗心绞痛的药物时无意发现，伟哥具有治疗勃起障碍的疗效。不久，辉瑞公司就决定关注这一背后的经济利益，并将这种抗性无能药物进行长期开发。1998 年 4 月，这种药物在媒体的广泛关注下，经过了美国食品药品部门的检测并成功开始发售。当时许多新闻机构通过公众所关注的新闻头条，冠以"伟哥如何能够增强性能力"等标题对产品性能进行大量宣传，仅第一个月就产生了 570 000 份处方单，收入达 100 万美元。伟哥成功的故事中最能引起人们关注的就是，这一产品的成功是否源于意外发现或者运气。这些故事中只有很少一部分讲到了一个问题，也是本案例所要告诉我们的，大部分产品创新的成功是有效管理、杰出调研和睿智的市场营销的结果。

不幸的是，伟哥案例中有关药物性能的偶然发现描述过多地掩盖了这些问题，淡化了科学的重大突破(从事伟哥相关研究的科学家曾被授予诺贝尔生理学奖)和辉瑞公司新产品推广规划的有效管理。此外，这一故事使公众认为科学研究是含有运气成分的，这种曲解或多或少有一些危险。在一些评论家眼中，伟哥的出现归功于偶然的发现，他们认为伟哥的出现源于人们把它视作一种心绞痛的潜在治疗药物，并且在相关的实验中对其进行了检验。对于心绞痛治疗，伟哥并没有任何疗效，但研究者却得到了其他方面未曾预料的效果，由此促使了它的诞生。这不仅是一种不全面的看法，更是一种误解。如果科学研究不够细致，那么伟哥的结局就可能像盘尼西林一样，被发现后并没有很快作为抗生素使用。很少有人意识到，亚历山大·弗莱明发现盘尼西林之后 20 年，霍华德·弗洛里和厄恩斯特·钱恩才开发出了我们今天所使用的抗生素产品。

伟哥的真实故事更复杂，同时也说明研究项目团队必须努力争取到足够的投资，才能将这种化合物转化成市场上的产品。吉尔·塞缪尔(Gill Samuals)是辉瑞中心研究所的科学政策主管，同时也是伟哥的重要开发人之一。鉴于她对于生物科学的贡献，2002 年在英国女王生日时，她被授予了大英帝国司令勋章。谈到伟哥的开发过程时，她回忆道：

即使在早期阶段，也就是我们在英国的测试阶段，就有很多病患写信表示希望参加进来，并且我们从参加的病患那里收到了良好的反馈信息。伟哥在美国上市之前(1998年4月)，我们就已经预期到它将会产生巨大影响。但问题在于，究竟有多少有勃起功能障碍的男性会接受这一治疗？我们很难做出一个相对精确的估计。毫无疑问的是，媒体对伟哥的关注引起了人们对勃起功能障碍的关注，并且鼓励那些有此类问题、而以前却束手无策的男性去咨询他们的主治医生。

从心绞痛到伟哥

为了成功开发这一药物，研究人员筛选了1500多种化合物，花费了将近6亿英镑(今天的价值)。此外，伟哥从概念到产品也花费了13年(1985—1998)的时间。为了研究、开发以及证明这种药物的安全性和有效性，投资和研究是非常必要的。表1-1显示了从初始概念到最终产品发展的各个阶段。

表1-1　伟哥发展的主要阶段

1985年	初始概念	1985年，辉瑞公司的科研人员决定开发一种治疗心脏衰竭和高血压的药物。为了寻找一种能够舒张血管和降低血压的药物来减轻心脏的负荷，他们将目标锁定在一种能够作用在血管壁上特殊的酶
1985—1990年	研发启动	1986—1990年，通过对一百多种药物进行合成和测试，研究人员最终得到了一种命名为UK-92.480的药物，结果显示它可能对治疗心绞痛有良好效果。研究方向被调整为审视药物可能带来的心脏紊乱。这种药物随后被称之为西地那非，即后来的伟哥(枸橼酸西地那非)
1991年	志愿者试验	1991年，一些健康的志愿者参加到临床试验中，以检测伟哥的安全性以及在血液中如何分解，结果证实药物很安全。试验结束10天后，志愿者们反馈了一些意想不到的其他副作用。男性志愿者反馈在服用了心绞痛药物后，他们勃起得更加频繁了
1992年	勃起功能障碍	根据志愿者试验中得到的这种不同寻常的效果，研究人员开始利用伟哥进行勃起功能障碍的临床试验。利用伟哥治疗心绞痛的研究仍在继续进行，然而没有多么显著的效果
1993—1996年	勃起障碍临床试验启动	1993年，研究人员开始了“双盲和安慰剂控制”的临床试验，以检验伟哥对勃起功能障碍患者的治疗效果。为了保证试验的公平性，无论病患还是他们的主治医生都不知道他们是服用了这一药物还是无效的安慰剂。研究结果证明伟哥确实有良好的功效
1997年	许可申请	所有药物在成为医生的处方药之前都必须获得医药权威机构的认证。为了得到认证，必须证明伟哥的安全性和有效性。认证通常要花费12个月的时间，但伟哥拿到许可证只花了6个月时间
1998年	许可通过	1998年，伟哥获得了许可证明，成为治疗勃起功能障碍的处方药。仅仅在最开始的三个月，就产生了290万份处方药需求

伟哥起初是为了治疗心绞痛而进行研究的药物。阿尔弗雷德·诺贝尔(Alfred Nobel)是一位来自挪威的饱受心绞痛折磨的制造商(心绞痛是因心脏肌肉供氧不足造成胸痛而命名)。1890 年，他服用硝酸甘油来缓解心绞痛，这种办法如今仍在使用。100 年以后，美国科学家罗伯特·福察哥、路易斯·伊那罗和弗里德·慕拉的研究成果表明，一氧化氮(NO)是心血管系统中一种非常重要的信号分子，它由神经末梢释放透过细胞进入血管壁，其产生的效果可以使血管疏松膨胀并可预防血液凝块。1998 年，这三位科学家获得了诺贝尔生理学奖。巧合的是，诺贝尔奖正是由这位曾经接受硝酸甘油治疗的阿尔弗雷德·诺贝尔设立的。根据这一研究成果，其他一些团队也开始研究开发能够调节一氧化氮、并能治疗心血管和其他疾病的新药物。

扩张动脉

为了弄清血管扩张的过程，研究人员决定将目标锁定在这种新药物对 PDE 酶(磷酸二酯酶)的作用机理上，PDE 酶能够分解导致血脉扩张的信号分子 cGMP。通过阻止 cGMP 的分解，新药物能够增加血脉扩张。酶都有非常独特的形态，伟哥能够作用于精确位置，并阻止 PDE 分解 cGMP，从而使其保留在血液中，使血脉不断扩张。开发这种新药物的第一步就是分离和识别 PDE 酶(PDE-5)。一旦 PDE 被分离，研究人员就可以找出它作用的最佳时机并且能够检测出最高效的抑制剂，进而通过调节和设计分子来影响 PDE 酶。

临床试验

经过六年之久的实验室研究，1991 年，一种名为 UK-92.480 的化合物在威尔士进行了临床试验。然而对健康志愿者的试验结果却没有得到理想的结果，血压、心率和血流量的数据都很让人失望，研发项目遇到了重大问题。一些病人反馈了消化不良、腿疼、阴茎勃起的症状，最后一点被认为是研究观测的临床表现，当时并没有认识到它究竟是好是坏。事实上，开始做有关勃起功能障碍的研究决定并不是显而易见的，这是因为当时人们普遍认为勃起障碍是由于心理原因造成的，并不能用药物治疗。男性特别是年长男性虽然遭遇勃起障碍的苦楚，但却被认为这是他们自身的错误，他们应该接受他们的性生活或多或少应该结束的现实。

任何大型研究实验室通常都会同时进行成百上千个试验研究项目，并且每个项目通常都会向管理层汇报研究进展，以此来决定对哪些项目继续进行投资或是终止，又或是开始新的研究项目。1991 年，伟哥项目的领导者汇报了令人失望的研究结果，这种药物对心绞痛并没有多大疗效。高层管理者准备放弃心绞痛研发，同时考虑舍弃已有研究，即使它可能是对勃起障碍有用的药物。这大概是由于他们并不清楚它的临床实用性，毕竟并不是所有健康的志愿者都反馈了勃起的症状。因此，辉瑞公司不可能在这种情况下进行研究。此外，市场对这种药物的需求也并不明显。当时的调查结果显示 2000 万中只有 1 人患有勃起障碍，因此即使可以开发出药物，市场需求也很小。尽管如此，项目相关的研发团队最终还是设法获得了两年的资助去开发该药物并开始临床试验。

值得注意的是，当时辉瑞公司还考虑研发一系列用于治疗其他疾病的药物，例如治疗结肠癌、糖尿病和哮喘等的药物，这些药物有明显的市场需求。而且这些项目的商业案例也有很多，疾病的患者数目也能做出精确的预估，患者也很乐意去买这些药物。但对于伟哥而言，并没有一个可以参考的商业案例，由于其市场的不确定性和特殊性，市场上也没有一个可以与之相比较的药物。这对辉瑞公司的研发管理者提出了一个难题，不过1992年公司还是继续对勃起障碍的临床试验研究拨付了资金。但是，团队现在又面临着另一个问题：如何在这一敏感的领域进行临床试验？研究团队是否能够寻找到愿意参与和讨论这方面问题的志愿者？幸运的是，研究团队在招募志愿者中没有遇到任何困难。很多志愿者并没有感到不适，大部分人都是自愿参加的。

产品和市场评估：决策时机！

1996年，经过一系列成功的临床试验后，药物的临床表现以及获取专利保护已经不成问题。但是这还远远不够，要进入市场，还需要巨额的投资。特别是商业运营中，还有许多不确定性的存在：

- 市场的规模有多大？有多少人患有ED(Erectile Dysfunction，勃起功能障碍)？
- 市场可以进一步增大吗？
- 我们可以将市场扩大吗？
- ED的市场还没有建立起来，那么它可以建立和发展起来吗？具体又该怎么做呢？
- 是否存在顾客群体？
- 市场潜能是否能够保证投资？
- 它是否能够支撑我们的短期和长期商业发展计划？

需要注意的是，几乎所有企业建立的目的都是为了赚取利润。因此，许多决策都是围绕财务绩效展开的：我们在投资什么？可能的收益是多少？伟哥的投资决策也毫不例外。将伟哥进行商业化的确很有趣，但存在很多风险，尤其是辉瑞公司应该如何进行产品销售及向公众宣传，毕竟在当时，勃起和性是一个相对保守和拘谨的话题。让电视广告在ABC或者NBC的八点档去宣传伟哥有治疗勃起障碍的做法在20世纪90年代中期简直难以想象。此外，市场大小是存在风险的，即使市场有辉瑞公司所期盼的那么大，如何向市场宣传推介这一产品也是一个问题。

有可行的营销计划吗？

伟哥不能从柜台直接购买，人们需要从医师那里获取处方。因此，辉瑞公司面临的挑战在于要鼓励男性大胆寻求主治医生的帮助，这的确是一个严峻的挑战！营销活动的重点是培养和提高人们对这一状况的认识。然而勃起障碍是如此一个不受欢迎的话题，广告商在宣传治疗勃起障碍时肯定会受到这些潜在消费群体的疏远；在通过性爱促进销售时，利用教育材料来感染观众也是很重要的，但有这一问题的敏感男性却会被认为是笑柄。因此，当时亟须解决的问题就是让消费者重新看待这一状况。为了达到目的，辉瑞公司需要花费大量财力做产品上市的准备以及与之相关的广告宣传。

在经过多轮辩论之后，辉瑞公司决定尝试通过明星代言的方式在消费者中建立一种产品消费的骄傲感。辉瑞公司最终选择的代言人包括名人(如政治家鲍勃·尔多)、运动健将马克·马丁、巴西足球运动员艾迪逊·阿兰蒂斯·德·纳西曼托，排球运动员拉菲尔·帕梅洛、男子气概代表休·海纳夫等。辉瑞公司在广告代言、电视广告、网络营销和体育赛事赞助花了近1亿美元。名人们鼓励男性像服用阿司匹林解决头疼问题一样解决这个问题。通过一系列营销，伟哥的品牌知名度很快接近了可口可乐，一时间流传着很多关于伟哥的笑话和垃圾邮件。

但是也有分析家认为辉瑞公司选择鲍勃·多尔作为广告代言人是一个错误的决定。多尔当时已经70多岁，虽然属于伟哥的受众人群，但并不是主要目标。伟哥的主要目标是那些有此类问题却羞于求助医生的50岁左右的已婚男性。定位年长的人群会误导年轻人认为伟哥不适用于他们。伟哥本来可以很明智选择一些更年轻、更有男子气概的帅气男性来帮助解决其ED的烦恼，从而让相对年轻一点的男性在谈论ED问题以及伟哥时不再难堪。不过今天，我们已经可以看到伟哥广告中出现了更多年轻的男性。

发售

在推出产品时，辉瑞公司的首要任务就是控制品牌形象，并准确地向公众传达信息。营销活动估计花费了数千万美元，在流行杂志如《时代》、《生活》和《新闻周刊》等开展了以消费者为导向的广告宣传。伟哥在发售前产生的巨大反响并不会都对公司有利。因为公众不在辉瑞公司的掌控之内，这意味着公共认识不一定会准确反映品牌形象，甚至会有损品牌形象。过多的玩笑也会对品牌产生一些负面影响，这让病患在寻求药物帮助时会面临尴尬的局面。因此，在发售药物之前，辉瑞公司一直等到那些不好的公众消息消散后，才正式开展其营销活动，以确保人们能够严肃对待并能听到真实的信息。产品发售后，伴随着媒体的炒作，伟哥迅速占领了市场。

随着在全球范围内的发售，伟哥的销量持续增长。1998年，伟哥总销售额达7.76亿美元，1999年达10.16亿，2000年达14.44亿，占辉瑞公司药品销售总额的5%。2000年，辉瑞公司的年终报告中指出，全球100多个国家的1000多万男性对伟哥的处方需求量超过了3亿份，伟哥迅速成为了世界品牌。

因为伟哥所有在美国的宣传都早已被欧洲人知晓，所以进入欧洲市场有一些难度。1998年末，当伟哥最终在欧洲获得销售许可时，英国卫生部长却宣告伟哥不会被列入国家卫生服务项目(National Health Service，NHS)之内。因为英国国家卫生服务部门认为勃起障碍并不是高危病种，其次他们也担心如果伟哥被列为国家卫生服务项目，他们将会面临每年近10亿美元的成本花费。尽管有时也会允许医生开具伟哥药方，但是伟哥还是无法成为常见处方。勃起障碍本身不属于免费治疗，除非是由某种疾病如糖尿病引发的并发症，才符合免费医疗条件。

然而，广告活动从来都不是伟哥成功的关键。由于独特的临床功能，伟哥已成为许多涉及男性问题的直接文化关注点。同时经过持续的广告宣传和超过1个亿的广告预算，伟哥获得了可媲美泰诺(Tylenol)和百忧解(Prozac)等明星药品的较高水平的品牌认知度，也成为人们茶余饭后的谈论话题。

竞争

伟哥在丧失部分专利保护时遭遇了最大的困境。伟哥的主要成分是西地那非。公司的潜在竞争对手美国礼来公司等对其1993年获得的原始创新专利的合法性提出了质疑。法院最后裁定辉瑞公司1993的专利所依据的知识已经在公共领域之内，而现在该专利却限制了其他公司进行相关研究。尽管辉瑞公司还保有伟哥中相关活性成分的专利，但是其他企业现在可以出售不使用PDE-5治疗勃起障碍的药物，这意味着直接对药物进行复制是非法的。2002年1月，英国上诉法院认同之前英国最高法院的裁定，辉瑞公司关于PDE-5抑制剂的专利相关知识已在公众领域之内。同样，2004年，北京也推翻了伟哥中主要活性成分的国内专利，辉瑞公司在中国也面临着更加严峻的竞争。尽管伟哥的分子结构成分依旧受法律保护，但主要的活性成分已经对所有竞争者敞开。然而，真正最严重的挑战出现于 Uprima(快威猛，另外一种治疗勃起障碍药物)2001 年在英国获得销售许可后。快威猛的制造商阿博特实验室声称该药物比伟哥见效更快，副作用更少，而且无论剂量高低售价均为 5 英镑。此外，快威猛反应时间更短，不像伟哥那样至少需要在性爱前一小时服用。

英国最大的制药公司葛兰素史克(GlaxoSmithKline)和他们的德国合伙人拜耳(Bayer)公司也企图通过开发西地亚非，来重振他们萎靡的股价。面对这种局面，辉瑞公司坚持法律抗争，以阻止竞争对手剽窃药物的核心成分。评论认为辉瑞公司的目的仅仅是尽量延缓竞争者的进入，如果专利最终得到准许，那也仅仅增加了额外的利润。

2003 年，伟哥的竞争明显加大。第三方比较表明，伟哥在竞争中排名仅为第三。调查显示，150 名男性中，有 45%的人更倾向于选择礼来公司的西力士产品，而 30%的人则会选择葛立素史克和拜耳公司联合生产的艾利达产品。这一结果无疑对四个生产治疗勃起障碍药物的医药集团的营销活动产生了重要影响，但辉瑞公司则声明这一调查不具备科学性和严谨性。

辉瑞公司的其他竞争者也面临着不同的挑战。在公众印象中，伟哥已经是一个知名度较高的勃起障碍治疗药物了，因此其他替代药品主要是挑战并超越伟哥这一品牌的影响力。西力士和艾利达等新兴药品制造商所面临的市场问题是：必须让大众重新认识勃起障碍问题。因为在此之前，不少消费者认为伟哥已经解决了勃起障碍问题。只有这样，消费者才能把新的药品视作治疗方案。由于伟哥品牌早已存在，因此它们必须依靠广告宣传来增加其市场份额。但是由于勃起障碍是一个令人不愉快的话题，因此广告决定集中强化 ED 的形象宣传而不是药品宣传。西力士强调它与伟哥和艾利达不同，可以提供 36 小时的功效，超过了伟哥和艾利达 4～8 小时的有效期。同时，西力士的广告也注重宣传时间持久而不是性能卓越。三次广告活动最终表明，在我们现有的文化当中，人们对待性爱话题存有不适、尴尬以及恐惧，对勃起障碍也缺乏应有的同情和客观的态度。

结论

辉瑞公司的这一产品从任何角度来看都是成功的，同时也把公司从一个大型制药企业转变为世界制药企业的领导者。今天，伟哥的市场明显比最初市场调研时的结论要大得多。这无疑是一种警示，即我们需要鼓励创新，并且在面对可能要被终止的项目时，必须支持科学自由的态度。

伟哥是治疗勃起障碍领域的先驱者。然而在此类药物中，相对而言伟哥的反应时间并不快速，从服用到发挥作用需要 30～60 分钟，而 2001 年上市的艾利达从服用到发挥作用只需要 16 分钟，而西力士也把持续时间延长至 36 小时。的确，其他竞争者认为辉瑞公司在推行一个品牌忠诚计划时相当于已经承认了它的失败。他们认为辉瑞公司此举并非如它的营销总监所说的要建立与病人之间的长久关系。相反，他们认为这是辉瑞公司在试图从伟哥品牌上攫取最后的收益；并且由于消费者会选择药效更好的艾利达和西力士，从而会导致辉瑞公司继续丧失市场份额。

勃起功能障碍市场从 2003 年以来一直保持着 3.5%的增长速度，预计 2005 年市场将达到 19.5 亿美元，且市场几乎被伟哥、西力士和艾利达三个品牌所垄断。表 1－2 为 2003 年勃起障碍药物的销售量。

表 1－2　2003 年勃起障碍药物销售量

勃起障碍药品(品牌)	销售额 2003 年
艾利达	$ 131 million
伟哥	$ 1.88 billion
西力士	$ 203 million

这一案例研讨中很少被谈及的一方面是辉瑞公司从提高疾病意识中获利的问题，即从那些认为自己生病的健康人那里也可以赚到大量金钱。制药公司开发一种疾病并向患者和消费者进行推广，这种做法有时候被称为“疾病贩卖”(例如扩大可治疗疾病的范围，从而拓宽医疗销售者和服务者的市场)。许多疾病的非正式联盟已经出现，包括制药公司职员、医生和消费者组织。这些联盟表面上看是为了提高对于某些诊断和治疗不足的疾病的公众意识，实质上是为了让公众认为他们的疾病是很普遍的、非常严重的，并且也是可以治疗的。而这些“疾病意识”活动通常是和公司的市场策略有关联的，目的是为了拓展公司新药品的市场范围。相反，强调某种疾病的自限性或者强调个人应对疾病策略的重要性的做法则被缩小或者忽略。正如已故医学作家林恩·佩耶所说，这些“疾病贩子”逐步夺走了我们的自信。例如，《悉尼先锋晨报》杂志的一个两页广告声称调查表明，39%的澳大利亚从业者患有 ED。然而，另一项研究并没有引证广告中的数据，它声称 40 岁的男性中有只有 3%的人受到勃起障碍的困扰，而 70 岁男性的这一比例则高达 64%。该广告印刷精美，列出了主办单位 Impotence Australia，但并没有提及是由辉瑞公司赞助的。与“疾病贩卖”相关的一个重要问题是，这种无形的和无管制的做法正在试图改变人们对健康和疾病的公众看法，为新的药品拓宽市场。

问题

(1) 在建立一个新的产品项目时，为何在其发展初期保证营销参与是非常必要的?

(2) 为何尽管辉瑞公司具有丰富的资源，但是在缺乏有用信息的情况下对于新产品的评估仍十分困难?

(3) 伟哥的案例为何被视为应用科学的成功典范，而且也是营销策略应用的一个很好的例子?

(4) 辉瑞公司如何应对市场上新的进入者对其带来的威胁?

(5) 辉瑞公司是如何为伟哥创造一个市场并进行疾病散播的?

第2章 创新的类型

学习目标

※ 产品创新、服务创新与流程创新的区别
※ 根本性创新与渐进型性创新的区别
※ 模块创新与架构创新的区别
※ 熊彼特对创新类型的划分

第一章中，我们把创新定义为创意和发明的商业化，这一概念强调了商业化的重要性，有助于我们区分发明和创新。但是从某种程度上来说过于简单化，这主要是因为不仅创新所呈现出来的形式各有不同，而且创新所蕴含的新颖性(Novelty)也不一而足，有些创新新颖别致，另外一些则貌似平淡无奇。由此，简单的创新定义无法帮助我们深入认识创新，需要对创新进行细致分类，以帮助建立用于创新分析的框架。

2.1 按照创新形式分类

按照创新成果所呈现出来的形式，尤其是物理特征的差异，可以把创新分为以下类型：

- 产品创新(Product Innovation)
- 服务创新(Service Innovation)
- 流程创新/工艺创新(Process Innovation)

在该分类中，前两种创新与消费者密切相关。产品创新成果是有形的物理实体，如手机、音频播放器或者汽车，消费者可在获取后实实在在地感受并使用产品。相比较而言，服务通常是无形的事物，如说医疗保健和教育，消费者可从服务中受益但实际上不获取物品，所以服务创新是无形的。但是，不管是产品创新还是服务创新，所针对的目标都是消费者。相比较而言，为了生产产品和开展服务，生产商会用到生产工艺或者服务流程，而在这些工艺或者流程过程当中也需要一些诸如机器之类的装备，我们往往称之为“资本货物”。有关设备、生产方法和生产体系的创新就是流程(工艺)创新。

这种分类方法有时候也会带来一些混淆，因为有时候公司也会像个人一样作为消费者去购买产品和服务。比如，一台洗衣机被消费者购买时它就是一个产品，但同时也可以被用于企业流程，如洗衣店的洗衣服务。尽管如此，这种方法仍不失为一类有用的分类方法，在创新研究中有着非常广泛的接受程度，因为它能够明确地告诉我们创新所能够带来的好处。一方面，产品和服务创新通常会使消费者受益，为消费者提供更多功能的产品或更快更有效的服务；另一方面，流程创新能够使生产者受益，提高他们的生产或者服务效率，降低生产成本；此外，流程创新也能够间接为消费者服务，因为较低的生产成本往往也意味着较低的产品或者服务价格。

下面我们对这三种创新分别加以具体阐述。

2.1.1　产品创新

产品创新是公众眼中最明显的创新，因为许多产品尤其是消费品都是公众能够直接接触和感受到的。一款新轿车、一种新的保险箱或者一套家庭娱乐系统，都是产品创新的例子。创新管理经典教材上经常援用的无袋真空吸尘器就是一个很好的产品创新的例子。戴森在 1997 年发明了双旋风技术，并制造了效率更高的真空吸尘器。双旋风真空吸尘器是一个消费品，我们之所以称其为创新，是因为它的工作方式与传统的真空吸尘器不同。传统吸尘器是用风扇把尘土吸进袋子里面，而戴森的双旋风吸尘器则省去了袋子，直接把尘土吸进透明的塑料容器中，是一种更高效的吸尘器。

从商业角度而言，产品创新的吸引力在于新产品的新奇性，这往往能够成功劝说消费者去购买产品。此外，现有产品对新技术的应用也同样能够激起消费者的兴趣。所以，战略管理鼻祖伊戈尔・安索夫(Igor Ansoff)认为“产品发展”战略是未来公司四大发展战略之一。

2.1.2　服务创新

服务创新是指提供新的服务。服务创新经常容易被人忽视，不那么引人入胜和吸引眼球，这是因为一提到创新，公众总是先入为主地想到发明，而不是服务。然而事实上服务创新和产品创新同等重要，服务创新对消费者同样会产生巨大影响，它可向消费者提供新的或者更好的服务。新服务可能是新技术的产物，使得向消费者提供一种前所未有的服务成为可能；改良性服务可能源于服务运达体系的显著改善，使得服务能够更有效地开展。例如，2004 年由哈佛大学学生马克・扎克伯格始创的 Facebook 就是一项全新的服务创新，它能够让个人展示自己的详细资料，为社会交往提供了便利。其他基于互联网应用的新服务例子还有 eBay 和 Paypal 等，这二者的诞生使网上支付更为便捷。

小案例

平价航空旅行服务

近十年来，价格低廉的平价航空已经彻底改变了欧洲的航空旅行。一改传统的定期航线，平价航空服务的创新主要体现在以很低的价格提供更多的定期短程服务，其结果是大大提高了航空旅行的人员数量以及所能够抵达的目的地数量。

但是这并非是源自欧洲的创新，这种价格低廉的平价航空服务是由位于美国德克萨斯州的西南航空公司所发起的，如图 2－1 所示。西南航空公司由赫伯・凯勒尔于 20 世纪 60 年代末创建，该公司最早发起了航空旅行的平价航空革命。

图 2－1　美国西南航空公司

成立初期，公司在创始人赫伯・凯勒尔的带领下，与当地的竞争者开展了不懈的司法斗争，以获取合法的飞行权利。成功之后，他们又面临着竞争激烈的价格战。只有价格合理，才能避免被布立尼夫(Braniff)和其他一些航空公司逐出市场。

西南航公司最终能够生存下来，得益于他们向顾客提供了与传统航班不同的服务组合，主要包括价格低廉(通常比传统航班低60%)、飞行频次高、较高的准时起飞率和直销(没有旅行代理商)，同时也削减了一些服务，如餐饮、座位约定、座位等级和转接班机。为了实现这一目的，他们采取的措施包括使用单一的机型(当时和现在均为波音737)、低价的小型机场、快速转机(通常是15～20分钟)、较高的装载系数以及点到点的服务。

平价服务组合造成了一些业务量的流失，但是也创造了大量的新业务，尤其是一些休闲和商务旅客，他们放弃了驾车而选择了飞机。正如赫伯·凯勒尔所言："我们不是在与航空公司竞争，而是在与地面运输竞争。"

1978年，美国航空服务开始去管制化，这意味着西南航空公司可以更好地在德克萨斯州推行这项航空服务创新。事实也证明公司业务量已超越同行平均水平。为了能够更好地拓展业务，公司需要增加航班的运载能力。在这一点上，与一般航空公司增加航线的方式不同，赫伯·凯勒尔是在现有航线上增加了飞行频率。

上述举措的确奏效。西南航空公司现在是已经是美国第五大运输商，也是全美最盈利的航空公司，并且始终坚持这种创新型商业模式。鉴于西南航空公司的成功，欧洲航空公司开始争相效仿，如瑞安航空(Ryanair)、易捷航空(easyJet)和BMI Baby等，从而在整个欧洲大陆掀起了一场航空旅行的低价革命风暴。

2.1.3 流程创新

如果服务创新排名第二的话，那么流程创新只能名列第三了，但是流程创新对社会的影响力却并不亚于前两者，如表2-1所示。谈及流程创新，我们通常指的是生产制造流程的创新，也称工艺创新。在服务提供过程中也存在不少流程创新，有时候也会被视作服务创新。除上述两个领域外，流程创新还包括行政管理和办公系统的创新。

表2-1 手工生产与大规模生产对比

装配时间	手工生产1913年/分钟	批量生产1914年/分钟	劳动节约/(%)
引擎	594	226	62
永磁发电机	20	5	75
车轴	150	26.5	83
零部件	750	93	88

流程创新的经典例子就是英国爵士阿里斯泰尔·皮尔金顿(Alistair Pilkington)发明的浮法玻璃工艺。这种工艺是在液态锡床上制造平板玻璃，从而大大提高了生产效率。在此创新问世之前，平面玻璃价格昂贵、质量也很不可靠，主要原因是只能依靠打磨和抛光技术得到平整的玻璃面。而浮法工艺完全免除了耗时的打磨抛光流程，使生产成本大幅下降。玻璃价格的大幅度下降使建筑师和房地产开发商能够大量使用玻璃，这在过去是无法想象的。30年来玻璃在建筑中的使用愈来愈多，从办公大楼、机场到大型购物中心均大量使用玻璃。

流程创新不局限于改良设备，同时也包括工作方法改进和系统改良。如科学管理之父弗雷德克·温斯洛·泰勒的“科学管理”(有时被称为工作研究或组织与方法)提出了新的工作组织方法。生产活动经过泰勒的科学管理原则重新组织以后，生产率均会有较大提高。再如，1913 年福特在底特律汽车工厂引入流动装配线方法后，不仅生产效率大幅提高，T 型车的换代间隔时间也大大缩短，而且价格也一降再降，从 1908 年 850 美元到 1913 年的 600 美元，再到 1916 年的 360 美元。价格的降低引起了汽车需求量的激增，汽车开始由富人阶层向更多的社会阶层开放。

除了制造业，在服务业中也经常能看到流程创新。流程创新改变服务业的经典案例是联邦快递的包裹业务。为处理过夜包裹，联邦快递之父弗雷德·史密斯(Fred Smith)发明了中心分支系统，白天用卡车收集包裹运送到机场中心进行分类整理，夜间把包裹送到目的地附近的另外一个中心等待第二天送出，从而形成了快速高效的包裹递送系统。

如今流程创新已非常普遍，银行、保险公司、超市以及电影院等各类组织均为客户提供了在线业务处理设备。甚至政府部门也积极介入，诸如汽车收税、驾照申请等业务，也越来越多地在线开展。在线业务处理免除了人工服务和纸张处理，提升了处理效率。除了用户数据输入，其他事项均被电子化处理，节约了纸张，减少了工作人员，产生了廉价的处理流程和较高的处理效率。难怪从航空公司到保险公司等均对在线业务提供折扣，从折扣幅度上就能够看出公司从中受益匪浅。

2.2 按照创新程度分类

除了用创新形式对创新进行区分之外，还可以按照创新的程度来分类。其中一种分类方法是依据创新的新颖性进行划分，这种分类方法的好处是能够快速展示一项创新对现状的改变程度。创新的程度反过来也反映了与之相关的技术努力的程度。现如今，许多事物都被冠以创新的头衔，此类分类方法有助于我们对创新进行界定并判断其蕴含的创新程度。正如前面所述，创新之间的差异非常大，既包括那些与现有事物完全不同的创新，也包括那些只是对现有设计简单变革的创新；前者的创新新颖度非常大，而后者相对较低。根据创新变化大小的区别，可以把创新分为根本性创新(Radical Innovation)和渐进性创新(Incremental Innovation)。

依据该分类方法，涉及重大突破、新技术和主要科学进步的创新被称之为根本性创新。而那些层次稍低的创新，如产品性能的改进，则被归为渐进性创新；渐进性创新并没有创造出全新的产品。

类似地，按照创新所依赖的技术轨道是否具有连续性，可以把创新划分为连续性创新(Continuous Innovation)和非连续性创新(Discontinuous Innovation)。

但是，需要注意的一点是，创新的新颖度是一种主观的感受，会因创新者的不同而不同。例如，对于壳牌公司或者 IBM 公司这样的巨人企业而言，高级网络信息系统是一件极其稀松平常的事情；而对于小型汽车经销商或者食品加工商而言，早些年间即使用一台电脑连接外部互联网都是一项不小的挑战。

2.2.1 根本性创新

根本性创新通常是重大科技突破或者新技术应用的结果。有些根本性创新影响深远，甚至改变了整个社会，如第一次工业革命中出现的蒸汽动力系统以及今天的计算机与通信技术。

根本性创新的概念与哈佛商学院教授克莱顿·克里斯坦森(Clayton Christensen)1997年所提出来的破坏性创新(Disruptive Innovation)的概念比较近似。之所以称之为破坏性创新，是因为创新为市场和产业带来了巨大变化，导致了较高的不确定性。从市场角度而言，这些变化意味着全新的市场、全新的顾客、全新的产品或服务；从产业角度而言，变革意味着新进入的公司必须具备更强的组织能力才能实现更好的调度，同时也意味着老公司的离去。

相对于渐进性创新的对现有成果的逐步改善，根本性创新是非线性的和非连续性的，它完全开创了一条前所未有的技术轨道，远远超越了对现有设计的改进。Robecca M. Henderson和Kim B. Clark(1990)定义道："根本性创新建立了新的主流设计，把一些核心部件通过新的架构连接起来"。由于运用了新技术，所以就新颖度而言，根本性创新拥有较高的新颖性，它采用了新的设计把新的零部件集成到新的架构中。根本性创新也可以是新的商业模式，就像施乐公司推出他们的静电复印机那样。简而言之，在根本性创新当中，一切均发生了变化。

例如，平板电视就是一项根本性创新。为什么这么说呢？在平板电视问世之前，电视机和计算机显示器用阴极射线管(CRT，Cathode Ray Tube)成像；而平板电视则采用了全新的科技，即液晶显示器(LCD，Liquid Crystal Display)。液晶显示技术起源于1970年，使用液体化学物质，其分子在导电时可以被精确排列。LCD最早被应用于袖珍计算器和手表显示，与CRT技术毫无瓜葛。与基于CRT的电视机相比，液晶电视的系统架构和元器件均发生了较大变化，因此平板电视是一个非连续性的变革。原来的CRT显示技术得益于多年来的线性创新，显示性能不断提升。平板电视的出现打断了阴极射线管技术。其结果是一个完全用不同方法生产出来的产品，使得CRT生产设备以及生产技术完全多余。这一创新也足以破坏一个行业或者产业，曾名噪一时的咸阳彩虹集团，主要产品为CRT显示器中的显像管，当LCD显示器全面取代CRT显示器，集团公司很快走向了下坡路直至破产。

表2-2列举了更多根本性创新的例子，它们的共同之处是均采用了新技术，而不再是小幅度地改进产品性能，给产品新的外观，或者对新的消费群体产生吸引力。每项产品与过去有根本性的区分，应用基于不同原理的新技术赋予产品新的特性。

表2-2　根本性创新

根本性创新	技　术	社会影响
喷气发动机	燃气涡轮机	首次使大规模航空旅行变得可行
碳纤维F1赛车	碳纤维	更容易操作，更安全
晶体管收音机	晶体管	首次低成本便携式收音机
个人计算机	集成电路	个人计算
数字照相机	数字成像	照相更加灵活易得
MP3播放器	MP3文件	更加方便地听音乐

与其他类型的创新相比较，根本性创新对公司能力要求更高，带来的变化也更大。因为根本性创新会给公司带来一系列新的问题，要求动用新的技术和商业技能，并采用新的手段来解决。如喷气式发动机的创新案例就很好地说明了根本性创新对公司能力产生的深远影响。与之前的活塞式发动机相比较，喷气式发动机工作原理完全不同，因此不仅需要寻找耐高温材料，而且技术层面也对空气动力学知识提出了更高的要求。但同时，喷气发动机也能给潜在顾客提供更多不同的东西，比如速度和平稳性。

因为根本性创新要求研发者具有不同的组织能力，所以行业内的现有企业发布根本性创新产品是很罕见的，通常由新进入者来完成。iPod 就是一个例子，由于和以前的音频播放器工作原理不同，它为音频播放器市场的新进入者——苹果公司提供了一次商业机遇。MP3 技术是一项全新的技术，现有企业并无经验优势，苹果公司也无后发劣势。无独有偶，另外一项根本性创新——静电复印机也为施乐公司进入复印机市场提供了机遇。

由此可见，根本性创新比其他类型的创新具备更加深远的影响。但是根本性创新的变革也带来了难以想象的不确定性，使企业间设计竞赛与竞争加剧。但是最终这种不确定性会逐渐消退，紧随其后的是一系列的渐进性创新。

2.2.2 渐进性创新

虽然根本性创新影响深远，但是根本性创新相对稀缺。根据 Rothwell 和 Gardiner 估计，大约只有 10%的创新属于根本性创新，其他创新大多属于改良性质的渐进性创新。所以，总体来说很少有产品是全新的。

渐进性创新是指为了充分利用现有设计的潜力而对产品、服务或者流程所作的轻微改变。这些改变主要包括对现有部件性能的提升，或者引入新的部件，但总是脱离不了现有设计的范围，换句话说就是创新的新颖度是很低的。克里斯坦森对渐进性创新做了定义："利用公司专业技能在确立的架构下对部件所做的改变即为渐进性创新。"该定义突出显示了渐进性创新的重要特征，即渐进性创新是对现有技术的改进，而不是引进了新的技术。

渐进性创新遵循的基本思路就是"没有最好，只有更好"，这种创新方法至今依旧值得称道。以圆珠笔为例，它最早出现于 1957 年，时至今日全球每天销售量依旧高达 1400 万支。尽管表面上看起来形状相同，但是如果细致考察就能发现圆珠笔已经发生了大量渐进性创新，比如制作材料、墨水、圆珠技术以及安全特征等。再如，厂商为了提升洗衣机的效率，安装了更强力的电机，使滚筒转速不断提升，这也是一种渐进性创新。在渐进性创新中，整体系统和零部件的连接方法并没有发生变化，只是零部件在不断得到加强。又如，iPod 不断推出新款也是一种渐进性创新。2001 年 10 月 iPod 最初问世时，是完全的根本性创新。但是自此之后，苹果公司陆续推出了一系列 iPod 的新版本——不同尺寸、不同存储容量和不同的颜色，但是采用的技术和系统配置方式并没有改变。

渐进性创新不仅体现在产品创新上，也体现在流程创新上。流程/工艺创新更多的是不断地对现有系统进行优化，以排除不利因素。关于渐进性工艺创新的研究表明，持续不断地效率改进所带来的收益远远大于那些偶然发生的根本性变化。其他一些类似研究也证实了这一点，如 Tremblay 对造纸坊的研究、Enos 对石油精炼行业的研究以及 Figueredo 对钢铁工厂的研究。近年来，这种持续性改良更是受到了相当重视。比如，日本制造企业将其作为全面质量管理(Total Quality Management)的一部分，通过持续的渐进性变革不断提升产品质量和生产效率，最终获得了巨大收益。再如，学习曲线(Learning Curve)理论也持同样观点，认为生产效率随着销量的增加不断提升，其主要原因是伴随着新产品或者新工艺的引入，人们不断学习并开展旨在解决问题的持续性渐进创新。当前，在制造业和服务业中普遍流行的“精益思想”(Lean Thinking)，也同样反映了这种持续性创新的巨大潜力。

渐进性创新对市场和产业的影响与根本性创新有所不同。渐进性创新采用现有技术以及与之相关的知识和技能，因而倾向于强化在位企业的地位。类似地，在市场进入策略方面，渐进性创新更偏向于市场渗透进入新的细分市场，而不是创造一个新的市场。因此现有公司偏爱渐进性创新，他们在某特定技术上已经形成了大量的知识和技能。从这种意义而言，也正是他们推动了稳定的渐进性创新潮流。

2.3 按照创新层次分类

根本性与渐进性创新的分类方法虽然可以反映一项创新的新颖程度，但依旧有局限性，无法展示创新涉及的范围及创新层次上的区别。为解决这一问题，Henderson 与 Clark 建立了一种更为复杂的分析方法，在根本性创新和渐进性创新的基础上引入了组件知识(Component Knowledge)和系统知识(System Knowledge)的概念。

组件知识是指有关产品中每个组件的特定功能的知识，这种知识构成了组成部件的“核心设计概念”。

系统知识是指有关组件集成和连接方法的知识。此类知识是有关系统如何工作以及不同组件是如何安置在一起的，因此也被 Henderson 和 Clark 称之为架构知识(Architectural Knowledge)。

在此基础上便产生了按照创新层次的创新分类方法，即把创新分为模块创新(Module Innovation)和架构创新(Architectural Innovation)。

2.3.1 模块创新

模块创新使用现有产品的设计架构和配置方式，但是采用了蕴含不同设计理念的模块。采用新的或者不同部件是模块创新的关键特征，尤其是采用了新技术的新部件。新技术会改变整体系统中一个或者多个部件的工作方式，但是整体系统和配置架构保持不变。

和渐进性创新相似，模块创新也没有全新的整体设计，但采用了新的或者不同的组件。例如，在下面的小案例中，发条收音机除了电源部件是新的，工作原理及其他部件并没有改变。

发条收音机是英国发明家特里沃·贝利斯发明的。在此之前，收音机已经发明很长一段时间了，主要依靠电力工作，要么是外接电源，要么是内置电池。而发条收音机则采用了不同的供电方式，由发条驱动内置的发电机为收音机供电，其他模块如扬声器、高频头、放大器、接收器等均保持不变。此外，发条收音机和其他收音机的工作原理也相同，唯一不同的就是它不需要外部电源。对于世界上一些无法正常电力供应的地方，这正是难能可贵之处，意味着没有稳定电力供应的贫穷国家的人们也可以收听收音机。而且发条收音机在相对富裕的国家也开创了一个新市场，比如那些想保持外部联系的徒步旅行者。同时它还对其他产品起到了示范作用，比如有些手电筒也安装了这些创意独到、环境友好的发条电源。

小案例

发条收音机

1991 年，贝利斯在收看一个关于艾滋病在非洲蔓延情况的电视节目时，一位预防艾滋病工作者的介绍引起了他的注意：控制艾滋病蔓延的一种有效方式是利用无线电广播宣传普及预防艾滋病的知识。但在农村地区，许多贫穷家庭连收音机用的电池都买不起。贝利斯想，如果能设计一款使用类似闹钟发条来供电的收音机，就可以取代对电池的需求。经过反复尝试，贝利斯终于制作出了发条收音机的原型，上紧发条后能够持续运行 10 多分钟。

之后，贝利斯与英国的一家叫 Freeplay 的公司一起研制出了世界上第一台发条式收音机，如图 2－2 所示。该收音机一经问世，便得到世界各地听众的青睐。这种收音机不需要电池或电源，而是用全世界都唾手可得的能源——臂力。用手给收音机上发条就像孩童的玩具那样，上满发条就能走一个小时。在一些像厄立特里亚(非洲最穷的国家之一)那样的国家里，发条收音机现正用于农村和偏远地区的大众教育。而且发条收音机不仅适用于电力紧缺的国家，在英联邦、北美和欧洲也很畅销。

图 2－2　特里沃·贝利斯和他发明的发条收音机

发条收音机对环境也有益处，因为它摆脱了对电池的需求。废旧电池的回收难度非常大，因此常常成为有毒废物的源头，是最大的汞单一性污染源。

工作原理

转动手摇曲柄把手时，收音机内的发条就会紧紧地缠绕在发条轴上，将机械能转换成势能贮存在发条中，以备候用。发条的材料原是为汽车座椅安全带反冲机械装置而发明的，但收音机的发条要结实得多，有 3 厘米宽，10 米长，厚度有 2 毫米。发条展开时会驱动轴心转动，进而通过传动装置与一个小型发电机相连，为收音机提供电源；同时变速装置将发条的慢转速转化成发电机的高转速，就像自行车上的传动装置，但转速比是 1∶1000。

发条收音机还有短波波段，这个短波装置可使听众收听到几千英里之外的无线电发射信号。

2.3.2 架构创新

架构创新中，各个零部件及其设计理念保持不变，但是采用了新的连接方法，因此系统在配置方式上发生了变化。正如 Henderson 和 Clark 所言："架构性创新的本质在于对现有系统的再配置，采用新的方法去连接现有零部件"。当然这并不意味着部件完全保持不变，也可能会借机改善一些零部件，但是总的来说变化是微小的，零部件在一个新设计和新配置的系统中像过去一样发挥作用。

图 2-3　索尼随机听

提到架构性创新，就不得不提到索尼随机听。尽管随身听问世时是一个高度创新的全新产品，但是几乎不涉及什么新技术，可以录放音乐的便携式音频录音机已经上市很多年。索尼公司的设计人员从一款现有的小型卡带式录音机开始研发，这本来是给报社记者用的轻型录音机。他们去掉了录音装置和喇叭，然后又加入了小型立体声放大器，最后又引入了一套新型耳机。由于没有喇叭，新产品耗电量很低，体积也很小；同时安装小型电池，重量变得更轻。这样，一个采用新型设计的新系统就这样诞生了。随身听不仅是一款新的音频产品，更是一种个人音响，它让年轻的移动用户可以随时随地地收听音乐，同时又不会给他人造成噪音干扰。

随身听获得了巨大的商业成功，两年内销售量达 150 万台。当然，随身听的意义并不仅仅在于它的销量。它展示了结构性创新的力量，借此确立了索尼公司消费类电子产品制造商的地位。更重要的是，它改变了消费者的行为，年轻人发现他们在听音乐的同时可以过上更加健康的生活，如慢跑、散步和其他健身房活动。

2.4 其他创新分类方法

2.4.1 熊彼特对创新类型的划分

奥地利政治经济学家约瑟夫·熊彼特认为，所谓创新就是要“建立一种新的生产函数”，即“生产要素的重新组合”，把一种从来没有的关于生产要素和生产条件的“新组合”引入到生产体系中去，以实现对生产要素或生产条件的“新组合”。作为资本主义“灵魂”的“企业家”的职能就是实现“创新”，引进“新组合”。所谓“经济发展”就是指整个资本主义社会不断地实现这种“新组合”，或者说资本主义的经济发展就是这种不断创新的结果；而这种“新组合”的目的就是获得潜在的利润，即最大限度地获取超额利润。

熊彼特将创新分为五种情况：

(1) 采用一种新的产品。

所谓新的产品也就是消费者还不熟悉的产品或某种产品的一种新的品质。

(2) 采用一种新的生产方法。

新的生产方法就是有关的制造部门在实践中尚未知悉的生产方法。这种新的方法可能建立在新的科学发现的基础之上，并且也可以表现为在商业上对一种商品进行新的处理。

(3) 开辟一个新的销售市场。

新的销售市场就是相关国家的相关制造部门以前不曾进入的市场。这个市场以前可能存在，也可能不存在。

(4) 获得原材料或半制成品的一种新的供应来源。

新的供应来源是指过去没有注意到或者认为无法得到的供应源。这种来源以前可能存在，也可能不存在。

(5) 实现一种新的组织。

实现新的组织是指通过组织方式变革造成一种垄断地位(例如通过“托拉斯化”)，或打破一种垄断地位。

后来人们将他这一段话归纳为五个创新，依次对应产品创新、工艺创新、市场创新、资源配置创新和组织创新。这里的“组织创新”也可以看成是部分的制度创新，当然仅仅是初期的狭义的制度创新。

2.4.2 创新空间四维度模型

萨塞克斯大学科技创新学院的教授乔·笛德提出的创新空间的四维度模型，为描述创新发生变化的空间范围提供了一个分析框架，如图 2-4 所示。由于四个维度的首字母都是P，因此该模型又被称为 4P 模型。这四个维度分别是：

- 产品创新(Product Innovation)：一个组织能够提供的产品或者服务方面发生的变化。
- 流程创新(Process Innovation)：产品/服务生产方式或者供应方式方面的变化。
- 定位创新(Positioning Innovation)：用户对产品理解方面的变化。
- 范式创新(Paradigm Innovation)：支撑组织行为方式的潜在思维模式的变化。

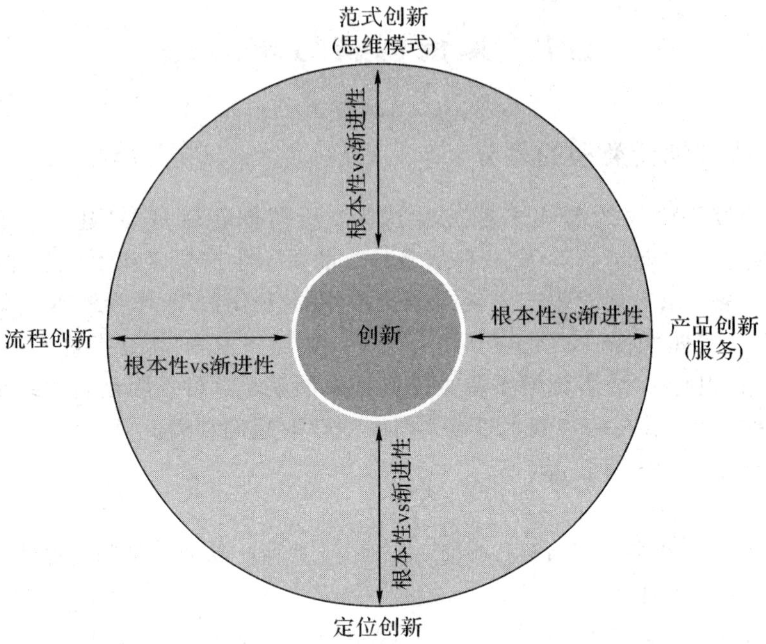

图 2-4 创新空间四维度模型

1. 产品创新

产品/服务创新是最常见的形式，如设计一款新轿车、一种新的婴儿保险或者一套家庭娱乐系统，都是产品创新。

2. 流程创新

相对应地，有关汽车或者家用娱乐系统制造方法或者设备的变化，以及保险办理及办公流程的变化则属于流程创新。但是，有时产品创新和流程创新的边界并不那么明显，例如喷气动力渡轮既是产品创新也是流程创新。

3. 定位创新

创新有时候表现在重新定位用户对现有产品或者流程的理解上。例如，英国有一款葡萄糖饮料葡萄适(Lucozade)，最早出现在 1927 年，当时是为了帮助儿童和病人康复用的，因此该饮料在人们的印象里总是和疾病联系在一起的。但是后来，Beechams 公司针对快速增长的健身市场将其作为一种健康饮料重新进行了发布，于是产品的印象得到了彻底改变，成为了一种提高运动能力的健康饮料。这种变化就是定位创新的很好的例子。类似地，哈根达斯(Haagen Dazs)也让一种古老的产品——冰激凌——重新焕发了生机。其采用的策略是瞄准不同的细分市场，把产品重新定位成大人们的一种快乐享受，讲述了一个成人冰激凌的故事。

4. 范式创新

有时候创新的机遇出现在重新构建看待事物的方式上。例如，福特极大改变了交通运输行业的面貌，不是因为他发明了汽车(实际上福特进入该行业相当晚)，也不是因为他开发了组装汽车的流程，而是因为他改变了人们使用汽车的方式，把汽车从仅供富人消费的手工制造品变成了人人都买得起的大众日用品。随后而来的从手工制造到批量生产的转变更是成为了一场汽车生产制造方式的革命。当然为了让这种生产方式发挥作用还涉及一系列产品和流程创新，例如零部件设计、机器制造、工厂布局以及组织工作所需要的社会系统等方面的创新。范式创新往往会改变人们的思维和生活方式，如传统航空公司向低成本航空公司的转变、在线保险和其他金融服务的提供等。

在创新空间的四维模型中，根据每个维度创新力度的大小，可以将创新划分为根本性创新和渐进性创新。4P 框架下的一些创新示例如表 2-3 所示。

表 2-3　四维度创新模型比较

创新类型	渐进性创新：比现在做得更好	根本性创新：做前所未有的事情
产品创新：我们向世界提供什么？	Win7 和 Win8 替代了 Vista 和 XP，实现了对现有软件性能的提升	软件世界的新事物：如第一款语音识别程序
	现有车型的新版本：如 VW Golf 是对现有车型的改良	新概念车：如丰田 Prius 采用了混合引擎，特斯拉制造出了高效电车
	白炽灯泡性能的改善	LED 照明：使用了完全不同、更加高效节能的技术原理
	CD 替代了黑胶唱片，在存储技术上有了本质上的提升	在线音乐网站与其他流媒体服务，从个人收藏音乐模式转向租赁大容量音乐库模式
流程创新：如何制造和供应产品？	改良固定电话服务	Skype 和其他网络语音通话系统
	扩展股票经纪业务	在线股票交易
	改善拍卖行(Auction House)业务	eBay
	通过升级提升工作效率	丰田生产体系，即精益生产方法(Lean Approach)
	分支银行增加服务种类	在线银行以及使用手机的移动银行
定位创新：目标市场在哪里？	哈根达斯把冰激凌的目标市场从儿童转向成人	服务于草根市场：如印度塔塔汽车公司向相对贫穷的印度市场投放了定价约 2000 美元的汽车
	航空公司区分不同的客户群体：头等舱与经济舱	低成本航空公司向曾经坐不起飞机的客户开放，不仅创造了新的市场还对原来市场形成了冲击
	戴尔公司为个人用户量身定做计算机	“每个儿童一台笔记本”工程，印度政府为每个学校提供价值 20 美元的电脑
	特定人群的银行服务：学生、退休人员等	根据“金字塔底部”原理，服务于数量庞大但是利润低薄的市场，如墨西哥西麦斯公司(Cemex)建筑
	改良零售物流系统	在线销售
	高等教育课程的在线支持	凤凰城大学(University of Phoenix)借助于在线教育方法开拓了大量教育业务

续表

创新类型	渐进性创新：比现在做得更好	根本性创新：做前所未有的事情
范式创新：如何引导和规范我们做事情？	博士伦公司商业模式的转变：放弃了日益大众化的传统眼镜、太阳镜以及隐形眼镜业务，转向高科技领域，如激光医疗设备、专业光学设备以及人工视力研究	孟加拉乡村银行和其他类似微金融业务模式，重新认识信贷消费与穷人
	詹姆斯·戴森用功率电机产品重新定义了家用电器市场	iTunes平台：全新的个人娱乐系统
	英国航空发动机公司罗尔斯莱丽斯：从高质量航空发动机转向服务行业，“按小时提供动力”	亚马逊、谷歌以及Skype用网络模式重新定义了零售业、广告业和电信业
	IBM从设备制造商转向服务和方案供应商：卖掉计算机制造业务，构建咨询和服务业务	Linux、Mozilla等公司把以前的被动用户转变为积极的用户社区，与用户一起共同创新产品和服务

思考题

（1）按照创新成果形式的不同，可以将创新划分为哪些类型？

（2）根本性创新与渐进性创新存在着什么联系与区别？

（3）举例说明什么是模块创新及架构创新。

（4）解释熊彼特对创新类型的划分，并说明这种划分具有的现实意义。

（5）乔·笛德四维空间模型和前面的创新分类存在什么区别和联系？有什么进步之处？

（6）为什么产品创新比服务创新和流程创新更能吸引公众的注意？

（7）为什么流程创新有时候对社会能产生更广泛的影响？

案例分析

小说、新产品和哈利·波特

当许多出版商花大笔费用促销他们的畅销书时（英国出版公司布鲁姆斯伯里和《哈利·波特》就是一个典型的例子），一些出版商却将重心放在了新的出版物和新作者身上。影响一本新书成功与否的因素有许多，其中一些令人不可思议。出版社的角色、代理商的角色、零售商的角色、买家的角色、行业评论家的角色都是影响这个行业成功与否的因素。虽然所有的出版商都希望有下一个《哈利·波特》，但是本案例告诉我们，如果他们现在不投资开发新产品，他们的希望就会落空。实际上，有些出版商只是进行了简单的书本印刷，并没有实质性的促销活动。本案例的研究结果或许对他们有些启发。

引言

《哈利·波特与混血王子》打破了图书史上销售记录。为了缩短断货时间，全球的零售商都在要求布鲁姆斯伯里出版社(英国)和学者出版社(美国)加快完成他们的订单。这本书上市第一天就卖出了200万册。J. K. 罗琳的《哈利·波特》系列的第五部《哈利·波特与凤凰令》的销售速度超过了历史上任何一本书的销售速度，它在美国上市的第一天就卖出了500万册。学者出版社第一次印刷了680万册，第二次印刷了170万册。网上零售商亚马逊表示，这本768页的书在英国已经卖出了42万册，同时收到了来自全世界的前期订单130万册，这几乎是前纪录保持者《哈利·波特》系列的第四部《哈利·波特与火焰杯》的近三倍。英国最大的零售商特易购起初订购了50万册《哈利·波特与凤凰令》，并在上市第一天就卖出了31.74万册。相比之下，特易购在《哈利·波特》系列上一本书上市一周内只卖出了4.2万册。但是，如此迅速的销售速度并不代表能够获得丰厚的利润。特易购和其他集团以降价的手段增加销售速度，目的是为了从专业零售商那里争夺市场份额。沃尔玛旗下的阿斯达、利兹的连锁超市在该书上市的24小时内以最低的价格8.96英镑(15美元)售出了12万册。HMV集团旗下的水石是一家专业的连锁书店。该书店表示，这次发行的规模是史无前例的。在伦敦市中心，皮卡迪利大街的水石旗舰店，可以看见超过2000人的队伍。很多人排好几个小时的队，就为了买一本书。

出版界谈及开发一个新产品时，人们最先想到的是书。与飞机或汽车行业相比，新小说是相对简单的。在人们印象当中，印刷业是一个成熟的产业，已经有几千年的历史了。并且可以肯定的是，当新书完成之后等待出版时，所有的事情都安排好了。而在现实中，该产业一直不断地发展，并不断地给即使是最有经验的出版商带来意外。

作者和出版商总是对新书的出版抱以期望，希望这本书可以卖出成千上万本，甚至百万本。然而，尽管许多出版商尽了最大的努力，一些书的销售结果总是和人们的希望背道而驰。就如《安西娅·特纳自传》一样，即使所有的媒体都在炒作，但它上市的第一周还是只卖出了451本，很快就堆在了打折书店，无人问津。出版商们对这种令人失望的事闭口不提，然而水石却建议15%的书应该返还给出版商。事实上，大多数的书并没有卖出去。2001年，英国发行了11.6万本新书，也就是说每周发行2000本新书。但是，即使名人效应对书的销售有一定的促进作用，也并不是成功的保障。

成功取决于许多因素，其中包括出版商是否愿意出10 000英镑为你在书店买一个前排的位置用来展示你的书，或者甚至为了让某一本书被选为“本周阅读”而付给零售连锁店6000英镑。在作者和作品看起来同样多的现代出版界，这种行为似乎看起来不公平也不受欢迎。出版业专家达努塔·基恩认为，许多书之所以能够名列畅销书排行榜，至少部分原因是零售商和出版商的利益交换以及作者竭尽全力去推销自己。有一点商业新手不应该感到吃惊，就是零售商在图书销售过程中所扮演的角色和在其他消费品的销售中所扮演的角色同样重要。也可以说，小说是另一种产品和服务组合的消费产品。

对少数人而言的一个正在成长并有利可图的产业

出版界仍然是一个充满激情并且有利可图的行业，销售额持续增长，每年都会有越来越多的书出版。从表2-4中可以看出英国出版物的快速增长。

表 2-4 英国每年出版的图书数量

年　份	数量/本
1850 年	2200
1900 年	7500
1960 年	20 000
1991 年	67 704
1995 年	95 064
2000 年	116 415

然而只有少数几本书能为作者和出版商带来一笔可观的收入，那么为什么还会有那么多的书出版呢？答案很简单，在成千上万的作者当中，只要有一个 J.K. 罗琳，就足以为出版商带来丰厚的回报。本案例中，布鲁姆斯伯里出版社只花了 2500 英镑就买到了罗琳第一本《哈利·波特》的版权，而其电影版权则以 50 00 多万英镑的价格卖给了美国在线时代华纳兄弟，并且 J. K. 罗琳已经从《哈利·波特》系列中挣到了 4000 多万英镑。《哈利·波特》在美国的出版权为学者出版社所取得。目前，该书销售量已达 1900 万册。毫无疑问，电影的上映将会提升书的销量。美泰和孩之宝公司最近购买了电影的商品产品许可证，所有的这些将都会为布鲁姆斯伯里和罗琳带来更多的利润。《哈利·波特》系列丛书全球销售额现在已经超过了 1.15 亿册。

专题：J.K. 罗琳

哈利波特系列的作者 J.K. 罗琳自己的性格就像哈利波特一样，她的生活也如童话故事一般曲折。和丈夫离婚之后，罗琳带着还在襁褓中的女儿住在公共援助的一个小小的爱丁堡公寓中。罗琳在她女儿午睡的时候，在一家咖啡馆里创作《哈利·波特与魔法石》，可以说是哈利波特拯救了她。起初是苏格兰艺术委员会给她救助金帮她完成这本书。直到读者布莱尼·埃文斯在阅读完这本书的前三章并表示非常喜欢后，总部位于伦敦的克里斯托弗文学代理商才同意代表罗琳为她寻找出版商。这本书被送到十二家机构，但都被拒绝了。一年之后，她终于收到了来自布鲁姆斯伯里出版社的编辑巴里·坎宁安的 2500 英镑预付金。第二年的春天，该小说的出版权在美国拍卖，最后，学者出版社获得了出版权并且付给作者罗琳 10 多万美元的酬劳。罗琳说当她听到这个消息时，激动得几乎要死了。1998 年 10 月，学者出版社在美国以《哈利波特与魔法石》这个书名出版了这本书。罗琳说她不同意书名的改变，如果当时有更好的社会地位，那么她肯定会捍卫自己的权益。

版权卖给布鲁姆斯伯里出版社之后，该书好评如潮。《哈利·波特》不仅获得了英国图书奖、年度最佳儿童图书奖和史玛提斯童书奖，也得到了大西洋两岸的盛赞。图书版权已经卖给了英国、法国、德国、意大利、荷兰、希腊、芬兰、丹麦、西班牙和瑞典。

迄今为止，《哈利·波特》系列一共有七部，如表 2-5 所示，并且都打破了销售记录。该系列最后三部成为历史上销售速度最快的书，在上市的 24 小时内销售额甚至超过了电影大片，其中第六部甚至打破了世界吉尼斯纪录，成为有史以来销售最快的书，上市后 24 小时的销售量比《达·芬奇密码》一年的销量还多，而《达·芬奇密码》也是当年的畅销书之一。

目前，丛书最后一本也已经完成。2006 年 12 月 21 日，该书被命名为《哈利·波特与死亡圣器》。

表 2－5　《哈利·波特》系列丛书

系列	上市年份	丛 书 名 称
第一部	1997	《哈利·波特与魔法石》
第二部	1998	《哈利·波特与密室》
第三部	1999	《哈利·波特与阿兹卡班的囚徒》
第四部	2000	《哈利·波特与火焰杯》
第五部	2003	《哈利·波特与凤凰令》
第六部	2005	《哈利·波特与混血王子》
第七部	2007	《哈利·波特与死亡圣器》

从手稿到出版的过程

一旦一个作者，特别是新作者或者不出名的作者完成了一本书的手稿，他最主要的任务就是要将书出版，而这一步非常困难。出版社和代理商的办公桌上每周都会有成千上万的手稿，大多数都会被拒绝或者返还给作者。如果被代理商和出版商拒绝的手稿，后来变成了最畅销的小说，他们会说这是商业的自身规律，然而这对那些手稿已经被拒绝很多次的作者来说并没有任何的帮助。代理商只会给他们灌鸡汤："不要放弃，《哈利·波特》都被好几家出版社拒绝过。"

大多数的出版商只和代理商合作，而不会直接和作者沟通。这是因为代理商了解出版流程，跟编辑比较熟悉；而且代理商有助于淘汰"垃圾"，编辑只需要考虑留下来的手稿即可。

作者和代理商之间是业务合作关系，具体合作的细节取决于作者的需求和代理政策等。代理商会审核作者的作品，并提出一些可行的建议以使作品顺利出版。书稿出版后代理商将会从作者得到的预付金和销售收入中提取 15%的佣金。

但是，即使是最好的代理商也不能以次充好，因为编辑只会给作者一次机会，这似乎已经成为行业的一个规则。编辑读完作品后，也许会有很深的印象，有时甚至是难以磨灭的印象。这个过程就像其他行业的质量管理。如果一个作者写了一本二流的书，并且代理商没有事先审核，那么出版社的编辑不仅可能拒绝这次作品，甚至连该作者以后的作品都会拒绝。T. 科尔根是伯克利出版社的资深编辑，他总结编辑拒绝一个手稿的最常见的原因：

· 编辑。所有人都有自己的喜好，编辑也不例外。这就是为什么大多数编辑仍然会和一个有过几个失败作品的作者合作，也是为什么他们在衰退期还愿意帮助一个有才华的新作者。

· 市场。这是最复杂的因素。有时单纯地看数据，的确会让你产生现在市场还不错的错觉，但编辑买一本书时还要考虑两年后的市场走向。毕竟，完成一部作品，作者需要半年到一年的时间。一旦编辑选择一本书，那么你将会在一年之后才能看到它。

· 出版社。“谢谢您提交的材料，但很遗憾，这与我们的出版计划并不吻合。”所有收到拒绝信的人都熟悉这句话。当然，有些时候，这句话的意思其实是“你的手稿糟糕透了”。但是大多数时候也许只是字面意思。

· 作者。你之所以创作，是因为你喜欢，你写的东西也是你所喜欢的。试图模仿一个成功作家的写作模式，这是一种扼杀自己声音的方式，并且必然会被拒绝。

出版商与合同

在接触初期，出版商对作者的长相和作品同样感兴趣。这听起来也许令人惊讶，但高颜值确实有助于销售，特别是年轻的作者。

一旦出版商的特约编辑看上了某个手稿，就会让出版社的其他部门给代理商开价。接着，代理商就会和作者就价格进行商讨，通常情况下作者第一本书的报酬是图书出版利润的7%～15%。同时他们也会商议以后再出书的报酬问题。大多数的作者都只是想将自己的第一部作品尽快出版，因此要价并不高，如J. K. 罗琳就以预付金2500英镑的价格出版了《哈利·波特》系列的第一本书。此时，有关报酬的谈判并没有终止，因为还有作品的国外版权和电影版权需要商议。代理商自然是想获得这些版权的，因为这些版权将会带来更多的收入。但是，出版商不会这样做，版权通常都会签署给出版商。有趣的是，J. K. 罗琳的代理商签署了《哈利·波特》电影版权，而出版商只签署了外国出版权。

草稿、修订本和交单

合同签订后，无论分配给编辑的是哪一本书，他都会和作者密切合作。修改原稿可能需要几个月甚至几年的时间。虽然文字处理软件简化了这个过程，但是这依旧是一个不断重复的过程。同时，责任编辑也会提出修改情节、场景或者如何完善故事的建议，并会检查细节及逻辑的严密性，最终排版并再一次检查正确性、语法等。他们会把优秀的样本发给评论家和商业买家，看是否能得到预订单。接着就进入下一阶段：书的封面。为了设计书的封面，设计师会对全书作一遍大致的浏览。几周后，在终稿决定之前，设计师会提交几个可供选择的封面创意，这通常是由编辑和营销部门合作完成的。这方面的收入作者得到的很少。

到最后要出版时，书的尺寸大小和封面同样重要，首先要面临的问题就是，到底是出版精装和平装本还是只出版平装本。一些评论家认为为了严肃对待一本书，应该选择精装本。这听起来似乎有些势力，但一些部门却很重视这种观点。而且作者肯定是很重视的，他们都认为应该出版精装本。一般来说，书主要有A、B、C三种尺寸。格式A的尺寸是110 mm×178 mm，这是最畅销的平装书的典型尺寸；B稍微大一些，尺寸为130 mm×198 mm，适合有声望的作家；格式C的尺寸为135 mm×216 mm，这是许多精装本的尺寸。业内人士认为书的大小对于零售商和消费者来说只是个用来说明该书应该放在哪种类型的书架上的一个标记，并且很少有消费者会意识到这一点。但几乎所有入围布克奖的书都是以精装本出版的。公正地说，许多年以前，生产成本有显著的差异，但是随着计算机软件的引入和设计的不同，生产成本之间的差异已经有了显著的缩小。

零售商

在过去的20年里，图书零售商的数量有所下降，但是书的销售量却在增加。如今，市场已被几大零售商所控制，如史密斯连锁书店和水石书店的销售量占到整个市场销售量的

25%，图书俱乐部占16%。此外，连锁书店还会以打折的价格出售一部分畅销书。而在专业书店，店主的主要兴趣会放在经营书店本身，他们会购买和囤积各种类型的图书，这当然无法和只卖畅销书的连锁店相比了。

一本书要想成为畅销书，需要在大型零售店出售并放置在显眼的位置。出版商会竭尽全力确保他们要促销的书在书架上占得一席之地，他们会用网球公开赛或者方程式赛车等奢侈的"商务旅行"来讨好零售商。英国出版商奥利弗·布克曼为《柯林斯双语对照词典》买下了史密斯连锁书店所有可用的位置一年的使用权，使《牛津词典》的销售量一落千丈。销售量取决于在货架上的位置。一些出版商认为，一本畅销书的成功70%取决于书本身，30%取决于市场。

影响一本书成功的另一个主要影响因素是评论家在媒体中所扮演的角色。如果一本书收到主流报纸书评的一致好评，那么将会对该书销售产生巨大的积极影响。关键的问题是将书推荐给评论家并让他们阅读。为了达到这一目的，出版商会再一次竭力讨好评论家，招数同讨好零售商如出一辙，如豪华旅游等。

总结

事实往往是难以接受的，大多数的作者并没有从他们的作品中赚到很多钱。作家协会表示，约有一半的作者收入低于最低工资标准。造成这一事实的原因可能是由于作品不好或者不符合大众品味，但是证据似乎表明这个问题是由出版商造成的。令人担忧的是，越来越多的出版商只选择促销少数书，而其他的书只是被印刷出来。促销是出版业不可或缺的一部分，将一本书印刷出来之后再将它堆放在仓库中显然是不够的，印刷只是出版活动的一部分。出版商的促销预算有限，这我们可以理解，但是无所作为就是欺骗作者。如果作者能意识到的话，他们绝对会换一个对自己作品有帮助的出版商或者干脆自己印刷。

出版业的未来取决于新作者。为了创新，出版商需要培养和发现新人才。这有助于出版业的发展，如果不这样做，出版商们很快就会无书可卖。支持一个畅销书作者是非常有必要的，因为这样才可以发现下一个J. K. 罗琳。

资料来源：www. FT. com (2003) Harry Potter storms the bookstores, 23 June; www. FT. com (2005) The year in pictures, 7 December; O'Grady, C. (2001.) A book's life, Guardian, 18 August, 9; Burkeman, O. (2001) Price wars, Guardian, 18 August, 9; Kean, D. (2001) How to be a bestseller, Guardian, 4 August, 8.

问题

(1) 你认为《哈利·波特》系列丛书成功的原因是什么。

(2) 解释一本新书是如何具备产品的三要素(概念、包装和加工)的。

(3) 就开发新产品而言，试比较足球俱乐部投资新产品/球员和出版商投资新产品/作者两者之间的异同。

(4) 超市对图书出版和零售业有什么影响？

(5) 小型独立出版商如何与大型国际出版商竞争？

(6) 在平装本之前一年出版精装本的原因是什么？

(7) 解释现代出版业的困境。

第3章　技术创新的基础理论

学习目标

※ 科学与技术的区别与联系
※ 康德拉季耶夫长波周期
※ 技术间断平衡理论
※ 主流设计理论
※ 技术吸收能力理论

创新充满着新奇性，令人振奋，常见诸报端。虽然这有助于普及创新，引发普通大众对创新的关注，但有时会给分析和解释创新带来困难。特别是现有新闻报道对创新的许多描述，往往倾向于强调个人因素、特定的事件和成功的故事，而忽略了创新的活动范围、集体努力和组织支持，而后者是创新的重要组成部分。许多报道中包含诸多无关的材料，缺乏有效的数据支撑和基础理论，而这正是创新理论产生的必要性。首先技术创新理论能帮助我们科学地描述技术创新，从而为寻找创新成功的原因提供相关证据；其次，技术创新理论能够解释创新产生及其成功的原因，识别创新中的因果关系；最后，创新理论拥有预测能力，能帮助我们预测创新产生的过程以及可能产生的影响力。

3.1　技术长波理论

3.1.1　技术的本质

技术是指解决问题的方法及原理，表现为人们利用现有事物形成新事物或者改变现有事物功能和性能。技术应具备明确的使用范围和被其他人认知的形式和载体，如原材料(输入)、产成品(输出)、工艺、工具、设备、设施、标准、规范、指标和计量方法等。

美国管理学家和社会科学家 Herbert Simon 认为“技术是一种知识，存储于上百万书本中，存储于几十亿人的脑海中，更存储于难以计量的科技产品中”。Simon 的定义深得我们共识，因为在生活和生产中，我们总是把技术同我们直接消费的产品，或者生产过程中的机器和设备联系在一起。

现实当中，我们总是把科学技术视为一体，不加区别地使用。然而在创新管理当中，我们认为科学与技术还是有差异的，通常来说科学发现与突破推动着技术进步。McGinn (1991)阐述了这种区别：

· 技术作为一种人类活动，致力于产生技艺或者技艺相关的智力产品，其根本作用是扩展人类实践活动领域的可能性。

· 科学作为一种人类活动，致力于产生物质现象的理论知识，其根本作用是不断强化人们对自然世界的理解。

因此，技术是关于如何做一件事情或者制造一件产品的实践知识，重点是解决“怎么做”的问题，当然要想发展技术必须全面理解现象背后的规律；而科学则是关于如何理解事情或现象的理论知识，通常解决的是“为什么”的问题，其重要特征是应用科学研究方法，包括观察、假设和收集数据等，实现对现象的科学解释，并对最终形成的正式的知识体系进行记录和编码，通过书籍和论文加以传播。

技术主要通过产品加以体现，比如设备和机器，这是最容易识别的技术形式。但是，如Naushad Forbes 和 David Wield 所言，技术不仅存在于产品之中，还存在个人和组织当中。有些技术知识是显性的，可以通过多种方式进行编码，如专利、图纸、手册、标准操作流程及数据库等。但大量的技术知识是隐性的，并且具有专有性，他人极难获知，有时甚至是无法准确表述和交流。

尽管科学与技术有所区分，但依旧关联紧密。对现象的理解有助于技术的发展，有时科学的突破会促进技术进步，有时技术进步又会引发科学突破。近代以来，科学与技术的关系拉得更近了，科学的发展和进步愈加推动着技术的发展。

科学进步和技术变革推动着创新的蓬勃发展，既包括产品创新、服务创新，也包括流程创新。创新本身也是技术变革，新产品和新服务会引发新的消费和行为模式，新流程则会促进新的职业诞生，其结果就是人类经济和社会层面的显著发展。这种变化与技术变革往往是齐头并进的。

3.1.2 康德拉季耶夫长波周期

简单回顾一下近代历史上技术变革的历程，就可以发现技术变革的速度并非一成不变的，有时速度很快，有时则相对缓慢，呈现出明显的周期性。20世纪90年代晚期爆发了互联网创新，无独有偶，19世纪70年代和80年代也经历了电气创新的繁荣，同时期还出现了内燃机的大量创新。学术研究成果的周期性特征也提供了有效的证据，证明创新和技术变革的周期性本质。例如，20世纪90年代早期互联网的兴起重新燃起了人们对于技术变革的学术研究，相关的学术期刊和图书呈井喷式增长。

相对于5～10年的短商业周期而言，技术变革周期更长，通常认为这与长波周期相关。俄罗斯经济学家尼古拉斯·康德拉季耶夫深入研究了长波周期理论(也称长周期理论)。1920年，他在莫斯科创建了危机状态研究所。

康德拉季耶夫不是第一个提出长波周期设想的人。第一次世界大战之前，已经有经济学家提出了关于物价、利率和贸易的较长的周期变化模式。但是，康德拉季耶夫在20世纪20年代的研究使得该理论广为人知，从此他的名字便与50年经济活动周期的概念紧密地联系在了一起。该周期是指从经济萧条到经济恢复，再到经济繁荣，最后再回归于经济萧条。为纪念他的重大贡献，人们便用“康德拉季耶夫周期”来命名长波周期(或者长周期)。

从18世纪后期的工业革命以来，我们已经经历了四次长波周期。现在我们正处于第五个康德拉季耶夫周期中，如表3-1所示。

表 3-1　五次长波周期

时　间	周　期	技　　术
1780—1830	第一次	棉纺、冶铁、水动力
1830—1880	第二次	铁路、蒸汽动力、蒸汽船
1880—1930	第三次	电力、化工、炼钢
1930—1980	第四次	汽车、电子技术、石油、航空
1980	第五次	计算机、电子通信、互联网

熊彼特继承了长波周期理论。他起先在德国接触过康德拉季耶夫的研究，后来又到了美国哈佛大学。熊彼特把长波周期理论应用于他的商业周期研究中，认为每次长波周期都代表着一种新技术的应用，都会对经济转型产生强有力的影响，并且每次都会带来新的工业革命。在熊彼特的观点中，每次工业革命都是基于某项重大技术变革。以第一次工业革命为例，此次长波周期技术变革的核心技术主要有英国工业家亚伯拉罕·达比(Abraham Darby)开创的煤炭冶铁技术、水动力技术和纺织工业的机械化，特别是兰卡郡的棉纺织技术。伴随着新技术的运用，生产率、消费和生产活动组织方式都发生了重大变化。值得一提的是此次工业革命还出现了一些组织创新，比如工厂体系的发展。

第二次长波从 19 世纪 30 年代到 80 年代，同样也涉及了一些能够改变生产方式的技术，主要是蒸汽动力和铁路系统的引入。此次长波周期的另外一个特征是重大发明开始集群成批地出现。铁路技术的应用引发了投机热。在 1840 年前后的“铁路热”中，出现了大量铁路公司，均希望从铁路技术的应用以及交通运输业务的增长当中获利。但是正如大多数金融繁荣一样，“铁路热”最终导致了金融危机。

第三次长波周期的基础技术是电力、化工和炼钢，时间跨度从 19 世纪 80 年代到 20 世纪30 年代。此次长波出现了管理创新，如科学管理方法，同时也出现了第一家大型公司。从此，新技术得以在新产品和新服务上广泛应用。随着新能源的出现，一些新的产业崛起了，如能源输送装备制造产业及机器设备、仪器工具制造产业。此外，价格低廉、质量优异的钢材的出现，也改变了一些现有产业，如铁路从铁轨转变为钢轨，造船业也开始大量使用钢材。科学管理方法和核心技术的应用共同提高了生产效率。

从 20 世纪 30 年代到 80 年代的第四次长波周期为人们带来了电子、汽车、石油和航空相关的新技术。其中汽车产业发展迅猛，并对经济产生了广泛的影响，如汽车使用量的增加推动了基础设施投资的增加，福特大规模生产方式的引入也深深地影响了人们的生产方式。电子技术的发展产生了一些新的电子消费品，其中最主要的是收音机和电视机。总体而言，第四个康德拉耶夫长波周期的特点是大众市场。

第五次长波同样基于一批影响力巨大的新技术，如计算机、电子通信和生物科技。

小案例

互联网泡沫(1995—2001)

互联网泡沫始于 20 世纪 90 年代中期，是基于互联网技术的又一次投机狂热。2000 年 3 月是这次互联网泡沫的高峰期，此时美国股市也到达了巅峰。这一时期的重要标志是出现了大量互联网上市公司，即著名的“dot. coms”。此次泡沫中成长起来的公司，要么提供互联网带来的新型服务，要么用互联网方式提供传统服务。许多商业活动尚未经实践证实，存在高度的投机性。一系列因素组合助长了此次泡沫，其中包括唾手可得的热衷于互联网领域的风险资本、普遍蔓延的互联网公司前景预期乐观主义情绪以及大量新型的过度乐观的商业模式。这种商业模式经常以所谓的网络效应为理论依据，要求企业快速争夺市场份额，而无视企业盈利能力。2001 年互联网泡沫的破裂标志着经济形势开始急转直下。

互联网技术的广泛利用极大地鼓励了风险资本家支持互联网公司的上市，如亚马逊公司。一时互联网上市公司股票严重供不应求，股价节节攀升，尽管事实上大多数公司根本尚未盈利。受快速上升的股价鼓舞，风险资本家也开始快速运作，失去了以往的谨慎，同时 1998 年到 1999 年的超低利率也提高了资本的可获得性。不排除一些企业家有切实的运营计划，其所具备的技术知识和管理能力也能为计划的实现提供保证。但许多公司并不具备上述条件，但是受互联网传奇的影响以及相应的公司估值困难，他们总是有办法说服潜在的投资者进行投资。

互联网泡沫高潮时，投资者痴迷于从互联网新技术当中获利，把许多新上市公司的股价推升到了令人吃惊的高度。在这一过程当中，许多年轻的创业家一夜暴富。和以往的经济繁荣时期一样，许多公司以及高层管理人员过着奢侈的生活。然而，许多公司股票高估严重，几乎没有任何盈利记录。从历史角度来看，互联网泡沫和以往的许多技术革新带来的经济繁荣非常相似，如 1840 年的铁路热以及 20 世纪 20 年代的汽车和广播热。

互联网泡沫过去之后，大量互联网公司纷纷破产和停业，其中也包括一些通讯部门的企业。他们为了支持所谓的"新经济"，在互联网基础设施上进行了过多的投资。到 2002 年 10 月，美国科技类公司已有 5 万亿市值蒸发，这直接导致了经济的衰退。但是一些大的互联网公司，不仅从互联网泡沫当中生存了下来，而且蒸蒸日上，如亚马逊公司和 ebay 公司。最近的研究表明，有近 50%的互联网公司在互联网泡沫当中生存了下来，而且小公司最有能力度过金融危机困难期。人们也找到了一些引发互联网泡沫破裂的因素，包括利率的上升(可能是最主要的原因)、联邦政府对微软公司垄断的法院诉讼以及互联网零售商 1999 年圣诞节欠佳的销售业绩。

3.1.3　长波周期的特点

技术长波周期的一个重要特点是遵循相同的发展过程。如图 3－1 所示，在长波周期中，首先是经济萧条期，经过缓慢的长期爬升阶段后进入恢复期和繁荣期，然后到达成熟阶段，接着进入缓慢衰退期，最终重新进入萧条期。长波周期的每一个阶段所对应的创新都具有不同的特点。

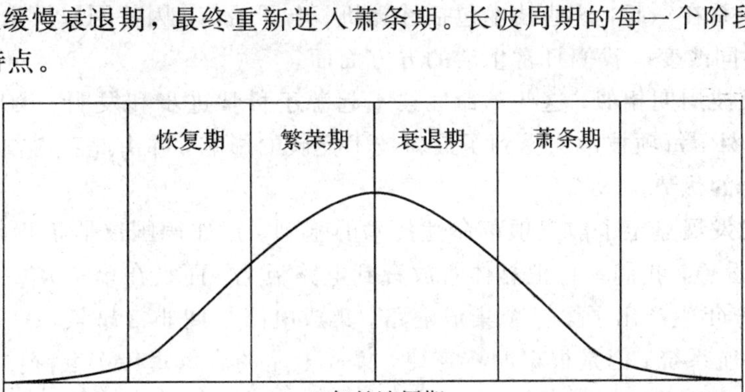

图 3－1　长波周期

首先在恢复阶段，科学家或者投资者的新发现引发了首次创新，为投资、增长和就业创造了全新的机会。通常情况下，这些创新是由新进入者，如新公司所开创出来的，他们从新的视角看待新的技术。在这一时期，创新存在着高度的不确定性，不同产品范式之间存在着高度竞争。此时的产品性能显著改善，新颖度也比较高，因此创新存在着高额价格。在这种情况下，一般来讲生产效率的压力并不大。较高的产品价格带来了较高的利润，成为推动行业不断成长的动力，也因此引来了模仿者进入该行业。在熊彼特的分析当中，恢复阶段出现的创新，会逐步走向集群，因此每个长波周期的早期阶段总是伴随着创新集群的出现。

进入繁荣阶段以后，创新开始扩散，得到了更广泛的应用，也找到了更广阔的市场。创新越来越被人熟知，模仿者出现的频率越来越高，许多人开始在这项新技术上投资。适度的金融供给和大量潜在模仿者的结合很容易导致投资热潮，如在 19 世纪 40 年代的铁路热以及 20 世纪 90 年代的互联网热中，投资者争先恐后地对新技术进行投资。盲目乐观和不现实的计划以及资本成本的提高最终不可避免地导致了金融危机，而金融危机的发生通常预示着第三个阶段的到来。

进入第三个阶段以后，产能过剩、报酬递减、技术进步的红利结束，价格竞争开始逐渐激烈起来。此时创新的重点也发生了变化，由产品创新转向了工艺创新。新的生产工艺淘汰了老的生产工艺，生产力出现巨大提高。

最终市场饱和，导致了前所未有的价格竞争，市场盈利也跌到了谷底，长波周期的萧条阶段特征开始出现。技术进步到了极限，投资回报也开始下降，对更高的生产效率的追求已势在必行。这也是一个淘汰阶段，生产率低的企业会被驱逐出市场。尽管经济萧条，商业贸易不景气，但是形成下一个长波基础的科学发现和发明也正是在这一阶段形成的。

同样的现象也可以在 G. Mensch 的研究中看到。他认为正如熊彼特所预言，创新的速度并非一成不变。根据 G. Mensch 的研究，创新还存在着“车队效应”。这种效应是说，尽管创新和发现可能在任何时间出现，但往往更倾向于在一个长波结束和另外一个长波开始的时候集群出现。这也是为什么有时候技术变革的影响效应如此巨大的一个原因。

3.1.4 当前的长波周期

我们现在正在经历第五次康德拉季耶夫长波周期。此次长波从 1980 年开始，同样和一些革命性技术联系在一起，这些技术包括计算机、电子通信、因特网以及生物技术。这些技术相互交织，共同改变了我们日常生活的方方面面。

和前面的长波周期相似，这些革命性技术起源于科学进步和发明，出现在第四次长波的下降阶段。另外，每项技术均受到了最新技术突破的影响，并由此获得额外的发展，这也体现了技术聚合的优势。

电子技术的发展奠定了前三项革命性技术的基础。正如德国仪器工程师杰克·基尔比(Jack Kilby)所设想，我们不再把晶体管放置到电路板上，而是在单一硅片上把它们制造出来，从而在 1958 年生产出了第一个集成电路。集成电路早期非常昂贵，只能应用于国防领域，如导弹的导航系统。但是根据摩尔定律，集成电路的容量每年都会翻一番，产品价格也急剧下降。1971 年，英特尔公司推出了一款微处理器，这也是全球第一款微处理器，被称为“一件划时代的作品”。微处理器的出现，使电子计算机的应用领域得到拓宽，是电子计算机发展史上的第二次革命。尽管这些电子技术创新需要不断的渐进性改变才能具备合适的功能，但是它们为其他技术的重大变革铺平了道路。

得益于电子技术之一的就是计算机。集成电路的成功推动了第一台个人计算机(Personal Computer，PC)的出现。个人电脑初期计算能力和灵活性均比较差，但是经历了10 年的发展后，它们就可以挑战大型机房里的传统计算机了。随着电子技术的进步，PC 计算能力越来越强，数量也成倍增加。

电子技术的发展同样有助于电子通讯技术的发展。20 世纪 60 年代，晶体管最早用于通讯交换。后来随着脉冲编码调制电子技术的引入，电子技术在通信领域的应用范围越来越广。光纤通讯和包交换技术的出现，进一步提升了通信系统的荷载能力和应用范围。

20 世纪 90 年代，三类技术的融合导致了互联网的出现。计算机和电子通讯虽然本身就具有变革性影响，但是正是有了互联网，才展示了它们的革命性潜能。互联网技术最早在这次长波的上升阶段应用于 B2C 电子商务，如亚马逊网上书店；在长波快要达到最高点时，互联网技术又扩散到了电子商务的 B2B 领域。

和历次长波周期一样，创新并不局限于技术本身的变革，同样变化的还有我们的职场生活、商业模式、休闲方式以及商业组织的结构和形态。

3.1.5　长波周期的启示

长波周期的概念对于技术变革而言具有许多重要启示：

首先，技术变革具有周期性的理念有助于我们摆脱这样的流行观念，即随着时间的推移技术变革是加速进行的。如果技术变革是呈周期性的，我们就可以预测技术变革在不同的时点上具有不同的影响。技术变革通常包括几个不同的阶段：缓慢前行阶段、快速增长阶段、饱和阶段、下降阶段以及技术潜力达到极限时的停滞阶段。这一观点被美国创新学者 William J. Abernathy 和 James M. Utterback 在分析技术和产业的生命周期时所采用。

第二，长波周期有助于解释为什么创新随着时间的推移而变化，即随着技术在经济中的扩散，长波周期初期的产品创新最终会让位于流程创新。关于这一点，熊彼特强调道，创新的扩散本质上不是匀速进行的。在恢复阶段的早期，只有少数公司和个人具备足够的远见开展创新；在繁荣阶段，会有许多公司效仿成功的先行者紧紧跟随；进入成熟阶段以后，产品扩散开始向流程扩散。

第三，长波周期理论印证了创新类型的概念。在长波的早期阶段，出现的可能是根本性创新，而后期则可能更多的是渐进性创新。

第四，长波周期有助于解释为什么有的技术的影响力会超过其他技术，而且有助于我们可以区分出一些革命性技术。革命性创新影响广泛，能对经济和社会系统造成重大扰动，蒸汽动力、电力、石油和后来的因特网都属于此类创新。此类技术之所以重要并非源自于它们自身，而是因为它们对产业有着广泛的重大影响。因此，它们的影响力远大于其他技术。

第五，长波周期还展示了技术变革是如何与制度变革齐头并进的。这些制度变革包括教育和培训、产业关系、公司架构、管理系统、资本市场和司法框架。

我们所识别出来的五次长波周期均和显著的制度变革联系紧密。第一次长波周期中出现了工厂生产模式，不仅促进了纺织品生产过程中新技术和新发明的应用，而且大大提高了生产效率，降低了产品价格，从而刺激了消费需求；第二次长波周期中出现的制度变革是股份公司，有助于更大规模资本的获取，为大企业的出现创造了条件；第三次长波周期中出现了科学管理方法和大型公司；第四次长波周期中出现了大规模批量生产和大型、纵向一体化企业；最后第五次长波周期中也伴随着一些制度变革，最典型的就是组织网络结构、联盟、合资企业和外包的出现。

组织变革的意义不仅在于它对一国经济和社会生活的影响，更重要的是它展示了长波周期当中组织变革与技术变革的关系，而且进一步证明了技术不仅仅因其本身而重要，更重要的是它能带来什么。这就是长波周期的解释力所在，它能够把技术、经济和社会方方面面地联系在一起。例如，内燃机技术与大规模生产的结合生产出来的不仅仅是一辆汽车，更改变了数百万产业工人的工作性质，大幅度提高了生产效率。正如 Freeman 和 Louca (2001)所展示的，汽车使前所未有的个人流动性成为可能，同时也促进了基础设施和供应产业大规模发展。就当时而言，这些变革非常剧烈。但是长波周期告诉我们这些技术变革并非是第一次出现，也不会是最后一次。

最后，如 Perez(1983)所描述，长波周期突出地显示了这些革新性技术对成本的影响。以铁路技术为例，在 1850 年到 1860 年的维多利亚繁荣时期，就投资和就业创造而言，铁路当之无愧是第一产业。不仅如此，它还对其他诸多产业部门的经济成本产生了重大影响。铁路能以较低的价格输送煤炭，从而大幅降低了整体经济的能源成本。同样，在互联网时代，信息技术的发展也大幅降低了人们储存、处理和交换信息的成本，为知识获取和信息交换提供了便利，极大地降低了众多行业的成本。

3.2 技术间断平衡理论

3.2.1 间断平衡理论的起源

间断平衡理论(Punctuated Equilibrium Theory)最早是由美国著名古生物学家斯蒂芬·杰·古尔德(Stephen Jay Gould)提出的一种有关生物进化模式的学说。该理论认为，生物的进化并不像达尔文所言，是一个缓慢的连续渐变的积累过程，而是长期的稳定与短暂的剧变交替进行的过程，因此在地质记录中留下许多空缺。

间断平衡理论完善了达尔文的进化理论，对于进化中物种的“大灭绝”和“大爆发”提出了如下的解释：进化和新物种的产生不可能发生在一个物种主要群体所在的核心地区，只能发生在边缘群体所在的交汇地区。那里生存压力大，环境复杂，物种的变异容易遇到合适的环境，并且边缘的隔离作用也使得变异可以累积和发展，进而成为新物种。

3.2.2 技术间断平衡理论

间断平衡理论是一种演进性理论，这一理论同样可以用来描述和解释技术创新领域中出现的现象。例如，Abernathy 和 Utterback 用渐进性创新与根本性创新的区别，描述了产业的发展历程。他们认为，一种成熟产业首先会经历渐进性创新不断发生的稳定期，然后会被一种破坏性极强的根本性创新打断，进入一种新的平衡状态，这就是“间断平衡”一词的含义之所在。Loch 和 Huberman 解释了这种间断平衡出现的原因。他们认为，起初新技术存在很大的不确定性，因此人们会进行不断的实验；但随着技术逐渐成熟，变化就越来越小，重归于稳定和平衡状态。

技术创新中这种间断平衡的例子很多。例如，Tushman 和 Anderson 认为美国发明家切斯特·卡尔逊(Chester Carlson)的静电复印技术、阿利斯泰尔·皮尔金顿(Alistair Pilkington)制造平面玻璃的浮法工艺属于非连续性技术创新，是行业内“一点一滴的累积变化过程，最终被一种重大技术进步打断”。即使在今天看来，静电复印和浮法玻璃也仍属重大技术进步，具有重大的颠覆性，但是紧随其后的依旧是相对平稳期。从两个例子中均能发现，重大技术进步之后依旧会出现创新，但是只是渐进性创新，只是产品的轻微改进，而非重大变化。

打断平稳期的非连续性创新总是与重大技术发明联系在一起的，这代表着技术的重大变化。因此，间断平衡理论实质上描述的是新旧技术的竞争与更迭。正如 Tushman 和 Anderson 所描述的：“……新技术的变化太显著了。老技术无论怎样从规模、效率和设计上进行提升，均无法与新技术匹敌。”从某种意义上说新技术代表着新的生产力。因此，老技术无论进行多少渐进性改变，均无法有效提升竞争力。

3.2.3　新进入者的间断平衡优势

技术创新案例的回顾发现了一个比较有趣的现象，即技术间断平衡总是被来自于行业之外的新进入者所打破，而不是那些已经在行业内存在很久的在位企业。造成这一现象的原因有以下几点：

1. 技术能力理论

技术间断的一个主要特征是在新产品开发和生产时，均需要新的技术、新的能力和新的知识。因此，这里创新可能是一种“能力毁灭”。这意味着老企业无法使用他们在平衡期积累下来的知识和经验。考虑到老知识代表着他们的长期投资，他们可能更想充分利用这些知识，因此他们更加倾向于选择渐进性创新。

2. 其他因素

不仅仅是在位企业所拥有的与老技术相关的知识和技能导致了他们的惰性，还有其他一些因素把老企业锁定了在既有平衡之内，包括传统、沉没成本、内部政治约束和过时技术的投入。

1）传统

如果工作习惯长期保持一成不变，它们就会逐渐被广泛接受并深深地固化在组织内部，从而形成一种传统。传统继续延续，而背后的基本原理和逻辑可能早已不复存在。但是，由于员工和领导长期以来就是这样做事情的，所以传统很难被打破。传统不仅存在于工作习惯当中，也可以涵盖企业的方方面面。

2）沉没成本

沉没成本和以往的投资有关，如设备、建筑、系统甚至是培训。企业只要在运行，就会不停地投资。但是一旦进行某项特定技术的投资，便会产生沉没成本。沉没成本的关键特征是它无法被顺利地转移给新技术，沉淀在了老技术当中。因此企业一旦进行大量投资，就希望未来产出能够分担成本，其结果就是企业不愿意彻底抛弃老技术。

3）内部政治约束

内部政治约束产生的原因很多。管理人员对旧技术往往非常依恋，因为他们曾经接受过大量培训，使用起旧技术来驾轻就熟，而对新技术却知之甚少，所以不愿意采用新技术。这不仅表现在他们不愿意开展此类创新，更极端的是阻止他人进行创新。

这些因素共同限制和约束着老企业，这进一步解释了平衡存在的原因。在这种情况下，老企业与渐进性创新休戚相关，因此他们期望延长平衡周期。但是根本性创新终会打破平衡，带来技术间断。紧随其后的就是“发酵期”，在这一阶段新技术的不确定性会推动产品架构和产品设计的竞争。这种竞争不仅存在于产品设计和产品性能的技术层面，也存在于产品定价和市场边界等市场营销层面。

小案例

赛车车体材料间断平衡：从钢铁到碳纤维

我们一直惊叹究竟是什么原因使方程式一赛车手能够在时速200公里的车祸中幸存下来？答案就存在于制造赛车的材料中。赛车底盘并非采用传统的金属，而是用了一种被称为碳纤维的材料。碳纤维材料既结实又轻便，且不易弯曲，赛车设计师一眼便被这些特性吸引。

人们曾经尝试多种材料制造赛车底盘。20世纪50年代时，赛车主要使用钢材，通过把钢管焊接在一起，制造出“空间框架”底盘。尽管价格低廉，制作简单，但是质量较重，而且车身各部件需要分别制造。空间框架底盘操作性能较差，转弯时速度很慢。因此，20世纪60年代时，英国Lotus公司的工程师柯林·查普曼（Colin Chapman）提出了一种全新设计——单体横造。在这种设计中，不同的铝片被铆接在一起，形成了坚固的管状车底，比钢材车底质量更稳定，更加结实；并且由于车身不是分开制造的，因此底盘更不易变形，操作性能更佳。在此后的赛车比赛中，Lotus公司的赛车频频胜出，不到三年，铝制单体横造车底就成了方程式一的标准配置。

到了20世纪80年代，汽车制造商生产出了更强有力的发动机，设计师也采用各种方法提升汽车性能，赛车速度节节攀高。现在设计师的关注重点已经转到了空气动力学上，尤其是“抓地效应”，即让车体形状形成机翼效果，产生向下的压力，进而提高摩擦力和操作性能。为了获取更好的空气动力，赛车底盘开始变窄。但遗憾的是，底盘变窄也意味着硬度的下降，抵消了操作性能的提升。为了解决这一问题，英国迈凯伦（McLaren）公司的汽车设计师约翰·巴纳德（John Barnard）提出了一个全新的设想：全部使用碳纤维制造底盘。作为一种塑料，碳纤维比铝还要轻，但是比钢材还要结实。鉴于碳纤维主要用于航空工业，约翰·巴纳德便委托为AV88垂直起降飞机和F－18战斗机生产碳纤维部件的赫尔克里士航空公司（Hercules Aerospace）公司为其制造碳纤维底盘。迈凯伦公司的MP4赛车很快在比赛中胜出，紧接着所有的F1车队都开始跟进，纷纷使用碳纤维制造赛车。

3.2.4 技术间断平衡理论的启示与局限性

间断平衡理论是一种非常有价值的创新理论，主要体现在以下四个方面：

首先，它有助于解释在位企业的惰性，特别是他们不愿意接受新技术的原因，进而揭示了为什么创新者的新发明很难引起老企业兴趣的原因。詹姆斯·戴森的双旋风吸尘器的例子就是一个很好的说明。他试图说服现有的真空吸尘器厂商采用他的双旋风技术，但是最终没能成功。这主要是因为在位企业陶醉在现有吸尘器产业的技术平衡中，而戴森的技术是一种技术间断，威胁到了他们对专有技术和生产能力的投资。他们不愿意接受新技术的做法是完全可以理解的。

其次，间断平衡理论整合了渐进性创新和根本性创新的分类方法。两种创新类型不再是割裂和对方的关系，而是通过间断平衡过程有机地联系在了一起，并在合适的时点上进行相互转化。

第三，间断平衡理论提供了一个良好的模型，它能够很好拟合颠覆性很强的技术，不断打破传统技术轨道，建立新的技术平衡。

最后，技术间断平衡理论为新进入行业者的进入时机选择提供了参考依据。在处于技术平衡期的时候，潜在进入者与在位企业相比总是处于劣势，此时不是进入的最佳时机。但是，当技术间断来到时，技术与市场的高度不确定性为新进入者提供了机遇。当在位企业还在被一些历史问题如沉没成本、冗余技术以及老掉牙的设备所纠缠时，新进入者却能够对新情况做出有效和精确的反应，完全没有旧技术、老传统以及过时观念的包袱拖累，此时是一个绝佳的进入时机。

作为一种理论，用间断平衡理论来解释现实生活中的创新模式时依旧有局限性。该理论是一个以技术为核心的理论(或者说是技术演进理论)，因此在某种意义上来说，这是一种外部理论，它可以描述产业内创新之间的平衡如何以及平衡被打破的原因，但是几乎没有告诉我们创新是如何在企业内部开展的。

3.3　主流设计理论

3.3.1　主流设计理论的基本观点

主流设计(Dominant Design)是指能够赢得市场青睐的产品设计或者产品配置，竞争对手和创新者必须依附它获得市场份额。简单地说，主流设计就是所有或者大多数企业必须遵循的配置。

主流设计理论植根于科学演化理论。根据科学演化理论，科学总是在不停演进，其过程包括前范式阶段和范式阶段两个阶段。在前范式阶段，许多科学观点在传播，但是没有一种现象解释能占支配地位；进入范式阶段后，某个解释或者理论开始被广泛接受，这种主流方式的出现也标志着科学的成熟。在这一阶段，主流科学范式会一直占据着支配地位，直到新的范式出现并把它推翻。如 17 世纪，波兰天文学家尼古拉·哥白尼的天文学理论(日心说)推翻了古希腊天文学家克罗狄斯·托勒密(地心说)的假说。

Dosi 在主流设计理论方面作出了开创性的工作。他把创新演变规律与科学研究演进规律进行了类比，提出了一个全新的技术创新的分析视角。根据 Dosi 的研究，技术创新早期阶段的特征是“不稳定”和“动荡”，产品设计与配置经常变化；市场上存在大量竞争者，产品设计竞争激烈，每家产品的设计均存在较大差异；在这个前范式阶段，没有任何一个产品设计和配置胜出。例如，19 世纪晚期，自行车的演变过程中就产生了激烈的设计竞争，其中包括前轮大、后轮小的脚踏车型，这正是前范式阶段技术混乱和动荡的写照。

经过变异、筛选和保留等复杂的演变过程，最终会形成单一的主流设计，如图 3-2 所示。主流设计出现以后，市场竞争便开始远离设计竞争，而转向品牌、促销和价格等方面。在这种情况下，新的要素如规模经济和学习效应变得更加重要。企业为了通过规模经济和学习曲线效应降低单位产品成本，开始投入专用资产替代通用资产。在自行车竞争的例子中，最终在 19 世纪末期出现了主流设计——安全自行车，它拥有我们今天看到的自行车的全部属性：三角形金属支架、轴承、后轮链式传动以及充气轮胎等。

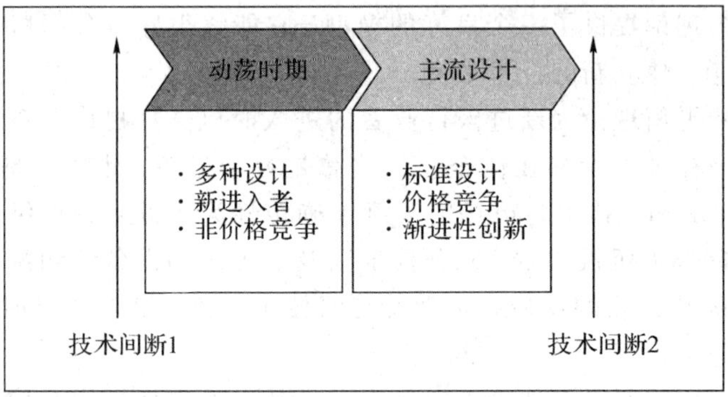

图 3-2　主流设计与技术周期

Utterback 认为主流设计更有可能出现在大众产品市场上，如打印机、自行车、缝纫机、电视和汽车等，这证明了专用资产投资的合理性。主流设计的著名例子还包括 QWERT 打印机键盘、福特的 T 型车、道格拉斯 DC3 客机、JVC 的 CHS 摄像机和微软的 Windows 操作系统。

3.3.2　主流设计出现的原因

主流设计是如何出现的呢？Abernathy 和 Utterback(1978)认为其出现的原因有三个方面：

首先是消费者偏好，可能是某个设计的一系列特征组合恰好满足了消费者的要求。这些因素不一定全是技术因素。事实上，主流设计很少是在技术上超越竞争对手的，只是特征组合对消费者有吸引力而已。

其次，有时主流设计生产商的市场力量起到了关键作用。如 IBM 公司及其核心产品——360 大型计算机，后者实际上已经成了产业标准。

最后是管制。不管是政府管制还是产业组织管制，都有可能对主流设计的出现起到一定作用。

3.3.3　主流设计竞争案例

小案例

电子表格

微软公司的电子表格众所周知，几乎很少有人使用其他替代产品，甚至也不知道其他产品的存在。今天，Excel 代表了电子表格的主流设计，然而很少有人知道 Excel 却是该领域的相对后来进入者。第一个电子表格是 1980 年出现的 VisiCalc，尽管先人一步，但是两年内就出现了二十多个竞争对手，包括 Supercalc、Lotus 1－2－3、Multiplan（微软后来将其更名为 Excel）和 Quattro。作为跟随者和模仿者，每家竞争对手都给自己的电子表格软件额外增加了新特性，Quattro 采用了"所见即所得"技术，Lotus 1－2－3 引入了集成化展示图表和小型数据库，VisiCalc 主要应用于苹果 2 代机型，其他较新的电子表格则适用于新出现的 PC 机。当 IBM PC 取代苹果成为大大小小的公司广泛使用的个人电脑时，从一开始就为 IMB PC 量身定做的电子表格 Lotus 1－2－3 就占据了市场上风。VisiCalc 尽管是创新的先行者，但是很快就淡出了市场，任由 Lotus 1－2－3 占领了整个市场。同样遭遇不幸的还有 Excel。由于拥有图形化用户界面（Graphical User Interface，GUI），Excel 在 Apple Macintosh 市场占据了有利地位；但是在 IBM PC 市场上，面对 Lotus 1－2－3，Excel 却黯然失色。20 世纪 80 年代后期，微软发布了 Excel 的 Window 版本。随后，Windows 操作系统开始大行其道，到 20 世纪 90 年代初期已基本占领了 IBM PC 的操作系统市场，而 Lotus 却没有及时跟进推出它的 Windows 版本。想使用 Windows 新型操作系统的用户不得不购买 Microsoft Excel，因为这是市面上唯一支持 Window 的电子表格软件。于是在短短时间内，Excel 便完全占领了整个市场。

小案例

蓝光技术（Blue-Ray）

高清电视问世后，经过一段时间的市场动荡，家庭娱乐产业从中崛起。现在 DVD 市场的动荡又开始了，家用 DVD 市场规模每年约有 123 亿英镑，最近由于新一代高清 DVD 技术格式的不确定性而有所萎缩。目前，东芝公司的 HD DVD 和索尼公司的蓝光技术之间正经历着激烈的竞争。

东芝公司最早进入该市场并占据了上风。该公司的 HD DVD 有几个明显优势：碟片价格较低，在日本有着很好的销量；在电影领域，它很快签约了梦工厂公司；在计算机游戏领域，也签约了微软公司，后者是 X－box 360 家用游戏主机的开发者。

但是，索尼公司的蓝光技术却后来居上。蓝光碟片虽然价格略贵，但是有 25G 的存储量，而东芝公司的碟片存储量只有 15G。在推出家用游戏机 Play Station3 时，索尼还遇到了一个小插曲，由于想把 PS 3 和蓝光技术同时发布，索尼推迟了 PS 3 的发布，因此还受到了消费者的指责。微软公司的 X－box 360 虽然支持 HD DVD 格式，但是需要额外安装 HD DVD 播放器。现在，PS 3 的销量已经超过一千万台了，而 HD DVD 播放器的销量还不到一百万台。

随着竞争的加剧，2008 年上半年，东芝便遭受了两次重击。第一个打击来自华纳兄弟。这个世界上最大的 DVD 生产商不再同时销售两种格式的 DVD，而只销售蓝光碟片。华纳兄弟占据美国 DVD 市场的五分之一，也是最后一个同时支持两种 DVD 格式的好莱坞工作室。其他工作室如 MGM、Fox、Walt Disney 和 Sony Picture 等早就签约了蓝光格式。第二个打击来自沃尔玛。这个世界上最大的零售商将 HD DVD 从遍布全美的 4000 个商店内下架。沃尔玛的行动主要参考了其他一些电子消费品零售商 Best buy 和在线视频出租公司 Netflix 的做法。

两项打击彻底终结了东芝的 HD DVD，成就了蓝光技术在高清 DVD 领域的主流设计地位。

主流设计理论在多个方面有助于我们理解创新。首先，该理论强调了用户的作用，他们对技术特性不感兴趣，而更关注实用性；同时也强调了标准的重要性，尤其是兼容性对用户是一个重要问题；最后，它展示了创新过程中商业战略的重要性。在电子表格的例子中，Lotus 和其他一些电子表格软件厂商之所以会输给微软公司，主要是因为他们认为 OS/2 操作系统比 MS－DOS 操作系统性能更加优越，并做出了对基于 OS/2 操作系统的软件产品进行大量投资的战略决策。

3.4 技术吸收能力理论

3.4.1 技术吸收能力定义

目前学术界普遍认为，吸收能力（Absorptive Capacity）是指“公司能够对新的外部信息进行识别、吸收并应用于商业终端的能力”。这一概念最早是由 Cohen 和 Levinthal 于 1990 年提出来的。

3.4.2 技术吸收能力对创新的作用

图 3－3 显示了吸收能力体系中，识别、消化和应用能力对创新的作用原理。在这个示意图中，技术演化等外部环境因素位于上方，组织文化等内部环境因素位于下方。连接最左边方框的箭头代表对外部趋势和技术机会的识别，而方框本身则代表一个组织与消化能力相关的吸收能力。因此，从外部环境到消化能力方框的连接代表着外部创意和机遇向组织反馈的通道或者渠道，其中通道容量的大小是反映组织吸收能力的重要特征。如果信息反馈通道是畅通有效的，说明组织非常善于识别外部创意。

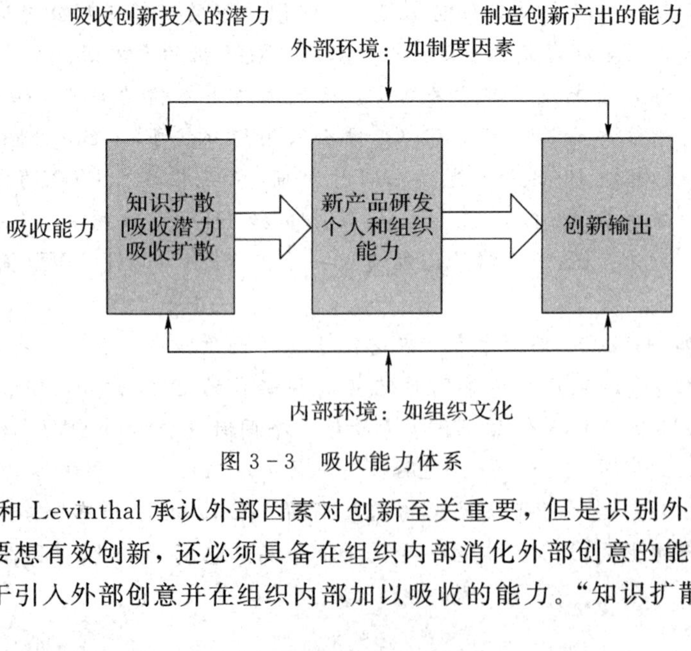

图 3－3　吸收能力体系

尽管 Cohen 和 Levinthal 承认外部因素对创新至关重要，但是识别外部创意只是创新的一部分而已。要想有效创新，还必须具备在组织内部消化外部创意的能力。正如图 3－3 所示，消化有赖于引入外部创意并在组织内部加以吸收的能力。“知识扩散”已被扩展至组织内部所有层面，该理论中不存在所谓的“竖井心理”①。相应地，吸收能力理论认为企业通过内部不同部门知识的有效转移能够建立相当可观的知识储备。因此，Cohen 和 Levinthal 认为共享的知识和技能对于创新来说是非常必需的。

但是事情并非到此为止，被吸收的创意必须加以应用才能形成有效地创新。在图 3－3 中，最中间的方框代表的是对所吸收创意的应用能力。决定一个组织识别、吸收和应用新创意能力的因素都有哪些呢？Ettlie(2006)认为企业内部存在外向吸收能力和内向吸收能力权衡，组织要在两者之间达到有效的平衡才能够实现有效的创新。

3.4.3　组织学习能力的影响因素

吸收能力理论特别注重组织的学习能力。Cohen 和 Levinthal 经过研究认为影响组织学习能力的三个重要因素为相关知识的接触程度、先验知识的存在和经验的多样化程度。

相关知识的接触是指组织及其员工需要参与适当的知识网络，以确保与本领域的发展齐头并进。先验知识的存在与知识消化过程相关，Cohen 和 Levinthal 认为识别新知识价值并消化到组织内部与组织内部以往知识的积累有关，这也再次强调了该理论模型中知识的重要性。知识在消化之前需要预评估，这就需要先验知识。同时经验的多样性也非常重要。组织经验范围越广，能够识别外部创意的范围就越广。

在这一方面，F1 赛车碳纤维底盘无疑是个颇具说服力的例子。当时，碳纤维问世已经有一段时间了，也有一些设计师开始使用少量碳纤维进行非建筑性应用，如机翼。但是在 F1 社区，John Barnard 等人完全是碳纤维技术的门外汉，很难想到用碳纤维来制造全车底盘。但很显然，正是由于 John Bernard 的外部联系，尤其是和航空工业的关系，才使得 McLaren 车队有机会接触必需的知识和技能。

在此背景下，Bruce 和 Moger 发现了组织内部的一种危险行为，即组织会过分重视提高生产效率和降低产品成本，如提高专业化水平、采用批量生产技术等，从而损害了组织的吸收能力。因为劳动分工会产生重复和大批量生产活动，这降低了组织内部工作的多样性。这样一来，吸收能力的范围(Cohen 和 Levinthal 强调这是一个累计过程)就受到了很大的限制。

3.4.4　技术吸收能力理论的启示

技术吸收能力理论与前面的创新理论有所区别，其主要优点是整合了创新的外部维度和内部维度。外部维度主要关注技术的演变，而内部维度则主要关注创新组织内部学习和知识转移的过程。技术吸收能力重视内部学习，与间断平衡理论等相比较，它提供了完全不同的分析框架。

吸收能力理论远比其他创新理论复杂。该理论强调了外部知识的重要性，是创新的一个重要组成部分。它解释了为什么尽管组织一直浸润于外部知识之中，但是创新能力却依旧乏善可陈的原因，因为他们无法吸收和应用这种外部知识；该理论还解释了知识网络对创新的重要性。最后，该理论最大的作用，也是其被创新领域的研究人员广泛接受的原因是它能够整合许多创新观点，这些观点包括技术演化、学习过程和创新网络。技术吸收

① 竖井心理(Silo Mentality)即每个人更倾向于在自己已经建立的舒适空间内交流。

理论将这些不同的理论综合在一起，为创新分析提供了强有力的工具。

思考题

(1) 科学和技术存在着什么样的区别与联系？

(2) 试描述技术间断平衡理论及其在创新管理上的启示。

(3) 什么是主流设计？主流设计理论对管理者而言有哪些意义？

(4) 什么是技术吸收能力？它对创新有着什么作用？

(5) 如何有效提升组织学习能力？

案例分析

聆听美妙的音乐：高保真技术

唱片时代

1948年6月，美国传媒公司巨头哥伦比亚广播公司的分支公司哥伦比亚唱片公司发布的密纹唱片改变了人们听音乐的方式。12英寸的黑胶唱片利用密纹技术，使得唱片每分钟可以转33.5转。自从12世纪早期留声机发明以来，每分钟转78转的唱片一直是音乐播放的主导格式，这比黑胶唱片的转速要快。这种每分钟转78转的唱片只能持续工作4分钟。事实上根据哥伦比亚公司的工程师统计，90%的音乐作品要17分钟左右才能播放完。这就意味着对于一般的音乐来说，每首放完之前都要更换唱片。而哥伦比亚公司新推出的密纹唱片则能够提供25分钟的连续播放时长，从而使在不更换唱片的前提下听完一张完整专辑成为可能。

哥伦比亚唱片公司希望其全新的音乐播放系统能成为新的行业标准，因此它并没有给这项新技术申请专利。哥伦比亚公司希望借助于让其他唱片公司免费使用这项技术的方式使其迅速成为真正的行业标准。然而，事情的进展并非完全如哥伦比亚唱片公司所料。哥伦比亚的竞争对手胜利唱片公司不愿意被对手打败，于是投入巨资开始开发所谓的“更为创新和进步的”系统。胜利唱片公司所属的母公司的高层领导认为从市场地位的角度看自己是一支强有力的力量，足以抗衡对方的技术。1951年，胜利唱片公司终于推出了自己的唱片机——每秒33.33转，这也成为最后一个能与哥伦比亚公司抗衡的主流品牌。

密纹唱片最初侧重于传统市场，但随着年轻群体收入的增长，他们将市场拓展到了流行音乐领域。因此，从20世纪50年代到70年代，黑胶唱片成为了音乐播放和录制的市场主导。

磁带时代

然而，1962年时，播放技术再次产生了突破。当时，荷兰的电器公司飞利浦推出了第一个盒式录音带，采用了一种全新的媒介物——磁带。这种录音带之前出现过，但飞利浦的创新之处在于它利用比往常体积更小的胶带，将磁带装进了盒子里面，使这种标准化的录音带更为小巧、方便实用。然而不幸的是，虽然录音带方便实用，但它无法提供黑胶唱片那样高保真度的音乐。因此，它更像是一种录制语音的录音带，而不是用来听音乐的录音带。

1966 年，美国人雷·多利为他的杜比 A 降噪系统申请专利之后，这一状况才得以改变。多利用一种精密磁带减少了播放时的“嘶嘶”声，从而提高了录音带的音效。多利的发明显示了高保真对于盒式录音带的重要性。20 世纪 70 年代，索尼推出的 Walkman 对于录音带的流行也起到了重要作用，带动了随身听音乐的浪潮。即使八轨录音系统的出现也无法阻挡音乐质量上乘、体积小巧、经久耐用的盒式录音带脱颖而出，成为七八十年代的主要音乐媒介。

光盘时代

20 世纪 80 年代，一种全新的音乐播放媒介——数字光盘出现了。数字光盘是由索尼和飞利浦合作开发的。1979 年，他们合并了两支包含不同技术和专家力量的团队进行研发。数字光盘的工作原理和磁带完全不同，它将音乐储存在一个光碟内，然后用激光读取光碟。尽管激光早在 1958 年就被发明了，但一直以来都是昂贵的实验室技术。因此，简化这项技术便成为摆在团队面前的一大挑战，因为只有这样，它才能够被主流市场和广大消费者接受。与盒式录音带相比，数字光盘存储空间更大，耐用性更强，只是音乐的质量有所下降。这些优势吸引了那些容易接受新技术的消费者。以数字光盘形式发行的第一张专辑是阿巴合唱团 1982 年发行的《胜利者》。1990 年数字光盘的销量达到了 28 亿多张；2007 年，全世界售出了 2000 多亿张数字光盘。

MP3 时代

20 世纪八九十年代，数字光盘已成为人们听音乐的主要媒介形式。但到了 20 世纪末，一项新技术——MP3 出现了。MP3 全称为运动图像专家组第三层(Motion Picture Experts Group Layer－3)。正如它的名字那样，运动图像专家组与音乐行业并没有什么直接联系，它是国际标准化组织下设的一个技术专家委员会。国际标准化组织(International Standards Organization，简称 ISO)是为了提高产品和技术的通用性和安全性，建立商品和技术一般标准的非官方国际组织。专家组的事务主要与视频技术有关，他们试图为使用压缩技术播放的视频音频制定一般标准。这种技术在不损伤音乐品质的前提下减少了空间占用。数字音频压缩技术的应用提供了一种将音乐转化为电脑文件的方式，它使音乐可以在占用较少空间的情况下从一个设备转移到另一个设备上。20 世纪 90 年代，运动图像专家组(MPEG)通过了三项标准，MP3 就是第三项。音乐产品的制造商很快就利用了这一标准。

1998 年，MP3 播放器出现了。帝盟多媒体的 Rio 100 MP3 播放器在美国发行，与此同时，韩国(株)世韩集团推出了 MPman。三年后，美国的电脑业巨头苹果公司推出了 iPod。它将 MP3 技术与小空间硬盘驱动器相结合，从此在一台便携式音乐播放器上存储1000 首歌曲成为可能。

MP3 播放器的火爆意味着消费者将不再使用光盘，而是选择从网站下载音乐文件。由于下载渠道众多且资源易得，音乐下载量剧增。2006 年，音乐下载从 2004 年的单曲销量的 24％涨到了 78％。音乐下载的发展使光盘销量下降，MP3 成为了市场主流。

资料来源：Hickman(2006)；Levy(2006)

问题

(1) 你认为音乐产业的创新用什么理论可以解释？

(2) 试描述音乐播放不同科技突破之间的过渡时期。

(3) 如果案例中的科技突破构成了根本性创新，那么根本性创新之间的创新属于哪种创新?

(4) 试画出一张关于过去60年音乐播放器领域的创新历程，以证明间断平衡理论。

(5) 间断平衡理论如何有效地解释音乐播放行业的创新?

(6) 上面案例存在哪些依据可以用来说明科技突破时期存在若干新的竞争性设计?

(7) 为什么哥伦比亚唱片公司期望建立黑胶唱片的行业标准?

(8) 试从上述案例中寻找依据，说明为了确保科技突破成功还需要其他一些因素。

(9) 为何索尼和飞利浦联合开发数字光盘是有益的?

(10) 案例从哪些方面告诉了我们行业标准的重要意义?

第 4 章 创新的源泉

学习目标

※ 知识如何形成创新源
※ 领先用户与边缘用户
※ 新兴市场用户与极端用户
※ 模仿创新的概念
※ 重组创新的概念
※ 管制如何促进创新
※ 意外如何带来创新

如果创新可以划分为发明和商业化两个阶段，那么本章主要关注的是发明阶段而不是将发明推向市场的商业化阶段，具体关注引致创新的创意从哪里来？这个问题很容易让人们联想到一个有关阿基米德的画面，阿基米德由于急于告诉世人他的发现，连浴袍都没穿就从浴缸中一跃而起；或者像牛顿一样，坐在苹果树下打瞌睡，然后被一颗掉落的苹果打开思绪，得出了万有引力定律；或者像瓦特一样，被水壶沸腾的声音惊醒，由此发明了蒸汽机。这些“噢，我发现了”的传奇故事都强调了“灵光一闪”在形成创新中的重要性。但是，如果仅仅把创新的源泉停留于此，那么我们就严重偏离了现实。事实上，有关创新管理的研究早已经发现创新的源泉远不止于此；并且，即便在最近的 100 多年中，各类创新源泉在创新中所发挥的作用也呈现出了变化的趋势。

4.1 日益多样化的创新源

线性创新模型以及正式的新产品研发模型(New Product Development，NPD)均把创意的产生视为创新流程的起点。在结构化的新产品研发模型当中，会使用到一些创意产生技巧(如头脑风暴法)来寻找一些可能成功的创意，然后进一步开发和评估。但是有时候创新并非总是结构化，有时候创意源自于偶然间的“顿悟”，或者经历数月甚至数年的痛苦研究后突然领悟。这种“顿悟”在发明的创新阶段处于核心位置，它是发明以及创新的起点。

“顿悟”是一种个人灵感，也是创意的基础。这种顿悟是如何出现的呢？只是简单的灵感突然到来，还是有规律可以观察？“顿悟”的概念表明创意的产生属于个人行为，但是过度关注个人会产生误解。尽管个人独立地产生创意，并把这种创意研发为可行的产品或者服务是创新的一个重要来源，但是我们必须知道创新还有其他一些来源。即使个人创新源，也可以根据个人所扮演角色的不同呈现出不同的作用方式，如用户、员工和发明家。另外，公司的研发实验室也是创新的一个重要来源。事实上，创新不仅来自于个人和大公司，还有一系列其他源泉，如图 4-1 所示。

今天，创新源泉的日益多样化要归因于开放式创新模式的不断应用。开放式创新的实施得益于新的和更加灵活的制度安排，这主要是指多种跨公司合作制度形式，如战略联盟和合资企业等。创新不再是那些拥有大量创新资源的大型的、纵向一体化企业的特权。新的制度安排为创新合作提供了便利，如新创企业可以和大公司有效合作。这种制度安排形成了有效互补，小公司提供创意和发明，大公司提供商业化资源。在创新制度如此灵活多样的环境下，创新源具有多样性也就不足为奇了。

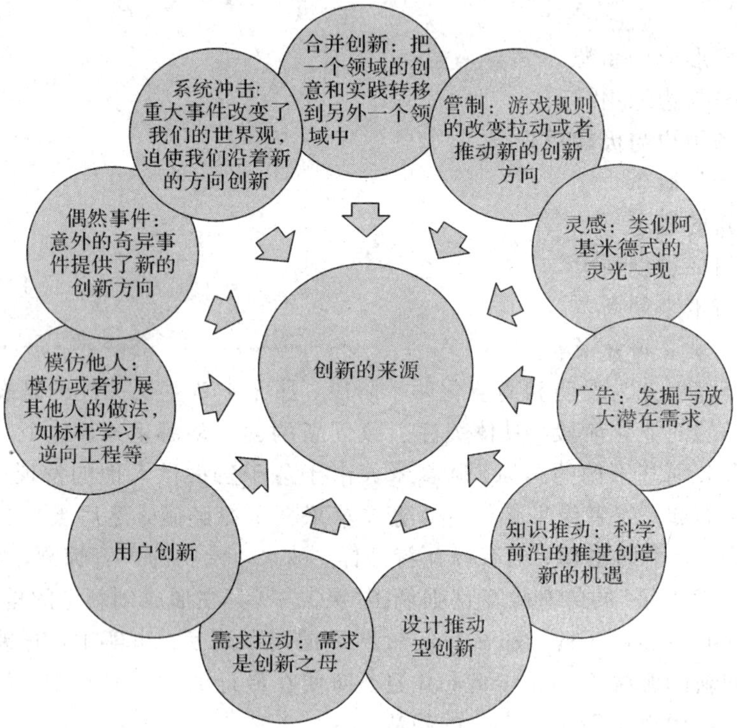

图 4-1　创新的源泉

在一个围绕“构思”(即创新的创意来源)而开展的重要研究项目中，Robert Cooper 和 Scott Edgett 对潜在的 18 种创新源进行了研究。他们的研究样本共有 160 家企业，包括 B2B 和 B2C 两大类企业，占比分别为 70%和 30%，其行业分布范围也非常广泛。他们主要研究每种方法被使用的密集程度及其有效程度。研究结果见表 4-1。

表 4-1　各类创新源使用情况

方　法	使用频度（样本使用%）	排　名	有效性（1-10 量表）	排　名
民族学	12.9	13	6.8	1
顾客访问团队	30.6	4	6.6	2
顾客问题发现专门小组	25.5	5	6.4	3
领先用户方法	24	6	6.4	4
用户设计方法	17.4	11	6.0	5

续表

方 法	使用频度 (样本使用%)	排 名	有效性 (1-10 量表)	排 名
用户头脑风暴	17.4	11	5.9	6
周边视觉工具	33.1	2	5.9	7
客户顾问委员会	17.6	10	5.8	8
粉丝社区	8	15	5.7	9
突破性技术	22	8	5.7	10
内部创意	38	1	5.55	11
合作伙伴与供应商	22.1	7	5.5	12
专利挖掘	33	3	5.5	13
外部技术社区	19.5	9	4.9	14
小公司与新创企业筛选	13	13	4.9	15
外部产品/设计众包	2	18	4.8	16
外部提交创意	4.1	17	4.3	18

资料来源：Cooper，R. and Edgett，Ideation for product innovation：What are the best method?，in PDMA Vision 2008，Product Development Management Association. pp. 12-16.

4.2 科学技术知识创新源

4.2.1 科学家与发明家

科学技术进步和研发成果是最明显的创新源。科学技术知识的载体是人，按照人的聚合形式可以把这种知识载体划分为个人形式和有组织的公司形式。这种两种形式在历史上出现的先后顺序不同，早期个人形式占据主导地位，后来逐步让位于有组织的公司形式。

就个人创新源角色而言，从古时候开始，好奇的人类已经开始尝试探索他们所生活的世界并开展实验了，包括德国哲学家、罗马工程师、埃及天文学家、波斯数学家、中国医学家以及大量不能明确称之为科学家的外行人。尽管早期的知识创造工作都是独自完成的，但我们仍旧可以看出，知识领域的探索和整理已经变成了一种系统性的活动，为了分享信息，人们之间形成了一种很强的关系网。此外，组织科学也并不是 20 世纪的“新生儿”，从中世纪行会对知识获取、扩展和扩散过程的管理可以看出它是一个早就存在的概念。像维纳斯或弗兰德这样的城市之所以能够获得如此声誉，要归功于枪支制作或纺织品制作领域有组织的科学知识，它们和商人、贸易者所进行的商业活动同等重要。

在大众媒体如自传、电视纪录片、电影(比如 Abraham 的近期电影《灵光乍现》(Flash of Genius))、新闻报道和商业杂志中，个人发明家在创新中占有至高无上的地位。在这一创新模式当中，新产品或者新服务的创意完全来自于个人，与任何第三方或者商业组织都无关。这些创意来自于哪里？有时候来自于日常工作，有时候来自于体育活动的参与和个人爱好，有时候来自对现有产品质量和性能的不满意，有时候是因为看到了市场的空缺，还有时候是来自于偶然事件，如表 4－2 所示。

表 4－2　个人及其创新

个　人	品牌名称	产　品	创新源
比尔·戈尔	Gore Tex	防水纤维	工作经验
特里沃·贝利斯	n/a	发条收音机	爱好
詹姆斯·戴森	Dyson Dual Cyclone	无袋真空吸尘器	用户和工作经验
丹·布利克林	VisiCalc	电子表格	市场空缺

我们通常把个人发明家和个人创新者称为创新的“车库”模型。在该模型中，发明家个人(或许有一个搭档)在自家车库里面或者类似的地方进行创新开发。这种模式最著名的例子包括惠普创始人威廉·休利特和戴维·帕卡德在休利特家的车库中开发出了音频振荡器，以及戴森在自己家的车库中研制出了无袋真空吸尘器。

事实上，熊彼特最早关注的创新模型也是个人发明家模型。在他早期的著作当中，熊彼特强调了个人在创新源中的作用。熊彼特还特别强调了杰出人物品格的决定因素，他们不仅拥有开展技术发明的聪明才智，还有顽强攻关，把产品推向市场的坚定毅力。

Jewkes 等人的研究表明，尽管只有大公司才有足够的资源去开展技术创新，但是个人发明家和个人创新者依然是有所可为的。通过对 20 世纪 70 项重大发明的研究，他们发现至少有一半的创新源自个人努力，或者至少和公司参与无关；另外 1/3 的创新来自于大公司实验室，剩下的则很难简单分类。最新的研究进一步支持了 Jewkes 所发现的这一规律。

近年来，个人发明家地位的上升与许多因素相关。首先，小公司数量逐年增加。第二，诸如战略联盟等一系列组织工具，使小公司与大公司合作成为可能。第三，创新与技术应用的联系日益紧密。尽管大公司在技术研发上硕果累累，但是小公司通常拥有更多的应用知识。第四个因素就是衍生企业日益流行，这不仅为个人发明家脱离原公司开发自己的创新提供了渠道，也为潜在创新者提供了榜样的力量。此外，过去 30 年创业资本的成长进一步为这种趋势提供了动力。最后，正如 Christensen 所指出，大公司很难适应不断涌现的新的颠覆性技术，而正是这些新技术，成就了许多个人发明家和创新者的事业，如史蒂夫·乔布斯等。

4.2.2　有组织的公司研发活动

20 世纪时，大型企业的兴起使研究实验室成为推动科学进步的重要工具，同时也为创新提供了动力和源泉。贝尔实验室、帝国化学工业集团、德国拜耳、巴斯夫公司、飞利浦电器、福特、西部电气、杜邦等企业都是在 20 世纪创建起来的，如今已经成为创新的“能量来源”，它们的稳定的创新流为快速增长的市场提供了汽车、电子消费品、合成材料和化工材料。这些组织不仅提供了很多创新型产品，更为流程创新提供了大量关键性技术，尤其是快速发展的自动化和信息/通讯技术，这都是有组织的公司研发努力的结果。表 4－3 给出了一些科技推动型创新的例子。

表 4－3　科技推动型创新的例子

尼龙	雷达	抗生素	微波
合成橡胶	蜂窝电话	医用扫描	复印机
气垫船	光纤	数字成像	晶体管/集成电路

有组织的公司科技研发活动的一个重要特点是围绕渐进性创新进行。在有组织的公司科技研发活动中，偶然性突破创新一旦出现，大量科研人员便会沿着已经研究和了解的路径进行长期的研究和实验。这种公司研发模式的规律已经被大量创新管理人员发现、描述并加以研究。了解这种活动所建立起来的创新模式相当重要，它能够帮助我们解决一个很重要的管理问题，即如何制定创新研发活动的方向。它不仅是大企业制定研发策略的基础，也为个人创新者开启了发现新商机和方向的可能性。

有组织的研发活动把专业人员、设备、设施组织起来进行系统性投入，旨在解决关键性的科研问题或挑战，其目的是为了探索世界，但是其中大部分工作是围绕偶然性突破成果建立和拓展技术轨道。因此，以尼龙或聚乙烯这类人造材料的发明为代表的科技跳跃，其发展轨道周围或沿途必定伴随着大量微小程度的创新。例如，大型全球制药公司的兴起主要目的是应对大型研发开支，但是其中大部分的科研都是把间断性的偶然突破改进和发展为某种畅销药品。依靠这种模式，半导体、计算机产业依托早期的科技突破(Technological Breakthrough)形成了长期的技术轨道。摩尔定律(以英特尔创始人之一戈登·摩尔命名)描述了半导体创新的技术轨道演进规律，即每两年集成电路的尺寸就会缩小一半，而性能则会提升一倍。这种创新将会影响内存、处理器速度、显示器驱动程序及部件，而这些因素的变化反过来又会提升计算机、数码相机、手机及众多其他创新应用的创新速度。

这种模式既可以应用于产品创新，也可应用于工艺创新。不管是产品创新还是工艺创新，有组织的公司研发活动使得产品关键特性变得稳定下来，并通过实验不断排除产品或者工艺缺陷并改善主流设计。例如，化工行业已经经过了一系列的工艺创新，如酸性转炉炼钢技术取代了炭烧炼钢技术，尼古拉斯·卢布朗批次生产方式转变为索尔维集团运营方式。每一个更先进的技术取代旧的生产方式时，总会给那个时代带来一定的影响。这种改变不是昙花一现，而是持续数十年地改善并提高现有的生产工艺，直到充分满足化工和能源行业所需要的高质量和高产出的要求。在产品创新领域，我们也可以看到相似的模式。就拿照相技术来说，随着体系结构的发展，照相领域的创新设计也慢慢浮现出来，使我们逐渐分清了快门、透镜排列、聚焦原则、影片底版等。随着这种创新技术的不断调整改善，新的快门、机械驱动、闪光技术也在不断出现。再比如，柯达创始人乔治·伊曼斯发明了一种简单的布朗尼相机，推动了照片行业的巨大发展，并开辟了一个全新的市场。到了数字化时代，新一代的方法与技术又将照相技术嵌入到了手机、电脑及其他产品中。

4.3　用户需求创新源

4.3.1　领先用户

领先用户是指那些比市场更早发现创新需求的用户。Mansfield 教授在其研究中对创新产品大量进入烟煤、钢铁、酿造及铁路行业的核心企业进行了详细的研究，他指出有75%的案例表明这些创新产品出现的时间比它大面积进入核心企业的时间至少要早20年。跟冯·希普尔教授的说法一样，他们都认为领先用户的洞察力与创新力要远早于市场。

麻省理工学院教授冯·希普尔的开创性研究识别出了用户的创新源功能。他认为在某些产业部门，用户扮演着非常重要的角色，这种重要性不仅体现在创新创意的产生中，而且体现在后续的开发中。冯·希普尔的研究工作主要集中在科学装备产业，尤其是空气色谱仪、核磁共振仪、超吸收光谱仪以及穿透式电子显微镜等科学仪器生产部门。他的研究表明，大量新型科学仪器的创意均始于某些用户。只有当创意被领先用户研发为一个可用的原型时，才会转移到制造企业开始商业化生产，并且领先用户继续积极参与后续项目。

很显然，冯·希普尔把科学装备作为一个产业部门集中研究。对于该产业而言，科学研究人员即为用户基础。事实上，由于这些科研人员所从事的工作是科学研究，因此他们经常不得不自己动手制造一些新的设备，以拓展新的研究领域，而新的研究领域必然会产生新的设备需求。类似地，在化学工业，化学家们也需要设计制造新的分析设备以便深入开展研究。正如冯·希普尔所指出，仪器设备制造商不可能深入参与科学研究，因此很难察觉和预期该领域所需要的新设备，也无法产生新的创意。同样，用户也不具备制造科学设备的能力，因此他们一旦研制出了原型就会转向制造企业进行批量生产。

近年来，用户作为创新源参与创新已经被扩展到了许多产业。这些产业包括软件开发、图书馆信息系统、山地自行车、户外衣服与装备(夹克、睡袋)和极限运动装备(滑雪板、帆板)。

过去十年中，出现了大量有关这些产业部门内用户参与创新的研究。在软件开发领域，Hertel等学者研究了Linux操作系统开放中的用户参与状况，Morrison研究了图书管理系统中的领先用户作用，Parsons和Rose揭示了在20世纪80年代至90年代户外服装产业中登山者和徒步旅行者在创新中的作用，Luthje人研究了在美国加州用户如何研制了第一辆山地车，Shah研究了运动装备产业，强调了滑雪板、滑冰板以及冲浪板创新中“干中学”的重要性。

为什么这些产业中用户日益成为创新的源泉？

首先是通信手段的改善。互联网、廉价的电子通信、媒体的成长(如大量涌现的门户杂志和网站)不仅为用户提供了彼此交流的空间，也有助于用户接触制造商和供应商以及领域内的专业知识。

第二是计算机技术的改善。尤其是CAD、电子表格和工程管理软件的大量使用，提升了用户研制新产品的能力。

第三是教育水平的提升。特别是高等教育的普及，增加了用户的知识能力以及知识接触的可能性。

最后，开放式创新模式为用户创新者走向市场提供了另外一条通路。

除了以上因素，技术灵活性和低成本的用户参与，也使用户在某些产业部门的创新当中扮演了更加积极主动的角色。用户不再是厂商构想的产品的被动接受者，而成为了更加积极的创新者。

新的制度安排也为用户参与创新提供了助力。新的金融机构，如各种风险投资和众筹平台为用户创业提供了资金支持；日益广泛的各种合作形式，如战略联盟、合资企业也为用户和制造商、分销商平等合作提供了渠道。

小案例

康乐保公司与领先用户参与创新

成功创新所带来的一个经验就是必须尽可能地接近顾客。正如著名创新学者希普尔等人所言，用户在创新过程中起到了非常关键的作用，他们为创新提供了反馈和改善意见，帮助定义和形成最终产品。在丹麦，有一家知名的医疗设备公司叫做康乐保公司(Coloplast)，它成立于 1954 年。当时，一名叫做埃利斯・索伦森的护士开发出了世界上第一个具有自粘功能的结肠造瘘袋，主要是为了帮助患了胃癌的姐姐。她把自己的产品带到了很多塑料制品公司，但是没有一家公司感兴趣。最后，路易斯・汉森与自己当护士的妻子讨论了这个结肠造瘘袋的创意后，汉森的妻子看到了这个产品的潜在价值并劝说丈夫投资于该产品。由此，汉森的公司 Dansk Plastic Emballage 在 1955 年生产出了世界上第一个一次性结肠造瘘袋，产品销量超出了人们的意料。在许多国家取得了产品专利之后，1957 年康乐保公司(Coloplast)正式成立。目前，公司在世界上 20 多个国家开设有分支机构，在 5 个国家建有工厂。公司下设多个专业性事业部，涉及失禁看护、创伤看护、乳房切除术看护、消费品(如特殊性衣服)以及结肠造瘘术看护等领域。

像结肠造瘘袋的创新一样，和专业领域内的用户保持密切联系至关重要。康乐保公司通过设立在不同国家的由用户、专业护士以及其他医疗专家组成的专家组获取创新灵感，形成了新颖独特的创新道路。这种创新方式最大的优势就是能够从那些参与术后人员看护和照料的人员那里取得一些非正式的意见，他们能够清晰表达患者难以表述或者羞于表述的需求。通过在不同的国家设立专家组，能够在产品设计与开发过程中考虑到不同的文化风俗和禁忌。

康乐保公司最典型的做法就是设立康乐保造口术论坛(Coloplast Ostomy Forum)理事会，该理事会的主要目的就是营造与核心参与者，即核心用户或者核心有影响力人士的密切合作感。理事会成员的挑选主要基于技术经验和技术能力的评估，但是也会考虑他们承担观念领导者和守门人的程度，比如他们对同事、当局、医院和患者的影响力；同时，理事会成员也会在公司和临床试用方面起到中介作用。数年来，康乐保公司在识别优秀理事会成员方面积累了相当独到的经验，比如追踪临床医学论文的作者或具有丰富手术经验的人士。

理事会成员在创新过程中的具体作用包括两个方面：

- 识别与讨论用户需求，并进行优先级别排序
- 全程参与评价产品研发项目，从创意形成直至产品国际营销

更重要的是，理事会已经与公司产品研发系统整合在了一起，他们为产品开发过程中的每一阶段提供有价值的市场或者技术方面的信息。这种信息投入主要集中在产品研发的早期阶段，比如概念形成阶段。他们的信息投入有助于检验和完善真正的用户需求以及产品概念与用户需求的切合度。当然，理事会成员也会在产品开发的其他阶段发挥显著作用，比如评价产品原型、提出详细的设计改进意见、提出适用性设计等。

4.3.2 边缘用户

仅仅看到用户需求在驱动创新方面的作用是不够的，主流市场用户与边缘市场用户的划分能够让我们更加深入地看到用户需求是如何发挥创新源作用的。

潜在用户间的差异性也可以为创新提供不同的方向。突破性创新总是在主流市场的边缘及需求未得到满足的人群间出现，这又给在位领导企业带来一定的麻烦，因为并没有任何迹象表明这部分边缘群体的需求与企业核心市场有关，因此在位者总是习惯于忽视这部分需求，并认为它对企业的作用是微乎其微的。但是用户及其需求间的差异性又会给创新带来不同的选择，有时边缘群体相关的事情又会让主流市场备感兴趣。美国哈佛商学院教授克莱顿·克里斯坦森在其“突破性创新”理论的研究中表明，这种创新模式已经遍布多种行业，例如计算机硬盘驱动器、炼钢技术及低成本航空旅行等。

多数情况下市场是稳定的，创新循序发生，人们对这种创新能够很好地驾驭。在这种创新模式下，企业与客户的关系不断得到强化，创新体系能够稳定地提供市场所需要的产品，有时候甚至是超越了市场需求。有一个术语“技术超越”(Technology Overshoot)讲的就是这样一种情形，技术为市场带来越来越多的新的产品特性，而实际上市场并不需要或者没有多大意义，但是它们依旧以打包的形式向市场供应。

另一类潜在用户与上述用户相比有着不一样的需求，他们希望产品或服务更简单、更便宜，这为创新者提供了新的思路。家用电脑就是在少部分业余爱好者中产生的，他们希望以比微型机更低的价格购买具有简单计算功能的电脑。同时，早期 PC 制造商也想要一种又便宜又简单的磁盘驱动器，但是当时磁盘驱动器生产商提供的产品并不能满足他们的要求。当时磁盘生产技术含量太高，工艺复杂程度也超过了他们的需求，更重要的是价格也太贵。

即使 PC 制造商想方设法劝说，当时的磁盘生产者也不愿意生产此类产品。这其实并不奇怪，因为他们正在非常安逸地向成熟的微机市场以高价提供高性能设备，他们为什么要考虑这群业余爱好者呢？史蒂芬·乔布斯在一次采访中谈到他尝试激发他们的兴趣，“……我们去了雅达利公司，并且说‘嘿，我们已经造出了这台神奇的机器(这里指 PC)，其中甚至用到了你们的零部件。资助我们怎么样？或者我们把专利卖给你们，我们只是想生产 PC，你付给我们工资，我们来给你打工。’他们说‘不行’。接着我们去了惠普，他们说‘我们不需要你们，你大学还没有毕业呢。’”。

因此，PC 生产商不得不转变目标。一次次碰壁后，他们发现一些企业家愿意冒险尝试，愿意生产出新产品来满足 PC 制造商的需求。不过，这并非在一夜间获得成功，其间也充满了失败和坎坷。当然，早期的磁盘驱动器性能与主流厂商提供的产品无法相提并论。但是 PC 市场逐步得到了成长，从一种业余爱好品变成了广泛流行的家用品，接着 IBM PC 的出现和标准化又使得 PC 走进了办公室和商场中。在发展和成熟的过程中，借助于“学习效应”，PC 性能变得越来越强大，越来越稳固，但是成本远远低于微型机。PC 内部的磁盘驱动器也发生了同样的变化，早期参与其间的创业型小企业通过逐步成长和学习，最后变成了大型供应商，向 PC 市场提供性能可靠、价格低廉的磁盘驱动器产品。

最终，这个并未被最初的磁盘生产者看好的边缘市场垄断了整个行业，等他们意识到时已经太迟了。此时他们最大的希望就是成为一名后进模仿者，期待有朝一日能与这些创新型企业并驾齐驱。

这就是突破性创新，它使市场游戏规则发生了戏剧性的变化，产生了新的胜利者和失败者。图 4－2 形象地展示了新的市场和供应商逐步超越现有企业的转变过程。在许多行业中都能看到这种情形，如低成本航空商业模式。低成本航空公司的创新者并没有与高价提供优质路线、优质服务和 VIP 通道的国际航空公司硬碰硬。相反，他们在外围发现了一个新的市场。在这个市场中，在保证飞行安全的基本前提下，乘客愿意以更低的价格享有较低水准的服务(如没有食物、没有分配座位、没有休息室、没有多余的装饰等)。随着一些乘客的乘坐及口耳相传，这个行业开始慢慢成长起来，并吸引了一些个人商务旅行者的注意，因为低成本航空的出现解决了他们短途旅行问题，所以他们更愿意用这种方式来享受自己的旅行。低成本航空的飞速发展对主流市场产生了巨大的冲击，而主流市场固有的高成本结构也使传统航空公司很难对这种变化做出反应，即使设立了一些附属公司专门从事低成本航空服务，仍无法对这种截然不同的低成本航空飞行商业模式进行有效的管理。

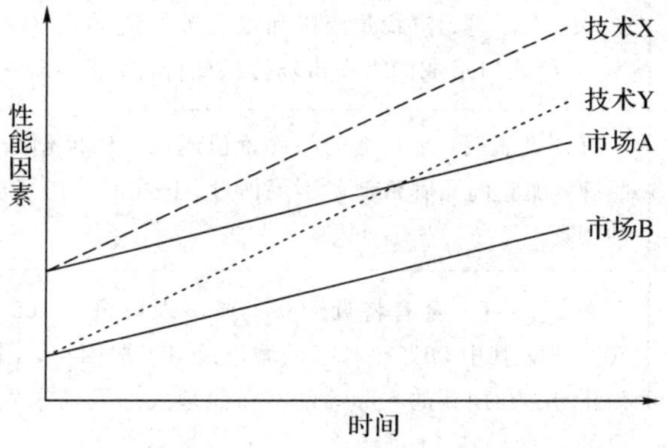

图 4－2　突破性创新模型

这种低端市场的扰动是一种潜在威胁。试想，如果中国的抽水机制造商以一种技术简单、成本低廉且仅售 10 美元的抽水机来取代一款高技术、多功能但售价为 100～500 美元的抽水机，会产生什么样的效果？再如，类似于气喘吸入器的医药设备制造商，一旦他们失去专利保护，如何应对来自于一般医疗企业所带来的竞争？这种“逆向创新”已经慢慢在市场中崭露头角。例如，通用电气公司为其印度客户生产了一种低成本且耐用的便携式超声波扫描仪，这款仪器得到了偏远乡村助产师的青睐，也吸引了其他市场的兴趣，俨然成了畅销品。在这个过程中，通用电气公司也改变了他们的产品设计目标。

厄特巴克指出，高端市场扰动同样会给现有市场带来类似的挑战。部分用户希望得到更高质量的产品，这就会促使市场中出现新的产品或服务，并最终蔓延到主流市场，比如家庭宽带和手机的兴起。

此类突破性创新的案例把人们的注意力转移到未被满足的、满足程度不足或者过量满足的需求搜寻上来。这些现有生产者并未注意到的特殊需求会为创新提供新的契机，甚至带来颠覆性的变化。“蓝海战略”的提出就是一个最好的例子，它明确主张企业界定和探索新的具有潜在需求的无竞争市场空间。

办公软件或电脑操作系统可能就是过量服务的一类市场，这些系统一直致力于添加超过用户需求或使用能力的性能。Linux 操作系统和办公之星类的办公软件就是一种简单且能很好满足用户需求的产品，因此它给微软等企业造成了潜在的冲击。

4.3.3 “新兴市场”用户

在全球化的今天，企业越来越对“金字塔底端”(Bottom of Pyramid，BoP)的市场感兴趣。这一术语是普哈拉教授(C. K. Prahalad)提出的，他认为占全球人口80%的低收入群体，其收入水平尚处在贫困线(大约每天2美元)以下，因此传统观念下他们并不构成市场需求。但把他们看做充满商机的创新市场，将会带来显著的挑战和机遇。表4-4列出了对金字塔底端用户的传统观点及这一群体中存在的创新机会。

表4-4 对金字塔底端用户的传统观点及该群体中存在的创新机会

传统观点	现实情况与创新机会
穷人无购买力，不能形成可靠的市场	尽管收入水平低，但是仅仅是市场规模就足以让人感兴趣。此外，穷人经常为某些产品或者服务支付额外费用，如借款、干净水源、通信及基本药品等，因为他们无法找到商店和银行等主流渠道。这种创新面临的挑战就是为40亿人口形成的潜在市场提供低价位、低端但高质量的产品和服务
穷人无品牌意识	有证据表明，越高端的品牌价值越高。如果创造出一种高质量低价位的品牌，那它的品牌价值就不可估量。这在其他市场也是适用的，尤其是突破性创新
穷人很难形成一定规模	到2015年，会有将近400个城市人口超过100万，23个城市人口超过1000万。其中30%～40%的城市是属于贫困型，因此以突破性创新的观念为指导，利用新的人际关系网和代理人开发尚未发掘的潜在市场是很有必要的
穷人不会使用先进技术，也对其不感兴趣	电脑、低价位手机及互联网接入的使用表明，在穷人中技术的熟练程度与使用率在急剧上升。在印度，由ITC软件公司开发的电子集市可以方便农民查看农产品的价格以及拍卖房屋。很快，农民使利用这个网页在芝加哥商贸委员会上为他们的大豆制定了出口价格，增加了他们的谈判筹码

解决这些问题需要高度的创新性，但是奖励也是极其丰厚的，即能够进入体量很大的低端市场。例如，经过市场调查后，联合利华发现大量处于金字塔底部的消费者无法承受250ml瓶装洗发液或其他化妆品的价格，因此推出了独立小包装产品。宝洁首席技术官克劳伊德在《商业周刊》的采访中曾说过：“……我们已经把研发重心更多地放在了为消费者提供更加充分的服务上。我们的目标是终有一日，要为世界上大多数消费者提供服务。现在，我们在全球已经有20多亿客户，但是仍有50亿用户没有加入。因此，我们要更加关注低端市场的需求，以及在发达地区的中低端价格水平和成本对产品销售的影响……”

普哈拉教授在原书中引用了大量案例来说明这种创新模式正在各行各业不断上演，如医疗保健行业、农业、白色家电领域、家装行业。随后，围绕新兴市场开展的创新也有了显著增加，部分原因是具有“金字塔底端”背景的新兴市场增长迅速，已成为世界市场增长的主要动力。

很重要的一点是，许多企业正在积极利用“金字塔底端”市场为潜在研发搜寻微弱的信号。例如，诺基亚已经派遣市场调查员深入非洲和印度乡村地区调查当地居民的手机使用情况以及对手机的新需求；而诺和诺德制药公司也已经了解到，在坦桑尼亚治疗糖尿病的低价药品更容易销售，因此这类药品很可能会在其他地区进行推广。这些案例充分证明了新兴市场用户也可以引发新一轮的创新。

小案例

小微金融的出现

对于生活在最低收入水平线以下的人来说，他们遇到的最大的困难之一就是办理银行业务和金融服务。所以他们总是通过借高利贷或其他需要支付高昂利息的非官方来源获取资金，这导致他们很难进行储蓄或投资，更无法进行创新以摆脱这种恶性循环。孟加拉国吉大港大学农村金融计划的领导者穆罕默德·尤尼斯意识到了这个问题，因此他提出了一个计划，即为农村穷人设计一套信用供给体系，并对它的可行性进行了考察。1976年，格拉敏银行(格拉敏在孟加拉国语言中代表着"农村")建立，其目的是：

- 为穷人提供银行设施
- 消除贷款人对穷人的剥削
- 为孟加拉国农村失业人员和自我雇佣人员创造和提供机会
- 为劣势群体提供一种组织形式，帮助他们自我理解和自我管理
- 彻底将长期形成的"低收入、低储蓄、低投资"的恶性循环转化成"低收入、信用注入、投资、更多收入、更多储蓄、更多投资、更多收入"的良性循环

最初，仅在与吉大港大学毗邻的乔布拉村设有格拉敏银行。之后的1976—1979年间，一些临近村庄也开始建立。这种银行的核心概念就是"小微金融"，让用户可以用少量贷款开始并扩大小型商业活动。在孟加拉国中央银行及地方商业银行的支持下，1979年，格拉敏银行开始在坦盖尔地区(在达卡北部，是孟加拉国的首都)大量设立，之后其他地区也开始设立格拉敏银行。1983年，孟加拉国通过相关立法，使格拉敏银行成为独立银行。现在，格拉敏银行归当地穷人所有，银行的借款者拥有90%的股份，剩余的10%归政府所有；银行客户已超过五百万，每月能让10 000个家庭脱离贫困。2006年，尤尼斯因为这个项目获得了诺贝尔和平奖。

4.3.4 极端用户

有一种既反映领先用户又反映边缘需求的特殊情况就是把极端环境下的需求作为创新源泉。处于最困难环境中的用户的需求属于边缘需求，所以很多能够满足这些极端用户需求的创新方案反过来有可能被应用于主流市场当中。如防抱死刹车系统(Antilock Braking System，ABS)是现在汽车上的一个标准配件，但是它起源于超高性能汽车上的一个特殊附件。这项创新就起源于一种特殊情形，即在困难条件下的安全刹车需求。在这种条件下，传统的刹车系统可能会导致打滑或者其他车辆的失控行为。ABS系统就是专门为这种极端环境开发的，后来被应用到其他相对没有极端需求的各种汽车上。

寻找极端环境或者极端用户是强有力的一种创新策略，因为满足极端需求挑战可以带来新的创新空间。例如，隐形技术是为满足隐形战机的需求而产生的，这种技术最重要的特点就是能够躲避雷达追踪技术。这是一种全新的创新，对传统飞机的设计、制作材料、动

力来源等形成了巨大的挑战，并扩展了飞机和相关领域的发展空间。此外，“金字塔底端”观念也提到了不少极端环境的例子，这种环境造就了许多不同的创新模式。例如，在菲律宾，很少有为普通人提供服务的正式银行系统，因此，普通用户就自己为自己研发了一款手机程序。通过这款软件，现付现收的信用支付就替代了现金，人们可以相互转账并购买各种产品和服务。在肯尼亚，人们利用这款程序来提高资金的安全性能。即使有人想要外出旅行，也不需要携带很多现金，只需要利用手机进行信用支付即可。这只是在极端条件中发展起来并服务于客户的其中一例，但它有力地证明了这种新观点，也使诺基亚和沃达丰之类的企业开始对这类研究产生兴趣。将这种极端环境作为实验室的潜在目的就是要测试和扩展程序与应用。例如，花旗银行为方便印度乡村文盲人群对银行业务的使用，正在设计一种基于生物统计学特征的 ATM 机。这次实验涉及五万多人，但花旗银行的发言人表示:“我们认为它有可能会扩展到全球。”

对极端用户需求的满足往往通过引入新的游戏规则来开启新的创新领域。例如，印度巨头 Tata 公司研制出了一种“10 万卢比汽车”，这种车在印度市场的零售价是 3000 美元左右。Tata 不顾汽车行业的嘲笑发布了这款车，第一次对传统极端环境的挑战做出了回应。相比同行竞争者高达两倍的产品价格，这是一次具有重大意义的创新，这种创新不仅能够有效控制车辆尾气的排放量，而且还可以提升印度中产阶级的满意度。正如低成本航空公司和其他突破性创新者所预料的，在快速增长的体量市场中存在着广泛的学习效应，这意味着许多创新方案都能够创造出新的商业模式，这也会对现有企业形成严峻的挑战。可以这样说，这种创新不仅是局部创新，更是类似一个世纪以前亨利·福特所开创的那种能够改变整个行业的创新。

4.4 其他创新源

4.4.1 模仿创新

创新从本质上来讲是为了提高竞争力而开展的新方案或者差异方案搜索。这种竞争既包括商业化企业为了争夺市场份额开展的竞争，也包括更宽泛意义上公共服务行业运用有效资源开展更多服务的竞争，以及法律、秩序和犯罪之间的竞争，教育与文盲之间的竞争。在这种竞争性活动当中，从别人那里学习是一种非常重要的策略，也是一种可靠的、成功的创新源泉寻找方式。例如，产品与工艺的逆向工程以及模仿开发是一种众所周知的创意寻找方法。战后，亚洲经济的快速发展就是对西方创意的“复制和发展”。例如，韩国不少制造业的成长就是基于“复制和发展”模式进行的，尤其是学习已成熟的生产流程并进行本土化发展，进而开发出新一代产品或服务。

现在已有大量的工具可以用以剖析竞争对手的产品或工艺流程，这为学习其他企业正在研发或者已经销售的产品/服务提供了结构化的学习方法。

模仿创新方面最强有力的一个变通方法就是“标杆学习”(Bench marking)。在标杆学习过程中，企业可通过与其他企业开展结构化的比较，识别出开展某种特定业务流程的方法或者探索新的产品/服务概念。标杆学习既可以源自于行业内相似企业的比较，也可以源自于行业外提供相似产品或者服务企业的比较。例如，美国西南航空公司是最成功的航空公司，它将一级方程式世界锦标赛的进站技术进行创新并用于飞机航行，明显缩短了往返航行时间。同样，瑞士斯德哥尔摩的卡洛琳斯卡医院通过对高级工厂库存管理技术的研究与创新，有效地降低了医院的成本和单个患者医疗服务时间。

目前，这种"标杆学习"正在推动着公共服务行业的发展。例如，利用"圆桌联盟"与业绩标准的关系，鼓励学校或医院将好的行为习惯快速转化成规章制度，或者通过借调、参观等方法学习其他行业中有着相似工艺流程或产品的企业在后勤或分销等方面的管理技术。"标杆学习"最成功的应用之一就是现在被广泛运用于公共行业或私人组织的"精益思维"。"精益思维"的核心就是以最小资源投入，包括人力、设备、资金、材料、时间和空间，创造出尽可能多的价值，为顾客提供新产品和及时的服务。详细的标杆学习研究是从 20 世纪 80 年代的汽车制造业开始的，它证明了标杆学习会带来显著的绩效提升，并引发了一场对能提高绩效的潜在流程创新的研究。

4.4.2　重组创新

创新的一种常见误解就是它必须是前所未有的新生事物。但现实中存在大量的跨界现象，在一个行业里很普通的创意或应用可能在另一个行业就是令人兴奋的新生事物。在寻找创新源泉的时候，一个非常重要的原则就是将老的创意转移或者组合应用到新的情景中，美国佛罗里达大学瓦林顿企业管理学院管理系教授安德鲁·哈格顿将其称为"重新组合的创新"(Recombinant Innovation)，这是一种极其重要的创新源泉。例如，锐步公司的气垫跑鞋在高度竞争的运动产品行业中无疑是一个意义非凡的产品创新。尽管它在运动装备领域是一项前所未有的全新突破，但是其核心理念却来自于另外一个领域早已广泛应用的日常实践。为了开发这项创新，锐步公司组建了一支由来自不同行业的人们构成的团队。在这支队伍中，有的团队成员来自于护理设备行业(该行业用充气夹板提供支撑作用并减少对骨头的冲击力)，有的来自于手术室设备行业(该行业中人们在充气装置中放置微型气囊阀门)。正如哈格顿所说，任何行业都有提供创新的可能性，这正是他们有意招聘来自不同领域和不同专业背景的新员工的原因，因为他们能够从不同的视角为正在研究的问题提出解决方案。

重组创新思维并不是一个新观点，它早已经被创新者所使用。1876 年，托马斯·爱迪生建于新泽西州的"发明工厂"就是以"每 10 天一个小发明，每 6 个月一个大发明"闻名于世的。这种荣誉之所以能流传数年，不仅是因为爱迪生自身的天赋，也与"重组创新"氛围有关，爱迪生聘请了美国 20 世纪早期所有新兴行业的科学家和工程师。因此，他在军工行业、精准仪器、电信通信技术、食品加工、罐头制造、汽车行业等领域新发明层出不穷。部分创新在行业领域拥有很高的声誉，如今广泛使用的电传打印机只不过是一个知名创新的跨界应用而已。

"开放式创新"的一个关键特征就是强调知识流在组织内的流入和流出。现有知识被转移应用到其他领域的一个例子就是英国航空运输控制系统中的地面管理系统，该控制系统最初是由麦克拉伦赛车队在 F1 汽车比赛中研发出来的。

重组式创新也可能出现在大型企业中，这些大企业有能力将一个领域中的知识运用到其他领域。例如，在 20 世纪 60 年代，杜邦公司一直在进行纤维制品的研究，它跟尼龙类似，但比尼龙更结实。1965 年，美国著名文化学家斯蒂芬妮·克沃勒克发明了芳纶纤维制品，杜邦公司将其命名为"凯芙拉"，这种芳纶纤维比钢铁结实 5 倍。但轮胎生产商最后还是采用了更加便宜的钢带轮胎，而没有使用芳纶纤维制品，这反而让“凯芙拉”被用于更有意义的地方：挡住子弹，拯救生命。

在很多方面，重组创新都遵循人们在研究人类创造性时所广泛接受的一个基本原则，即起源—突破—创意，亚瑟·库斯勒称它为“异类联想”，即将明显不相关的事物以某种方式相互连接，最终形成一种有趣的想法。对于创新管理而言，关键之处就是要广泛审视多样化的世界，为组合创新寻找丰富的素材，并将这些素材以有趣的方式组合起来。意识到这一点，就会把搜寻背景不同的合作伙伴变成一种有用的战略。

4.4.3 管制

在20世纪早期，位于英国中部特伦特河畔附近的几个制陶小镇的拍摄照片很少用于追踪地标建筑，也很少被视为关键地理特征。这不是因为所使用的照片设备或者照相技术太差，而是因为小镇常年被浓烟笼罩，拍出来的照片几乎什么都看不到。然而60年后，拍出来的照片像水晶般清澈，这并不是因为大量工厂被关闭(的确有少数工厂关门)，而是因为英国《清洁空气法案》(Clear Air Act)和其他方案的出台及实施。这又告诉了我们另外一个创新源泉，即管制变化带来的推动作用，它为企业和社会不停地制定新的游戏规则。《清洁空气法案》并没有明确规定企业如何开展创新，但是却明确规定应该达到什么样的结果，即减少空气污染物的排放，由此，众多企业围绕材料、工艺甚至是产品设计产生了大量创新。

管制发挥着双刃剑的作用，它一方面限制了某些事物，断绝了某些创新所带来的收益；但是同时也为另外一些事物打开了机会的大门，使一些创新应运而生。管制有时候也会以另外一种方式发挥作用——去管制，这能够带来新的创新空间。例如，许多国家电信行业的解放和私有化加剧了行业的竞争，但是也提高了创新速度。

法律紧紧地围绕在我们的日常生活周围，因此毫不奇怪我们会把它看做一种创新源泉。从我们起床打开收音机(广播管制决定了我们收听的节目的内容与可获得性)到吃早餐(食物和饮料被高度管制，什么成分可被加入到食物和饮料中，什么成分不可以，以及食品出售之前应该经过哪些测试都有详细严格的规定)，到上车系紧安全带，再到打开手机免提功能，在这一系列日常行为中，我们都可以看到管制在创新形成中的作用。

管制有时候也会产生应对性创新，产生一些试图绕过现有规则或者使规则变得对自己有利的创新方案。例如，《欧洲道路强制安全规则》导致了快速照相机产业的发展，形成了一个健康发展的探测相机产业。管制环境的变化有时候能够产生根本性的空间和机遇，例如安然公司虽然因为金融违规丑闻走下了历史舞台，但是有一个问题还是值得一问：一家小型天然气管道服务公司如何成为首屈一指的行业巨头的？答案就是安然公司在天然气和石油市场放松管制时快速抓住了有利的时机。

4.4.4 意外

在严密计划的研发项目中，总会有出乎预料的意外事件发生，这些意外事件让研究人员感到恼火。但是，有时候意外也会触发创新，为研究另辟蹊径，带来新的创新方向。苏格兰生物学家亚历山大·佛莱明发明青霉素的著名案例是一个有趣的故事，同时充分说明失误和意外有时候的确能够带来新的创新方向。再比如，3M公司发明的“即时贴”(Post-it)也是一种偶然。本来，3M公司的化学工程师阿特·弗雷将一些化合物加入实验中是为了制出一种黏度较大的黏合剂，但却生成了黏合性不太强的柔性物质。就最初的目标来说，这次实验是失败的，但它为已经给公司创造了 10 亿美元收入的产品提供了一种新的发展方向。美国加州伯克利大学汉斯商学院“开放式创新研究中心”主任亨利·切萨布鲁夫将这一过程称为“虚假否定的管理”(Management of False Negative)，并列举了大量案例来支持这一说法。20 世纪 80 年代后期，在美国辉瑞制药有限公司任职的研究员开始对后来称之为 UK－92480 的心绞痛治疗药物进行研究，虽然在实验室对小白鼠的测试是成功的，但在临床治疗方面却功效甚微。研究人员不惧失败，继续对实验过程中出现的一种有趣现象进行研究，最终使 UK－92480 变成了著名的伟哥，并引起了巨大的轰动。

知道意外有可能推动创新还远远不够，更重要的是创造一种环境，在这种环境下能够注意到这些意外并使其发挥作用。正如法国微生物学家路易·巴斯德所说的，“机会总是留给有准备的人”，错误只有在合适的条件下才能成为创新的源泉。美国施乐公司在位于帕洛奥多的实验室研发过许多技术，但很多与他们的核心业务即办公设备是不相干的，其中就有之后被 3Com 和其他公司商业化发展的以太网络 Ethernet，以及后来被 Adobe Systems 接手的 PostScript 语言。切萨布鲁夫的研究表明，施乐 35 项被淘汰的项目中有 11 项后来得到了商业化，产生的市场资本是施乐公司自身的两倍。

思考题

(1) 简述创新的源泉有哪些。

(2) 知识能在多大程度上起到创新源泉的作用？其发挥作用的形式在历史上先后有什么区别？

(3) 本章中谈到了多少种用户类型？各自又是如何成为创新源泉的？

(4) 模仿创新在多大程度上能够成为创新的源泉？这种创新源泉有什么优势和弊端？

(5) 举例说明什么是重组创新。

(6) 管制对创新发挥着什么样的作用？试举例说明。

(7) 如果意外能带来创新，是否可以把创新成功仅仅归结于运气？为什么？

案例分析

山地自行车的发展史

山地自行车

过去 20 年间，北美和欧洲的自行车销售行业发生了巨变，消费者偏好逐步从普通的公路自行车变为了山地自行车。自 20 世纪 80 年代后期山地车进入英国以来，这种流行耐用的自行车不仅吸引了日益扩大的雅皮士文化热衷者，还吸引到了一般的上班族。山地自行车的市场扩大可以从英国市场的销售量看出来。1988 年，英国市场自行车销量为 220 万，山地自行车仅占 15%；两年后，英国市场自行车销量达到了 280 万，山地车占到了其中的 50%～60%。

这种新式自行车的推广使得自行车行业日益繁荣，并产生了新的主流设计。这是自从 19 世纪 80 年代，传统的前轮大后轮小的自行车被所谓的安全自行车替代之后自行车领域最大的变动。新的山地自行车的变动体现在大体积的轮胎取代了小轮胎，垂直骑行姿势替代了蜷曲姿势，以及用以提高速度的前叉和后变速器齿轮、吊刹及手动变速杆的使用。如此巨大的变化并不是来自于大型自行车制造商，而是来自于骑行爱好者，而这些爱好者主要来自于美国太平洋沿岸加利福尼亚州的马林县。

马林县坐落于加利福尼亚州旧金山市金门大桥北部，与旧金山海岸的硅谷遥遥相望。马林县属于灌木满布的多山地区。林区包括了塔马尔帕斯山州立公园内一段长长的陡峭斜坡，20 世纪 70 年代，一支骑行队开始在这里举行越野山地降速赛。这支骑行队由十几名二十岁左右的青年组成，他们有的是高中生，有的是大学生，还有的是消防员、自行车维修工和公务员。他们尤其喜欢穿越森林中那条难走的消防通道。这条泥土覆盖的道路极其陡峭，是山地降速的理想路线。其中一条被称为“Repack run”的路线，马尔帕两英里距离内垂直下降 1300 英尺。骑手用货车将山地车运上山，然后降速直冲下来。这条线路因弄毁自行车而得名。对于传统的非变速自行车来说，倒轮式刹车会因为长期使用而过热，骑手不得不在下次速降之前重新为设备上油。

由于现有公路自行车并不适用于崎岖的山路，赛手们将目光投向了结实的老款车型。最典型的就是有着又厚又大轮胎的 Schwinn Excelsior，它是 20 世纪三四十年代最著名的山地车。虽然这种车的框架很重，但十分耐用，足以应付山地竞赛的复杂情况，而且它的力量足以弥补重量缺陷。像 Schwinn 这样一些旧车型以及其他一些廉价的二手车的使用，使得山地车被人们戏称“旧车”。

尽管早期的旧车相对简单，但骑手一般会为他们的车增加零部件，从而提高这些自行车山地竞赛的性能。加入赛车的现代化零件包括后变速器齿轮、前叉、后轮鼓式刹车、机动车变速杆、宽大的摩托车式把手、带有变速杆的把手以及巨大的带有轮胎花纹的低压轮胎。随着马林县山地速降赛的日益流行，骑手们会为他们的自行车增加更多的现代化部件，进一步提升赛车性能。

骑行者不仅为他们自己拼装自行车，还为朋友和其他骑行者拼装。因此在马林县，山地车的小型产业开始逐渐形成。然而，山地车的核心依然是老式 Schwinn 自行车的框架。由于老式 Schwinn 车数量极其有限，新推出的车型过于轻巧，并不适合作为山地车，骑手们只好在加利福尼亚州到处寻找老式 Schwinn 车并将它们重新拼装。于是，老式自行车维修行变成了山地车的主要来源。当骑手们找到那些被当做废料堆积在一旁的老式 Schwinn 车时，会不惜重金将其买下并带回到马林县。

老式 Schwinn 自行车

虽然人们对改装车的兴趣增长迅速，但老式 Schwinn 车已经越来越少。于是，一些人开始尝试自己生产自行车框架。这些框架比 Schwinn 车的设计更为先进，并且提供了一些必要的现代化配件。乔布・布里兹(Job Breeze)便是这批人之一。他不仅是一个经验丰富的山地速降骑手，还是一个车架设计师，他设计的自行车框架比早先的 Schwinn 更为轻便有力。虽然他设计的自行车框架并不多，但他的设计更为人接受。这些框架被称为布里兹框架，并成为最早的一批现代化山地车。它们名声远扬，很快拓展到了马林县以外的市场。

布里兹只生产少量的定制山地车，其后不久出现的其他框架设计师也仅仅是在马林县生产少量的山地车。1979 年，两个山地车爱好者加里・费舍尔和查里・凯利共同合作开创了一个商业化生产和出售山地车的公司，公司命名为 MountainBikes。为了改变单一的用户定制生产方式，满足批量生产需求，费舍尔和凯利开始和来自加利福尼亚州帕罗奥多市的自行车框架设计师汤姆·里基开始合作。使用里基设计的框架，该公司批量生产了他们的第一批商用山地车并投入市场。但他们的生产数量依然不多，并且市场范围仅仅在美国西海岸。

在第一批商业山地车进入市场的同时，像禧玛诺和三拓这些部件供应商也开始生产一些山地车的专用配件。不仅如此，禧玛诺等公司还生产了一些能使山地车骑行更为便捷的部件，如档位变速器、一体化齿轮以及先进的制动系统，这些设备不仅提升了自行车的性能，还提高了其功能性和可靠性，极大地降低了初学者的困难程度。

1982 年，另一家加利福尼亚自行车公司——马林县自行车装配提供商闪电自行车进一步地推出了面向主流市场的山地车。随着越来越多的普通人接触并热爱上骑行，主流自行车制造商很快便推出了类似产品，并在全美以及欧洲市场批发零售。

到 20 世纪 80 年代时，山地车已经完全融入主流的自行车市场。2000 年，美国自行车的销售额达到了 58 亿 9 千万美元，其中 65%的销售额来自于山地车。然而，创新的步伐并未就此停止。随着山地车骑行的日益流行，山地车热爱者正在开拓更多的用途，对其性能也提出了更高的要求。这一需求与骑行者驱动下的进一步创新更是不谋而合。

资料来源：Berto(1999)；Lüthje et al.(2005)；Rosen(2002)

问题

(1) 案例中的创新者是谁？

(2) 从文中可以看出，山地车创新的源泉来源于什么？

(3) 山地车创新的过程属于哪一种创新模型？

(4) 试画图描述山地车的创新过程以及各种相关因素。

(5) 你认为山此车起源于特定的地理区域，如马林县有何影响及意义？

(6) 哪位学者是用户创新概念的主要支持者？

(7) 按照克里斯坦森的观点，为什么在位公司创新速度相对缓慢？

(8) 为何主流自行车制造商在推出山地车创新方面非常缓慢？

第5章 创新的流程

学习目标

※ 熟悉创新的一般流程
※ 熟悉 Rothwell 的五代创新模型
※ 了解创新模型演变的时代背景
※ 熟悉开放式创新模型

创新是指把创意或者科学发现转变为商品或者服务的过程。尽管各种创新故事描述出来的创新历程千差万别，但是创新所遵循的流程还是有规律可循的，大多数创新需要经历相似的若干连续的阶段，把这些不同的阶段衔接在一起就形成了创新的流程。把一项创意或者发明转化为商品或者服务的过程涉及许多不同的活动，有的活动属于发明阶段的技术活动，然而更多的活动涉及了商业化问题。另外，这些不同的创新活动还可以按照不同的方式组织在一起，从而形成不同的创新流程模式。不同创新流程模型的共存，说明企业有不同的创新渠道或者方式，同时也反映了创新变化的本质，尤其是知识在创新当中日益增加的重要性，以及把知识注入创新途径的多样性。

5.1 创新的一般流程

为了把一项创意或者发明推进到市场上成为消费者可以购买的产品或者服务，就必须开展若干活动，把它们连接在一起形成了创新流程。图 5－1 展示了创新流程的一般模型。模型强调了几个必需的重要步骤，它们共同组成了一个特定序列。创新流程往往以创意产生和研究为起点，以成型的商品走向市场为终点。需要强调的是，这是人为设计的理想化模型，其主要目的是为了突出显示创新过程当中必须开展的活动。在现实当中，创新很少完全遵循这一过程。有时候创新的流程很难按照模型中给出的阶段进行划分，有时候有些阶段会缺失，甚至有时候不同阶段出现的顺序并非如此。但是，为了解释创新流程当中不同活动的本质，使用这一理想化模型是有必要的。我们可以把创新视为按照既定的流程，依次走完各个阶段。

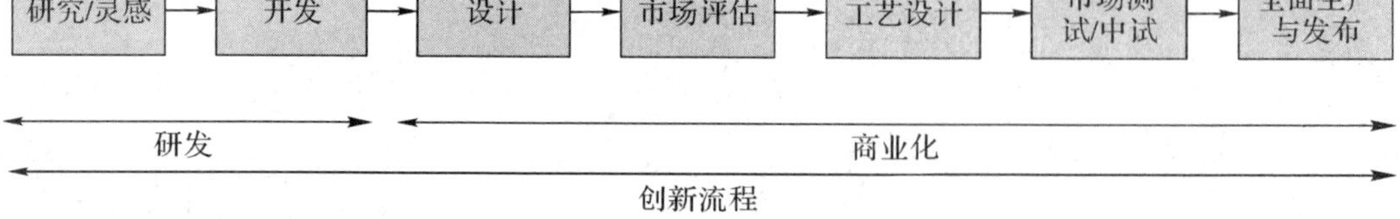

图 5－1 创新流程的一般模型

在图 5-1 中，创新流程共分为七个阶段。七个阶段都与创新相关，均构成了创新流程的组成部分。其中前两个阶段与发明的出现相关；剩下的五个阶段则是把发明转化为商品，被称为商业化阶段。尽管一项发明是一次性出现，但是它需要创新流程将之转化为可以批量生产、符合消费者期待的标准商品。

下面我们对这七个阶段进行分别阐述。

5.1.1 研究与灵感

创新的一般流程模型从灵感或研究开始。这两种创新源有多大可能性呢？事实上有些创新，特别是技术创新是重大研发投资的产物，而另外一些创新则是个人聪明才智的结果。前者倾向于和科学发现以及技术突破相关，而后者则与生产实践中新技术的应用有关。

正如在第 4 章创新的源泉所看到的，发明的创意有多种来源。有时候形成创意的灵感来自于相关性，也就是说是由某些东西触发的创意；有时候创意只是对现有产品的调整；有时候创意来自于解决问题方法的类比；有时候纯属偶然发生。

但是，并非所有的发明都是个人灵感所带来的。许多发明，尤其是技术领域的发明，通常是团队多年密集研发的结果。这种研发活动往往在实验室内进行，这些实验室一般是高校实验室，有些则是政府实验室，剩下的则是大企业集团的内部实验室。

企业内部实验室的一个典型例子是美国电信巨头 AT&T 下属的贝尔实验室，它在创新方面屡创纪录。自从 1925 年成立以来，贝尔实验室(现在是阿尔卡特朗讯公司的一部分)已经赢得了 6 项诺贝尔奖，注册了 25 000 个专利。不仅数量巨大，贝尔实验室的许多创新高度成功，对我们的生活产生了重大影响。数年来，贝尔实验室的杰出发明包括晶体管、电力留声机、太阳能电池、数字交换和激光等。这些发明不是仅靠个人聪明才智而来的，更是持续的集体科学努力的结果。贝尔实验室在最多时拥有 25000 名员工。

在贝尔实验室的例子中，创新是密集研究的结果，其中就涉及了实验室。这些实验室归属于私人公司，其参与研究的目的是为了追求技术突破。一旦实现了突破，技术便会被交给公司的其他部门，负责开启创新流程的其他部分。这种技术突破与任何特定产品或者特定顾客没有关联，这一点与个人发明中的灵感和创意来源形成了鲜明的对比。以激光技术为例，经历了许多年之后，激光技术才被纳入到公司的产品当中。

尽管创新主要借助于两个渠道开启创新流程，即个人灵感和研究努力，但有时会有一定程度的重合。以世界上第一个非计算机专业人员可以使用的网页浏览器 Mosaic 为例，该浏览器是由美国伊利诺伊斯大学公立实验室的一个团队开发出来的，但是创造一个容易操作的网页浏览器的灵感却来自于该校一名计算机专业的本科生马克·安德森(Marc Andreessen)。

5.1.2 开发

开发是指把创意和技术转化为产品的过程。经过开发阶段后，产品不一定能直接向消费者销售，但是已经具备了最终产品的运作特性。经过此阶段后，产品才具有推向市场的可能性。但是为了实现批量生产以及满足消费要求的可靠标准，依旧有许多事情要做。

创新流程中开发阶段的核心任务是构建产品模型和原型，见表 5-1。模型的目的是为了展示产品的形式和样式，使人们直观地感受产品，它有助于了解意向产品的外观。如 3D

模型，不管是实体模型、白模型或者是计算机辅助设计（Computer Aided Design，CAD）的模型，均能让人看到产品的外观。计算机生成的3D模型对于复杂产品展示帮助尤其大，潜在的兼容性、冲突和空间不足等问题在真正的产品制作之前就能够通过模型试运行而发现。

表5-1　模型与原型

2D模型	3D模型		功能原型	用户测试原型	组织/系统原型
	3D粗糙模型	3D外观模型			
概念描述 草图 艺术效果 布局图	实体模型 白模型 位置模型 软模型	仿真 CAD模型 有限元素分析	工程原型 可行性模型 仿真 虚拟原型	工作原型	第一生产单元 试生产 生产模型 首件

原型与产品形状关系较小，主要是产品功能的展示，这就是为什么原型往往被称作“功能原型”。原型与最终批量生产的产品有所不同。原型是一次性制造的，不用考虑大批量生产问题，所以通常是用通用设备拼凑生产出来的，而不是用专门的机器设备进行制造。此外，原型使用的材料也都比较容易加工处理，并且有很大的灵活性。

功能原型构成了开发阶段的核心工作——试验和测试的基础。为了确保产品能够按照设计意图运行，尤其是保证产品能够持续运行并且按照消费者的需求发挥作用，研发人员必须不断地开展实验和测试工作。这就意味着开发阶段是一个缓慢且辛苦的工作，因此对新发明的描述就往往集中在开发阶段是如何的漫长和痛苦。詹姆斯·戴森对他的双旋风真空吸尘器开发阶段的描述就是典型：

“这就是开发阶段所做的事情。经验测试要求你每次只能做一个更改。这就是爱迪生规律，过程相当的缓慢。这也是花费我数年时间向Dyson Appliance公司的员工所要解释的事情，但是这很重要。他们希望做出大量根本性变革，然后回过头来测试他们的新产品。这样怎么能够知道哪项变革是对的，哪项是错的呢？”

此外，原型还有助于零部件和子系统的整合，对于复杂产品尤其如此。这些产品往往拥有大量的零部件和子系统，彼此交互共同开展工作。原型的另外一个功能是为学习提供便利。就创新而言，原型测试上花费的大量时间，有助于开发者积累知识并了解新技术的特性。作为工作原型的一种形式，用户测试原型则有助于企业了解用户和用户行为。

最后，原型的另外一个作用是降低风险。对原型进行测试有助于识别潜在的风险，当然这种测试主要是识别技术风险而不是市场风险。有些产品如果功能错误就会产生严重的安全问题，比如机械产品。对于这些产品来说，用户测试原型是极其重要的。当然，尽管识别出了种种风险，公司偶尔可能还会出于各种原因选择性忽视这些风险。

小案例

海菲尔碳纤维叶轮

大型喷气引擎促进了波音747等大型喷气式客机的出现，这种引擎的一个重要特征是巨型叶轮。航空引擎制造商罗尔斯·罗伊斯公司为其 RB211 引擎开发出了新型叶轮，其新颖之处在于这种叶轮不是用金属制作的，而是由海菲尔碳纤维制作而成的。海菲尔碳纤维是当时一种的全新技术，其最大的优势在于比常用的钛合金要轻得多，这也就意味着能够制造出较轻的引擎，从而有助于提升燃油效率。但是，当装有这种碳纤维叶轮的引擎原型在面对“死鸡”撞击试验时，彻底摧毁了罗尔斯·罗伊斯公司对这种叶轮的期待。这种实验模拟的是一只飞鸟被吸进引擎时所发生的情况。实验中，工作人员向正在全负荷工作的引擎发射一只两磅重的死鸡(超市的冷冻鸡，购买回来以后进行适度解冻)，结果撞击导致一个叶片崩断，进而引起引擎熄火。原型实验的结果说明，尽管碳纤维叶轮整体比较结实，但是边缘还比较脆弱，这说明使用这种引擎是有风险的。当飞鸟撞击引擎时，破碎的碳纤维叶轮可能会穿透机身或者机翼，从而导致飞机坠毁。最终，罗尔斯·罗伊斯公司不得不放弃碳纤维叶轮，继续采用传统的钛合金叶轮。不过，公司并没有放弃开发碳纤维产品。经过不断的实验和测试，最后他们把这种材料用在了机舱的舱门上。

开发阶段结束以后，全功能的原型就可以制作出来了。它们可能和最终产品看起来不太一样，但是已经拥有了最终产品的全部操作特征。此时，产品已经基本能够按照设计意图正常工作。

5.1.3　设计

设计阶段的主要工作是确定产品的最终属性和特征，具体包括以下几个方面：

- 精确的产品形状；
- 产品制造公差；
- 产品生产材料；
- 产品生产工艺流程。

此外，设计环节还要制定设计规范，这不仅包括用来精确规定产品形状的设计图纸，还包括许多细节说明，如产品几何特征、制作材料以及拼装成整体的各个零部件的生产公差(容错性)。在复杂产品中，这一环节还包括系统层面设计，用于展示产品的系统结构，尤其是展示各子系统交互作用以达到整体功能的工作原理。

在设计过程中，设计师需要综合考虑多种约束因素，才能提出一种既对消费者有吸引力又能让生产商盈利的设计。这些约束形成了设计纲要的一部分，而设计纲要是大多数设计师和设计团队必须遵循的，它囊括了各类产品利益相关者的要求。因此，设计纲要会列出各种设计要求并标明约束条件。通常约束条件会来自于公司其他部门，如营销部、制造部和财务部；另外一些约束条件则源自于先前的原型设计与测试工作。

所以，设计师的任务就是把设计纲要对应地融入到产品当中去，设计出满足各类相关团体要求的产品。这意味着产品必须有效运作，对消费者有吸引力，能够以消费者可以承受的成本进行生产，同时还能给公司带来利润。

现实中很少有单个设计师负责某个产品的设计，而通常是由一个包括各类设计师的设计团队负责设计工作的：技术设计师负责整个系统设计，工业设计师保证产品功能正常，传统设计师则负责设计对消费者有吸引力的产品形式。通常情况下，这些设计技能公司内部并不具备，需要从拥有各领域专业技能和经验的设计公司或者工作室购买。

5.1.4 市场评估

一项发明从技术上来讲可能是非常复杂精巧的，产品的技术也是非常强大的。但是Chesbrough曾经提醒过我们：

“技术本身并无内在价值。未经商业化之前，技术的经济价值依旧是潜在的。”

“潜在”意味着尚未开发或者尚未实现，由此可见商业化在创新流程当中起着至关重要的作用。就商业化本身而言，它需要某种“商业模式”的实施。在本书第一章中，我们曾经讲到商业化模式起着价值创造和价值俘获双重作用。在市场评估阶段，我们需要作出商业模式的相关决策。

价值创造中的一个重要问题就是向消费者明确表达产品的“价值主张”，它决定了新产品或者新服务给消费者带来的真正价值和收益，与此同时也明确了谁是潜在的消费者，明确了新产品/服务能够进行销售的特定市场或者市场细分。价值主张能力并不必然地和产品的技术复杂程度联系在一起，有时候看似轻微的技术进步可能给消费者带来非常强大的价值功能。以复印机为例，日本厂商在20世纪70年代后期开发的桌面复印机技术上并不复杂，但是他们提供了更加灵活的贴身定制服务，这正是用户认为有价值的东西。同样，有些产品需要“互补性资产”，如产品支持、售后服务与培训，所以非常有必要识别此类资产并进行有效安排，以确保消费者能够使用这些资产。爱迪生发明了电灯之后，就意识到必须有配套的供电系统，电灯才能对消费者有意义。如果创新缺乏清晰界定的上述特征，就有可能出现除了发明家本人以外，无人对其创新感兴趣的尴尬境况。

价值俘获则是指规划如何从创新中盈利，特别是制定产生最高回报的收入创造机制。实际上收入创造机制有很多种，如直接销售和出租，甚至可以低价销售产品本体，而以较高利润销售互补消耗品。选择合适的创收机制非常关键。世界上第一台普通纸复印机914问世时，施乐公司的做法就是如此。由于市场营销技能有限，施乐公司起初试图把这款新颖的复印技术向一些大公司进行技术许可，如IBM、柯达和通用电气。鉴于普通纸复印机技术复杂，且因造价昂贵而无人问津。最后，施乐公司决定把复印机进行出租，对每月超过额定复印份数的复印量收取许可费。这种商业模式很快取得了成功，客户公司可以用很低的费用获取复印机。使用后，他们发现该技术实用性很强，因此实际复印量大大超越了期望值。

因此，市场评估能够准确展示新产品/服务的潜在价值。如果价值主张不清楚，新产品/服务的价值就可能无法量化。此外，有时尽管公司对新技术非常乐观，但如果销售业绩太差，最终也可能会导致创新失败。

5.1.5 工艺设计

工艺设计本质上是决定产品的生产方式。与原型的一次性生产方式不同，最终产品需要大批量生产，因而需要不同的工艺和技术。

工艺设计当中第一个决策是确定谁来承担生产任务，产品是由自己制造还是外包给承包商。IT 及通讯技术的发展使得产品可以在地球一端被设计出来，而在另外一端被制造出来。在整个产业链条当中，产品生产被外包出去是再常见不过的了。

如果最终决定产品由企业自己制造，围绕产品如何制造将会产生一系列与工艺设计相关的决策。许多决策又与企业采用的制造类型联系在一起，如图 5－2 所示。

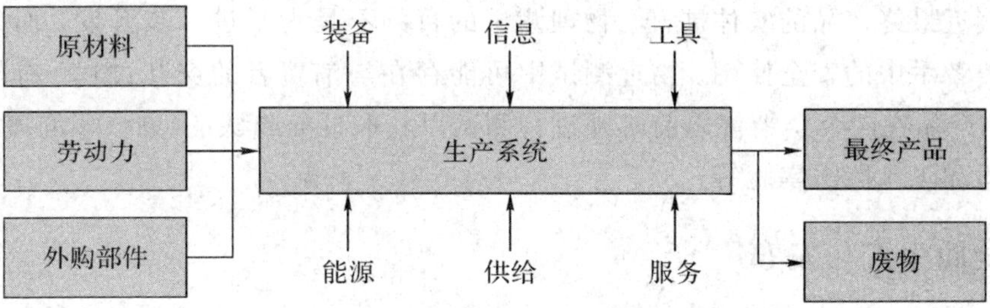

图 5－2　制造体系

通常来讲，开发阶段所使用的功能原型与最终产品往往存在重大差异，这主要是因为：在工艺设计阶段为了能够更加容易和廉价地制造出产品，往往需要对产品进行重新设计。产品修正工作通常以产品生产线为中心，经过细致的准备和有效的设计尽可能简化产品设计，消除一些冗余的生产线操作。

产品设计的改变主要包括以下几方面：

· 减少部件数量
· 使用标准零部件
· 使用自调整部件
· 使用简单、线性的流水线操作

这种变化反映了批量生产的要求。在能够实现批量生产的情况下，这种设计和产品修正是有价值的，它能够使流水线更加快捷、简单和廉价。

以玩具盒为例，在原型的制作过程中，不同的零部件被临时一次性拼凑在一起；得到了满意的原型以后，就步入了工业设计阶段；在设计师的帮助下，设计师对产品设计进行了简化，以便开展大批量生产。这些工作包括尽量消除连接部件以及投资专用机器生产个性化零部件。由此以来，零部件数量大大降低，流水线操作更加简单有效。最终产品外部特征和功能与最初设计相差无二，但是能够被快速而廉价地组装起来。这不仅告诉了我们工艺设计阶段所要开展的活动，更描述了一个重要的规则：随着生产数量的增加，最合适的生产方式也会发生变化。

5.1.6　市场测试与中试

在确信产品能够按照既吸引消费者又能使企业盈利的方式生产出来以后，接下来就要开展能够确保产品走向市场的测试。这种测试通常包括两种：一种是市场测试，以探查消费者对产品的反应；另外一种则是法定的安全测试，以确保产品达到适宜的安全标准，或者获取产品销售资质。

市场测试需要发布试用产品，通常局限在一定的地理范围内。这种测试有两个目标，分别是机械测试和商业测试。机械测试主要是为了确保产品配送体系工作正常，对于创新产品而言这一点特别重要。有控制地限量发布一批产品，测试配送体系是否存在问题并进行改进。商业测试的目的主要是为了收集市场数据，从而构建销售量预测和规划预算，并观察竞争对手的反应。

除了市场测试之外，还要进一步开展物理测试。物理测试可以对最终产品展开，也可以对比较接近最终产品的实体展开。物理测试的目的不是为了进一步开发，而是为了确保产品在消费者手中的安全使用。物理测试中可能存在与消费者的交互过程。有时候测试是法定要求，产品在向公众销售以前必须进行测试以获取批准或认证(如汽车的撞击实验、空中停车实验和飞鸟撞击实验等)。

5.1.7 全面生产与发布

在开展全面生产之前，制造产品所需的设备必须进行调试，不仅要求单个设备能够正常开展工作，而且整个系统必须有效交互。对于复杂的生产系统和精密的控制系统而言，这是一个要求非常高的任务。单个设备单独工作时往往正常，但是放在一起就会变得没有效率。所以，调试过程的主要目的是确保整个系统都能按照既定规划运行。

对于一个完全有效的生产系统，操作人员必须接受必要的培训。在过去的20年中，西方公司向日本公司学习到了劳动力管理中计划和准备的重要性。选择拥有合适能力和技能的员工固然重要，上岗之前的培训同样重要。

最后制造过程可以开始了，但是这并不是全面制造过程的开始。通常情况下，公司会依据全面生产计划，依据生产能力的20％～30％开工进行生产，其主要目的是让操作人员随着对操作系统的逐步熟悉，沿着"学习曲线"向上行进。学习曲线意味着在批量生产过程当中，每一件产品都会比前一件花费更少的时间。在某些制造产业当中，这一特征非常重要。以航空产业为例，随着生产线的扩张，空中客车和波音公司等飞机制造厂商制造一架飞机所花费的时间往往大幅度下降。这说明这种学习是建立在隐性知识和不断积累的基础之上的，其结果是随着产量的增加，在制造知识增加的同时，制造时间下降了。

此外，企业采用逐步增产的生产方式还有其他一些原因。在逐步增产过程中，生产的产品可以用来检验潜在的瑕疵；也可以向一些特定的顾客进行供应，他们不仅会对产品进行评估，同时也会提供有价值的市场数据，反映他们对市场的理解。另外逐步增长的生产方式有助于存货积累。在现实中，促销手段会提高顾客预期，但如果由于产品没有到达销售终端而使得某些消费者不能买到产品，这是一种非常失败的行为。逐步增产生产方式为分销商在产品正式发布之前积累存货提供了充足的时间，接下来最终的全面生产就可以开始了。

产品市场发布可能会带来新一轮的问题，可能会遇到前面几个阶段所没有的问题。但产品发布主要涉及市场营销问题，我们这里不再过多详细阐述。

产品发布本质上需要协作开展一系列不同的活动，这些活动主要包括：

- 确保销售终端有适当的存货；

- 预订广告空间；
- 设计与制作广告；
- 预定展示空间；
- 产品有关文本设计、撰写与印刷；
- 新闻界告知，并让他们有充分的时间熟悉产品。

这些活动是产品发布过程中必须开展的活动，也是把产品推向公众的过程。这需要完全不同的技能，和前面的阶段同样重要。

清晰认识创新的流程能够避免我们对创新的误解。人们很容易看到创新当中的英雄主义行为，如对标新立异的锲而不舍，对新产品的孜孜追求等。然而关于创新还有更多内容，尽管并行工程缩短了创新时间，但是创新依旧是一个漫长的过程。创新过程包括了许多不同的活动，所有的活动都是同等重要的，所有创新活动都必须被有效开展。

5.2 Rothwell 五代创新流程模型

虽然前面一节阐述的创新的一般流程模型有助于识别创新过程各个阶段的不同活动，但还存在一些解释力上的局限性，比如一般流程模型无法反映现有的创新渠道的范围，也无法反映各个阶段是如何交互的，特别是无法展示近年来被广泛应用的新的创新流程模型。

在创新流程模型方面，宾西法尼亚州立大学教授威廉·罗斯维尔(William J. Rothwell)做出了重大贡献，他构建了 5 个创新流程模型。更重要的是，他认为这些模型构成了半个世纪以来我们所能够看到的创新模型的连续体。下面，我们将逐一对这 5 个模型进行介绍。

5.2.1 技术推动模型

图 5-3 所示为技术推动模型，这是最传统的创新模型。该模型的最大特点是认为科技研发是推动创新出现的最直接的手段。该模型认为，增加研发费用可以有效推动技术进步，从而推动创新的发展。在该模型中，创新过程是完全线性和有序的，前一阶段结束以后后一阶段紧接着开始。模型几乎忽视了市场的地位，认为市场是创新的消极被动接受者，只是简单地接受技术所带来的创新。就创新的过程而言，该模型比较朴素简单，几乎没有告知创新过程的本质。但正如之前所言，在个别产业当中，创新正是按这种方式产生的，比如医药行业。

图 5-3 技术推动模型

5.2.2 需求拉动模型

意识到了市场的被动地位，20 世纪 60 年代晚期和 70 年代早期的理论者对创新过程提出了新的理解，即需求拉动模型。在需求拉动模型当中，市场处于核心地位。根据罗斯维尔的研究，向以市场为中心的创新流程模型的演进，不仅反映了技术型产业的成熟，也说明人们已经愈来愈意识到消费者需求的日益复杂性。

如图 5 - 4 所示，在需求拉动模型中，市场是创新创意的来源。与消费者需求相关的知识推动着研究与开发，而不是研究与开发带来市场需求。如果把消费需求看作引致创新的创意来源，则模型可看作是创新过程一般模型的一个变异。

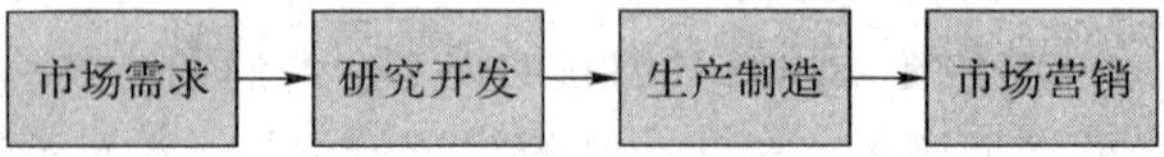

图 5 - 4　市场拉动模型

该模型非常适合于成熟的技术或者产业。公司只要对产品稍作改进，即可更好满足消费者需求。

5.2.3　耦合模型

对于某些产业而言，单一的技术推动或者需求拉动创新过程模型都是不够全面的，因为他们把创新看作一个线性的、有序的过程。正如有人所说，这种单一模式的创新过程导致了所谓的“扔过墙”(Over The Wall)研发行为。在研发过程中，每个阶段的负责部门都与外界隔离地开展自己的任务，且对后一阶段的部门几乎没有任何指导和帮助。正是为了应对这种问题，创新过程的耦合模型出现了，如图 5 - 5 所示。

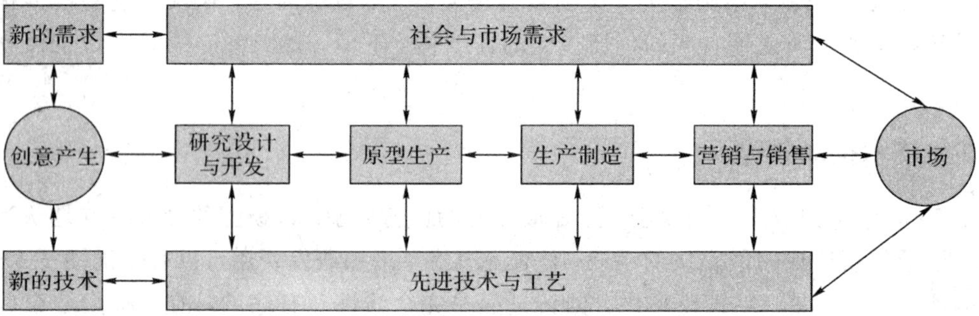

图 5 - 5　耦合模型

该模型与前面模型的最大区别是出现了反馈回路，不同模块之间的信息交流线是双向的，每个模块再也不能够按照“扔过墙”的方式开展。在创新过程的耦合模型中，存在许多不同的功能模块或者创新阶段，它们彼此之间是互动的，也是相互依赖的；每一个阶段都和市场相连接或者耦合(耦合模型名称就来源于此)，同时也和技术的现状相耦合。

5.2.4　集成模型

20 世纪 80 年代的最大特征就是动荡和变革。第二次世界大战之后，许多领域中流行多年的秩序和确定性都开始让位于新的秩序，竞争也更加激烈。计算机与通讯领域的技术发展，推动了基于 IT 的生产系统的诞生，大大缩短了产品的生命周期。生产技术变革的同时，也产生了新的生产管理理念。许多新的生产理念，如简化装置生产技术等，均源自于日本，其中最强有力的理念是并行开发概念。作为一种新产品的开发方式，它意味着严格的线性有序创新过程的结束，而这一直是前三种创新过程模型的基础。在这种开发方式中，企业主要依赖集成了各种功能的项目团队。在项目团队的制度安排下，各个模块从一开始就被纳入到新产品的研发流程当中；同时实施联合小组会议制度，以确保可生产性等问题能够在创新流程的较早阶段被发现，而不是到创新流程即将结束的时候。这种基于团队的新产品开发模式代表着更加集成的创新流程，如图 5－6 所示。

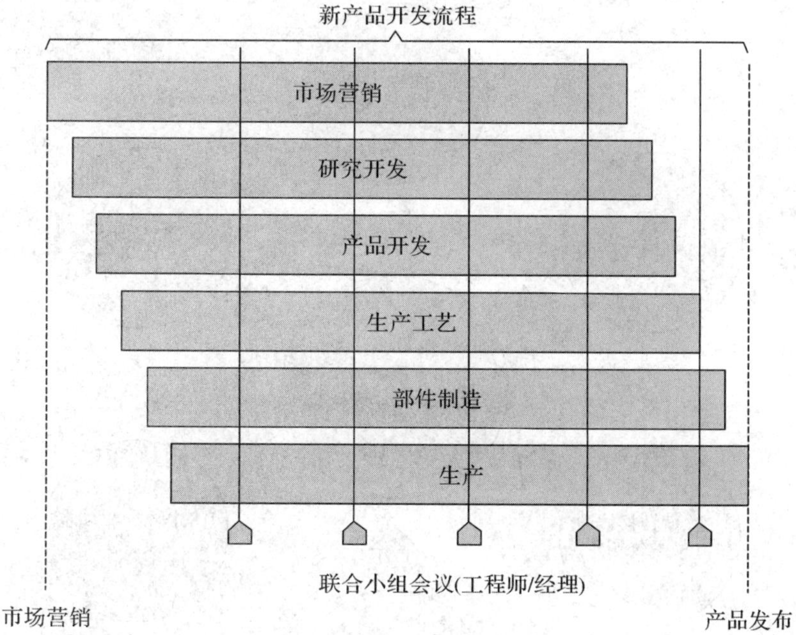

图 5－6　集成模型

5.2.5　网络模型

到 20 世纪 90 年代，第五代创新过程模型出现了，这一创新模型被称为网络模型。网络模型反映了企业已经不仅依靠内部资源实施创新，而且更多地利用外部资源开发子系统或者推进创新过程的某个阶段。通常，网络模型创新主要依靠战略联盟，即通过与第三方组织签订协议及合同等方式来实现。网络创新模型的应用反映了计算机与通信技术的进步及信息转移与外包的飞速发展。由此带来的纵向非一体化使企业开始减少某些研究与开发活动，而是在需要的时候从外部进行购买。使用网络创新模型的公司在创新过程中扮演着系统整合者的角色，把控整个创新流程并把合作伙伴完成的开发活动集成在一起。在集成创新方面，苹果公司可谓是佼佼者，图 5－7 显示了苹果开发 iPod 过程。

网络模型并不是普遍适用的，只是在个别产业中比较流行，如医药、航空和计算机产业。在医药行业，生物技术的快速发展促进了小型专业化生物科技公司的成长，并且日益成为大公司所依赖的创新源；在计算机行业，计算机外围设备专业化公司的成长有力地推动了硅谷的繁荣发展；在航空产业，由于开发一架航空飞机或者新引擎的成本令人望而却步，因此许多航空巨头通过合资企业方式以及合作伙伴关系，来吸引众多供应商参与到新产品的研发中来。

毫无疑问IT与通信技术的发展推动了“合作创新”的出现，但是这种创新方式的出现不完全是通信与技术手段进步的结果，更是因为消费者期望水平的上升以及对选择和多样化的重视，使得创新和新产品研发日益成为关注焦点。因此，为了能够给消费者提供更广阔的选择范围，公司就越来越多地从外界寻求创意和技术。在这方面，苹果是身体力行的实践者，其产品一向以高度创新而著称，但事实上正如图5-7所示，其在创新的许多方面都依赖于大量关键的外部合作伙伴。

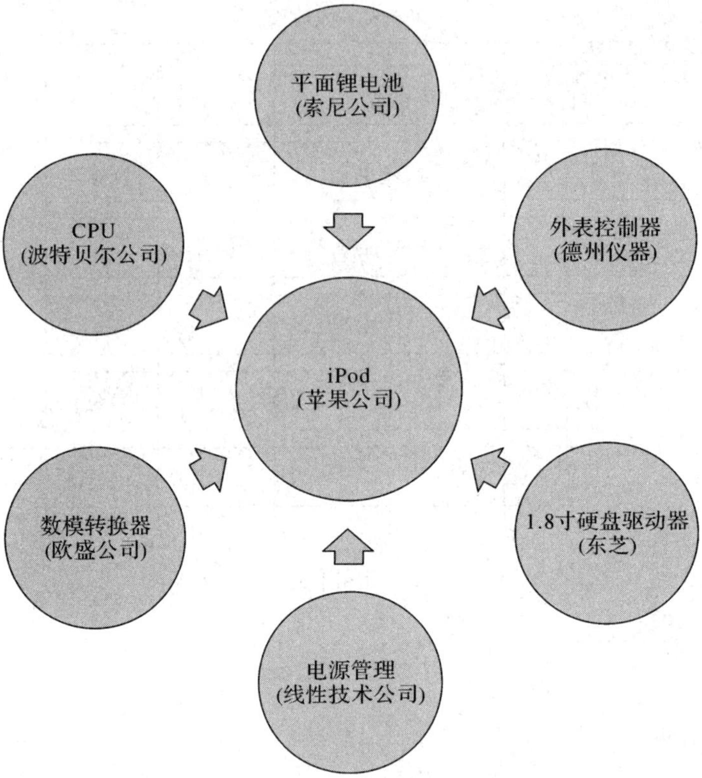

图5-7　网络模型：iPod生产中苹果公司及其合作伙伴

小案例

苹果公司之鉴

“Not invented here, and welcome.”

创新既可来自内部，也可以来自外部。苹果公司一向被视为类似于托马斯·爱迪生和贝尔实验室之类的传统创新者。他们雇用大量的科学家和工程师，在灵感来临时刻提出新的创意和新的产品。但实际上，苹果公司真正的过人之处在于把内部创意与外部技术进行有效整合，从而产生创意独具的软件和流行的设计。以iPod为例，其创意源自于苹果公司的一名顾问，而整个产品则是由现成的零部件和公司专有技术如易用控制系统共同组装而成的。产品还和iTunes软件良好兼容，而后者是从外部购买而来，并加以改造和提升的。简而言之，苹果公司就像一个技术配器师和继承者，从来不畏惧从外部引入创意、技术并加以应用。

这种网络创新模式并不局限于电子产品，耐克、劳斯莱斯、玛莎和其他一些医药巨头也纷纷采用该模式，他们都深深理解认同“并非所有好的创意都源自于自家”这句话。应用网络创新所开展的工作包括保持与新创企业以及学术研究者的密切联系，不断搜索外部创意，杜绝工程师患上“非本地发明”综合征，即过高估计内部创意的价值。

5.3　开放式创新模型

5.3.1　开放式创新的基本理念

开放式创新(Open Innovation)是美国创新学者 Chesbrough 提出的一种全新的创新模式。

开放式创新认为在知识经济时代，企业仅仅依靠内部的资源进行高成本的创新活动，已经难以适应快速发展的市场需求以及日益激烈的企业竞争。在这种背景下，开放式创新正在逐渐成为企业创新的主导模式。根据开放式创新的含义，企业应把外部创意和外部市场化渠道的作用上升到和封闭式创新模式下的内部创意以及内部市场化渠道同样重要的地位，均衡协调内部和外部的资源进行创新。企业不仅把创新的目标寄托在传统的产品经营上，还应积极寻找外部的合资、技术特许、委托研究、技术合伙、战略联盟或者风险投资等合适的商业模式，以尽快地把创新思想转变为现实产品与利润。

开放式创新的崛起与传统公司形式的创新，即 Chesbrough 所谓的封闭式创新是相对应的。在封闭式创新体系当中，大型的纵向一体化企业设立规模巨大的企业研发实验室，如施乐公司的 PARC 和 AT&T 公司的贝尔实验室，由此产生的发现推动着创新的流程；创新的成功依赖于对知识产权的紧密控制和抢先把产品推向市场。这也是熊彼得所称赞的创新模型，并且成为 20 世纪后半期的主导创新模式。但是，先前的网络创新模型和现在的开放式创新都对传统的创新模型进行了挑战。

根据开放式创新理念，可以看出罗斯维尔的前四个模型事实上都是封闭式创新模型，即公司利用内部资源和能力承担一般创新流程中所有的活动。这种公司一般来讲都是纵向一体化的。相比较之下，近几年来，人们开始更多地关注 Chesbrough(2003)所提出来的开放式创新，认为企业应该更多地利用外部资源开展创新活动。

网络模型事实上是某种形式上的开放式创新，因为它依赖于某种程度上的外部化。也就是说，创意和发现源自于公司内部，但是当把它们转化为创新的时候，可能需要使用外部的组织，以完成某些活动。例如，在开发冷冻即食餐时，玛莎百货公司就依赖许多外部合作伙伴，才实现这一创意。

但是，开放式创新所提高的不仅是企业的灵活性，还需具备以下关键特征：

· 开放式创新认为没有一个公司可以雇用到所有的聪明人才，因此外部知识和技能的获取至关重要；

· 各种类型的网络均可以提供与外部知识和技能的有效连接；

· 为了确保获得最大价值，知识产权的管理极其重要，并且可以通过各种不同的方式加以实现。

5.3.2 开放式创新兴起的原因

那么是什么原因导致了由传统的封闭式创新走向开放式创新呢？答案在于外部环境的变化，或者 Chesbrough 所谓的创新背景的变化。

20 世纪末期，企业的经营环境发生了众大变化，导致传统技术创新适用的环境也发生了根本性变化。这些变化主要包括以下几个方面：

(1) 技术人才的流动性日益增强，这意味着企业越来越难以长期留住所需要的技术人才。

(2) 教育培训以及知识体系不断丰富，接受教育的人数不断增加，使知识可以溢出到大多数企业，从而不再局限于某些企业的研究中心，外部闲置的创意越来越多。

(3) 风险投资的蓬勃发展，使得大批的技术人才带着自己的创新从实验室、企业、学校和科研机构走向市场，创建有价值的企业，成为那些以大量投资研发而著称的老牌企业的强有力竞争者。

(4) 经济全球化的浪潮带来了创新的崭新局面，使得创新资源的配置与流动在更大的范围内进行。

(5) 产品生命周期的迅速缩短导致了对创新速度要求的加快。在激烈的市场竞争中，成功的创新不仅在于创新的质量，更在于创新的速度。

这些情况的出现，打破了传统技术创新、技术研发的良性循环，导致了开放式创新的兴起。

开放式创新意味着创新渠道从纵向一体化模式(传统公司模式)向纵向分离模式的转变，无论是从外部寻找新的创意和发现，还是利用外部渠道实现内部创意和发现的潜在商业价值，创新形式均变得更加灵活多样。开放式创新企业变得更加灵活机动，越来越多的创意、发现和发明不停地流入或者流出企业。

在这种情形之下，尽可能多地从外部环境当中吸取知识就变得至关重要。

5.3.3 开放式创新的实现途径

开放式创新把网络模型的逻辑更向前推进了一步。企业可通过以下两种路径利用外部资源实施创新：

- 公司拥有内部产生的创意和发现，通过第三方组织(如技术许可协议)利用外部渠道走向市场，后者负责把创意和发现开发为可以上市的产品和服务
- 从外部组织采购创意和发现，利用公司内部的资源和设施进行产品开发

对每条路径都有若干种选择。外部创新源包括大型公司、新创企业、高校和技术中介。大型公司通常拥有重大研究设施，也会产生主流业务之外的一些知识产权；新创企业是小型且高度专业化的公司，拥有一定的研发能力但是没有把新产品推向市场的资源；高校往往具备较强的科研实力；技术中介则可把知识产权的拥有者和使用者联系起来。外部商业化通常包括某种形式的许可协议及创立新企业、合资企业或者衍生公司。

图 5-8 描述了这两种可能的路径，同时也展示了传统的封闭式创新所遵循的路线。

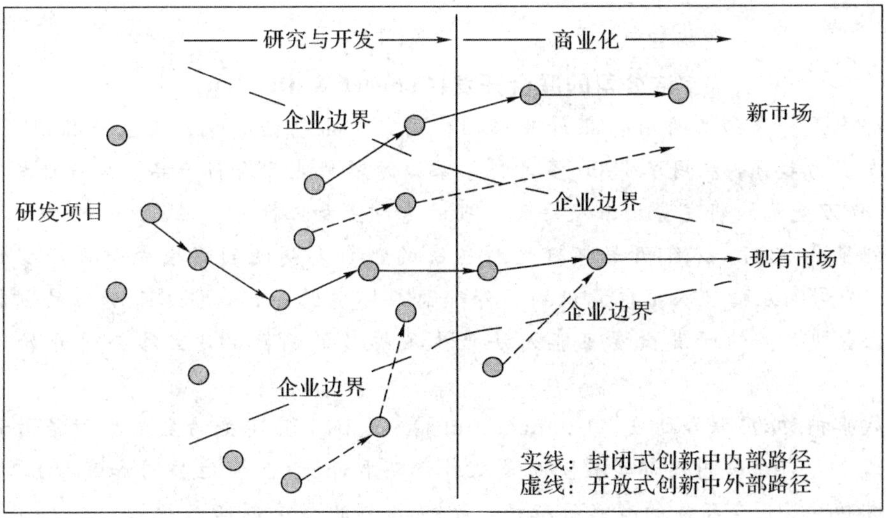

图5-8 开放式创新

开放式创新是各种创新要素互动、整合、协同的动态过程，这要求企业与所有的利益相关者之间建立紧密联系，以实现创新要素在不同企业、个体之间的共享。具体的利益相关者包括：

（1）全体员工，而不仅仅是研发人员。一般来说，研发人员注重技术先进性，生产人员注重成本领先，营销人员注重有效满足顾客需求。因此，只有集合所有员工的智慧，才有利于开放式创新。如上海宝钢提倡“全员创新大有可为”的新观念，形成了“人人是创新之人，时时是创新之时，处处是创新之地”的企业文化，极大增强了企业的创新活力；杜邦公司也大力鼓励全员参与创新，提倡“不要控制失败的风险，而要控制失败的成本”。

（2）顾客，尤其是苛刻的顾客。有些汽车制造商就在实际造车之前，先使用模拟软件来探测顾客的反应。另外，要特别留意苛刻的顾客。如果苛刻的顾客都觉得满意，那么一般顾客肯定就会觉得惊喜了。

（3）供应商，主要包括零部件供应商、技术供应商以及生产性服务供应商等。

（4）全球资源提供者。例如，耐克就只做产品设计与营销，其他的工作全部外包给分布在世界各地的工厂来做。

（5）知识工作者。企业应该密切联系所有相关的知识工作者，密切监视和跟踪外部技术的发展动态，及时、经济地购买技术，以填补企业某些方面的技术空缺。

（6）竞争对手。除了关注竞争对手态势，企业还可以与竞争对手进行基础研究合作、建立技术标准以及共同争取补贴等。

把开放式创新和封闭式创新视作一种互斥的选择是种错误的观点。相反，大多数开放式创新企业同时也在使用封闭式创新模式。例如，作为最典型的开放式创新公司，宝洁公司有35％的创新来源于外部。尽管35％的数字令人印象深刻，但余下的65％依旧说明宝洁公司保持了强大的研发能力，只不过是这种研发能力是通过外购技术加以辅助的。

小案例

宝洁公司的联合开发(Connect & Develop)

宝洁公司是一家知名的消费品行业跨国公司，产品包括小吃、卫生产品以及去污剂。该公司研发实力超强，雇用了7500多名科学家源源不断地开发新产品。这种研发实力可以从每年5000万美元的研发费用以及每天8项的专利上加以衡量。

但是到了2000年，人们开始怀疑这种传统的独自发明的创新模式是否能够带来充足的新产品。公司高层管理人员也意识到了外部商业环境的变化，即越来越多的创新源自于中小企业。看到更多的研发投资可能无法产生足够多的新产品，宝洁公司开始选择新的战略。

这种战略被称为“联合研发”(Connect and Develop)，其实施的主要原因是看到了有些创新虽然不是源自于公司内部实验室而是从外部获取而来(如其他公司和高校)，但是被证实是非常成功的。联合研发的战略目标是，最终50%的公司创新必须源自于公司外部。在保有现存实验室的同时，公司希望通过外部资源显著提升整体创新水平。作为该战略的重要组成部分，宝洁公司开始在世界范围内搜索有希望的创意和技术，然后用自己公司的制造、营销和采购能力，把它们转化为成功的创新。通过这种方式生产出来的产品包括玉兰油新生系列、拂魔掸以及佳洁士旋转电动牙刷。

联合研发策略是如何开展的呢？宝洁公司每年为其各业务范围列出消费者的前10个需求，接下来把这种需求开发为有待解决的科学问题，然后利用公司专有网络以及一系列开放性网络寻找能解决这些问题的潜在技术。宝洁公司的专有网络包括来自于6个区域性联合开发中心的70多个技术型创业企业和公司的前15名供应商；开放型网络还包括一系列独立的技术猎头网络，包括九西格玛(NineSigma)和创新动力(Innocentive)以及其他一些商业化公司，他们专注于搜寻拥有问题解决能力的公司、高校、政府部门、私人实验室和顾问。潜在的技术一旦被某个网络识别出来，首先被某个技术型创业企业进行初步检查，然后交由相关业务部门的研发人员和品牌经理进行详细评估。一旦认为技术有用，公司的外部业务拓展小组便开始与技术拥有者进行沟通，要么获取专利许可，要么建立合适的合作形式。目前，宝洁公司尚未实现其外部创新源占50%目标，但是已经顺利推进到了35%。更加重要的是，联合开发策略已经影响到了有关如何实施创新的企业文化的转变。

5.3.4 开放式创新的优势与局限性

开放式创新不仅是一种外部创新源搜索和识别的手段，同时也能够应用到创新流程的稍后阶段，如开发和商业化阶段。虽然开放式创新强调应该从企业外部获取有价值的创新资源，同时还要把内部资源向企业外部共享，但是并没有明确指出什么时候以及如何从外部获取资源和共享内部资源。目前，开放式创新的概念在创新管理和创新实践中非常流行，但是也由于过于含糊和笼统而受到批评。

开放式创新遭受的第一个批评就是其理念的新颖性。开放式创新概念的初衷是强调企业应该利用外部创新源和资源开展创新活动，虽然这一理念无可置疑，但并不是全新的概念，只是对现有创新研究和实践的再包装而已。

其次，随着开放式创新概念的传播，人们也越来越发现开放式创新已经变得“放之四海而皆准”了，从而难以研究和应用，逐步失去了解释和预测能力。在开放式创新研究方面，虽然已经有很多开放式创新的案例，但是有价值的实证研究尚不多见。在实践方面，开放式创新对创新实践的规范性指导也过于笼统。对开方式创新，我们所知道的只是若干孤立的案例以及若干开放式创新的外部渠道和合作伙伴，对于创新的条件、机制和局限性知之甚少。

最后，该理论把创新简单地划分为开放式创新和封闭式创新，这种做法过于理想化，也没有多大帮助意义。相反，我们应该去探索企业创新开放的程度和类型，以及不同程度和类型的开放式创新对企业外部创新源和知识中获益的帮助。这提醒我们应该去研究不同的创新合作策略和创新源的使用及其应用背景。同时也告诉我们，为了开展创新，企业应管理好与外部企业合作关系。

总而言之，开放式创新能够为创新带来潜在的好处，但是也面对不少挑战，如表 5 - 2 所示。

表 5 - 2　开放式创新的潜在优势与挑战

开放式创新的六个原则	潜在优势	面临挑战
利用外部知识	· 增加知识积累与共享 · 减少对内部知识的依赖	· 如何搜索与识别相关知识源 · 如何共享与转移知识，尤其是隐性知识和系统知识
外部研发具有显著价值	· 减少内部研发成本与不确定性 · 增加研发深度与广度	· 不利于形成独特能力 · 难以形成差异化
无需从头开始一个能够盈利的研究项目	· 减少研发成本 · 在外部研究策略和外部关系上拥有更多资源	· 对外部研发项目的识别、评估和采纳需要足够的研发能力
优秀的商业模式比第一个把产品推向市场更重要	· 更加强调价值俘获而不是价值创造	· 先行者优势更加依赖于技术和市场环境
对内外部创意的使用，而不是产生创意	· 把资源从创意产生向创意搜寻和识别上进行了平衡	· 创意产生知识是创新流程中很小的一部分 · 大多数未加证实的创意是没有价值的，因此存在比较高的创意评估和开发成本
可以从别人的知识产权上获益，也可以通过别人使用自己的知识产权获益	· 知识产权的价值对品牌、销售网络、生产、物流、配套产品与服务等互补能力非常敏感	· 面临商业利益和战略方向上的冲突 · 知识产权许可形式与条款需要双方进行谈判

思考题

(1) 为什么创新通常是一个漫长的过程?
(2) 在创新过程中，研究与开发有什么区别?
(3) 你认为什么是创新网络模型的最重要特征?为什么?
(4) 什么样的公司可能采用封闭式创新?
(5) 什么样的公司可能采用开放式创新?
(6) 开放式创新模式对于个人创新者而言有什么意义?

案例分析

詹姆斯·戴森与无袋真空吸尘器

本案例展示了公司在发售一个新产品时将会面临的挫折和困难。英国发明家詹姆斯·戴森发明的无袋真空吸尘器一开始遭到了现有制造商的拒绝，主要原因是新产品成本是现有产品成本的两倍甚至更多。但是短短不到四年的时间内，产品最终在英国占领了50%的真空吸尘器市场份额。

引言

戴森电器有限公司刚成立时，人们都认为公司肯定支撑不了几个月。毕竟，一家小小的公司、有点偏执的经理、价格超高的产品、有限的吸引力，在激烈竞争的市场上与那些老牌家用产品生产商批量制造出来的价格实惠、中规中矩的产品相抗衡，很难让人想象有几分胜出的把握。然而结果却出乎意料。戴森无袋式吸尘器是一个精彩的故事，不仅能够展示小企业和"单干的发明家"所面临的困难和问题，同时也证实了坚毅、实干以及牺牲对于成功的必要性。

该案例在创新管理领域引发了许多重要研究问题。首先，为何欧洲的领先电器生产商例如伊莱克斯(Electrolux)、博世公司(Bosch)和美诺公司(Miele)的高层主管没有使用戴森所提供的技术?其次，什么原因导致英国零售链的资深卖家没有意识到该技术的巨大潜力?第三，许多技术转移专家指出戴森无袋式吸尘器是技术转移的一个经典案例，一个产业所开发出来的技术，本案例中锯木厂的粉尘吸取技术，可以运用到许多不同的产业上。因此，政府应如何倡导技术转移并做出相应的支持呢?第四，专利作为保护知识财产的一种机制，似乎取决于公司财力的雄厚。确切来说，即专利机制代价高昂，几乎专门是为了保护大型跨国公司的利益而专门设计的。那么怎样才能帮助那些资金有限的小企业呢?最后，很多评论者认为戴森的成功部分归因于他所建立的关系——他是幸运的。但是，其他上百个戴森可能会因为没有这些关系而在创新的道路上失败。因此，政府如何帮助那些像戴森这样的创新者，以保证更多的创新的成功，从而发展一国的经济基础?

背景

早在开发无袋真空吸尘器之前，詹姆斯·戴森就已经展示了一个设计师和商人的高超技艺。他是球形手推车的发明人，这是一种使用圆球而不是轮子的手推车，给手推车市场带来了变革。但值得一提的是，球形手推车的专利归属于当时詹姆斯·戴森所在的公司。

不幸的是，他从公司跳槽后，完全丧失了对这份专利的控制权，因为专利是公司的而不是他自己的。因此，他决定今后的任何专利都归属于他个人。

19 世纪末，吸尘器行业的先驱胡伯特·布思发明了第一台真空吸尘器。真空吸尘器利用风扇促使空气外流从而形成一个低压空气区域，当外部正常气压的空气向低压区域移动时就形成了气流。1902 年，英国真空吸尘器公司(British Vacuum Company)开始向富人家庭提供真空清洁服务。这种吸尘器非常笨重且使用不便，要在室外架设一个大型的由马拉动的约 5 马力的发动机，然后把一根软管通向屋内并向外吸出灰尘。到了 1904 年，一种移动性更强的真空清洁机器问世了，可以由人来操作运行。随着这一技术的普及，许多传统制造商开始进入这一领域。1913 年，伊莱克斯公司(Electrolux)推出了圆柱形带软管的家用吸尘器。1936 年，胡佛公司(Hoover)推出了一个带有旋转刷子的直立吸尘器。这是当时英国最叫卖的一款吸尘器。事实上，当时所有的吸尘器都是建立在 Hoover Junior 的设计基础上的。直到 20 世纪 70 年代晚期，詹姆斯·戴森开发出了新型吸尘器，利用气旋替代袋子来收集灰尘。

当谈到清洁效果时，人们更关注吸尘器的动力大小和毛刷滚上刷毛的数量。虽然这些是很重要的因素，但纸袋包的质量和大小同样重要。吸尘器中的纸袋包是由一种特殊的纸将杂质包裹并引导空气进入的过滤系统。使用时，除了空气，别的杂质都不能通过。因此，纸袋的质量和大小会直接影响灰尘的堆积和空气气流的通过。一个品质优秀的纸包是吸尘器的重要组成部分，但是需要经常更换。戴森的吸尘器具有良好的清洁效果且没有使用纸包，大大减少了纸包气孔被堵住的困扰。

无袋真空吸尘器的开发

吸尘器袋子一直是戴森的关注点，也正是这一部件改变了真空吸尘器产业。简单来说，他要解决的是真空吸尘器中的一个重要两难问题，即如何在收集灰尘杂物的同时让干净的气流通过？他最终通过离心力原理实现了这一目标。何谓离心力原理呢？我们很多人可能都玩过旋转游戏，它是游乐场最古老的设施之一。在一个大的转筒内，人们背靠转筒外壁站立。转筒开始旋转时，人们被紧紧地压在转筒外壁上。由于巨大的压力，人们紧贴外壁无法移动自己的头或胳膊。然而不可思议的是，这种滚筒的旋转速度还不到33 公里/小时(20 英里/小时)。

这就是离心力。利用这种原理，可以将较重的灰尘颗粒从气流中分离出来，只允许干净的气流通过；没有杂质的空气气流在不会受到外壁压力作用时，很容易从底部旋转轴的中间孔洞中通过。这种方法被广泛应用于许多产业的灰尘收集中，例如锯木厂。但是他们所使用的设备体积较大(10～30 米)，明显不适于在家用电器上使用。

如果有人认为创新就是早晨醒来后脑子里的灵光一现，那么他应该认真了解一下詹姆斯·戴森的成功之路是多么艰难。1978—1982 年，在成功的模型开发出来之前，他尝试了 1000 多种原型，花费了近 200 万英镑，体验了无数次失败。但是这也只是开头，后面为了让制造商购买他的专利许可，他走过了更漫长的道路。

故事始于 1978 年，戴森家也有一个胡佛牌直立式真空吸尘器。在使用时，戴森发现新纸包效果较好，但是很快它的吸收能力就不行了。他将吸尘器拆开后发现吸尘器依靠袋子中的洞让干净的气流通过。随着使用次数增加，纸袋的过滤功能变差。不仅如此，不久他就发现所有吸尘器都是依靠这一原理运作的，于是他就开始思考如何才能突破这种局限性。在球形手推车工作时，戴森想到了一个主意。为了提高耐用性，人们经常对许多产品进行粉末涂层，然后再进行加热，但这样粉末经常会喷的到处都是。为了解决这一问题，很多企业都会使用到工业吸尘器。粉尘涂层供应商告诉戴森，他们的客户利用气旋来收集粉末。

气旋清洁系统能让空气在一个分离室中旋转，从而将从尘埃颗粒从气流中分离出来。戴森的系统工作原理图 5-9 所示。

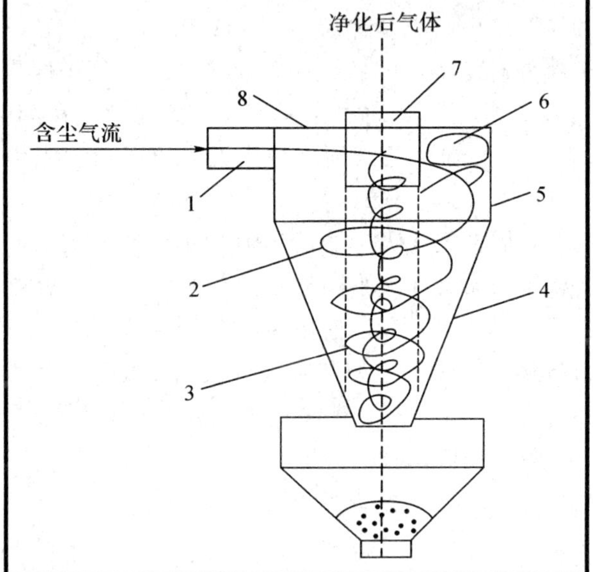

1—进气口；2—外涡旋；3—内涡旋；4—锥体；
5—筒体；6—上涡旋；7—出气口；8—上覆盖

图 5-9　气旋分离灰尘原理

地面附近的灰尘和空气都会进入吸气口，然后通过软管进到分离室；含尘气流首先进入主灰尘分离室，较大的灰尘颗粒会在这里沉淀下来，而含有细微尘土颗粒的空气则从这里进入气旋室；在气旋室里，旋转作用把细小的灰尘颗粒从空气中分离出来，将灰尘向外排除，而干净空气将从气旋室中间部分排出。

戴森真空吸尘器使用了两个气旋和多个过滤系统来收集灰尘。尽管第一个旋转室可以捕捉大的灰尘颗粒，但是会有细微的灰尘无法分离。解决这一问题的办法是增加一个小气旋室，戴森花了好几个月才想到了这一主意。但是关键之处在于把这种想法应用于实践，让一部分粉尘通过第一个气旋室并且在第二个气旋室中分离，并且这一过程要在一个小的家用电器中实现。最终，经过多次试验和失败后，一个气旋式真空吸尘器诞生了。当空气和灰尘被吸入机器后，第一个气旋室分离大的灰尘颗粒，然后将之沉淀在机器罐的底部，而那些细小的灰尘会在第二气旋室中被彻底分离。

这种技术利用了多个可更换的马达毛刷式排气过滤器，以除去更细微的灰尘颗粒。除尘后的空气非常干净，可以用来冷却马达。离开发动机后的空气通过 HEPA（High

Efficiency Particulate Air，高效空气微粒过滤器)过滤掉更细小的空气微粒，最终离开真空吸尘器。

寻找制造商

根据以往经验，戴森认为专利申请要比商业谈判重要得多，能够保证知识产权不被大型跨国公司窃取。

戴森原计划向大型制造公司提供他的专利，作为回报公司应向他支付一定的报酬。戴森希望转让 5—10 年的专利使用权，并获取 5%的产品销售利润以及 4 万英镑的事先款项。此外，他还承诺在由产品原型向产品开发的过程中提供帮助。但不幸的是，很多像胡佛这样的大公司都拒绝了他。有的公司认为戴森是痴人说梦，并指责他的产品存在缺陷；有的公司则希望以更少的代价换取他的专利使用。因此，戴森和这些公司之间很难达成一致，而主要问题在于公司的研发专家和戴森之间关于知识产权保护存在争议。

戴森的产品原型存在不少约束条件、局限性和其他一些问题，这些都得到了证实。因此有人认为戴森所提的要求过高了。同时，戴森的产品还存在另外一个关键问题——真空垃圾袋。戴森的产品不使用真空垃圾袋，而这些袋子是许多吸尘器制造商的利润来源，因此他们不愿放弃这块肥肉。

在日本获得突破

虽然在英国和欧洲的谈判进展不顺，但是戴森在日本找到了突破口。经过几周的谈判之后，Apex 公司最终同意购买戴森的专利许可，在日本制造和销售戴森的吸尘器产品，并准备把产品命名为 G-force。该家日本制造商的许可，使戴森在几乎都要认输的时候获得了急需的资金回报。而这一笔收入也激励了他决定在英国办厂的决心。不过，根据他们所谈妥的许可协议，戴森无法肯定他所获得的收入是否反映了真实的销售数据。在签订许可协议时，彼此的信任是十分重要的。例如，作家相信他们的出版商会根据销售额支付相应的版税。然而，问题在于谁来统计销售量。显然，是由出版商明确销售量并以此向作家支付费用。这种高度信任的关系也存在于其他许可协议当中。

进入英国市场

积累了一定收入后，戴森决定是时候开始在英国发展了。由于设备制造商没有太多兴趣，戴森决定与两家公司签订合同来生产制造这种吸尘器，其中一家负责生产零部件，另一家进行组装。然而不幸的是，戴森所选取的两家公司出现了很多问题：首先，产品的质量达不到戴森的要求；其次，他们似乎想要戴森与他们签订长期合约。最终，戴森决定自己动手制造和组装产品。他从模具公司购买了制作模具并尝试在英国建立自己的工厂，如此一来就可以保证控制自己命运而不必依赖他人。然而进一步的问题是，筹集资金非常困难。于是，戴森只好尽可能地在政府资助力度较大的地方建立工厂。他曾试图在南威尔士建工厂，但是时任威尔士事务部长的戴维·亨特拒绝了他的资助申请。

这一项目已经花费了他 12 年的时间和 200 万英镑的资金，戴森再次被迫思考这么做是否值得。

经过几个月的协商谈判后，一位银行经理同意借给他一笔资金。1992 年，第一台戴森无袋式吸尘器成功地走下了生产线。

尝试将产品卖给零售商

拥有了全新的DC01无袋真空吸尘器后，詹姆斯·戴森开始寻找一些英国大型家电零售商，如柯瑞斯、迪克森和科米特，以获取产品销售订单。不幸的是，他们的反应让戴森感到失望。理由很简单，这些零售商认为英国的消费者不会愿意花费两倍多的价钱来购买这种真空吸尘器。所有回应几乎千篇一律：消费者对他们的现有吸尘器很满意，为什么要花费两倍多的价钱来购买你的产品呢？如果你的技术真有那么好，胡佛或是伊莱克斯早在几年前就应该想到了。

最后，终于有几家家用产品目录公司同意为戴森的产品编写专栏，还有一家名为Midland的电路板商店同意采购几件产品。一开始，产品销量甚微，但是一直稳步上升。最终，John Lewis 百货公司决定采购这一产品。从这时开始，戴森的无袋真空吸尘器销量开始突飞猛进。

有意思的是，在市场营销和产品促销方面，时至今日公司几乎没有花费任何费用。戴森始终坚持强烈的产品导向，他相信只要产品足够好，几乎不需要任何促销。戴森始终不愿意将大量经费花费在广告预算上，只是选择了少量报纸和杂志专栏进行宣传。

竞争反响

随着无袋真空吸尘器的热卖，曾经占据市场支配地位的胡佛和伊莱克斯感受到了前所未有的挑战。两家公司开始对产品技术进行强力捍卫，并声称他们的传统吸尘器比戴森吸尘器更加高效。大多数争议主要通过广告进行，争议的核心问题是清洁效率。胡佛和伊莱克斯公司财力雄厚，可以通过新闻头条进行宣传，特别强调他们的产品具有更强的吸力，因此是更好的产品。毫无疑问，传统的有袋吸尘器起初有比较强大的吸力，但是袋子很快就会堵塞，吸力水平也会随之下降。吸尘效果有两种测量方法，最常见的方法就是测量吸尘器从地面吸附灰尘的清洁效果，另一方法则是测量过滤系统清洁空气的能力，即那些细小的灰尘和过敏源不会再次循环到房间里面。然而，吸尘器之间区别最显著的一点是空气流量，这一点可以通过立方米/分钟(CMM，Cubic Meters per Minute)进行衡量，这是真空吸尘器最重要的性能之一。真空吸尘器中的空气流通量与系统内部的阻力成反比，而与电机产生的吸力成正比。

美国测量与材料协会(American Society for Testing and Material，ASTM)测量了不同类型吸尘器对1000克测试灰尘的吸尘效果，结果表明戴森吸尘器始终保持稳定的空气流量，而其他有袋吸尘器会因为灰尘袋堵塞而产生阻力。

胡佛的无袋式吸尘器

随着销售额和市场份额的逐渐降低，美诺公司和胡佛公司试图通过开发同样的无袋式吸尘器来与戴森进行抗争，如表5-3所示。胡佛从技术转变着手，最开始利用石油工业的除尘技术，即利用离心力技术(与戴森利用的原理相似)从原油中将沙子分离。如今这一技术被运用在胡佛的三重气旋吸尘器中。有趣的是，胡佛的吸尘器无需任何过滤器，这为胡佛重返吸尘器市场主流厂商地位提供了一个技术优势。然而，戴森认为胡佛剽窃了的他的专利，在2000年3月进行了诉讼，最终获得了300万英镑的赔偿。

表 5-3 不同吸尘器的市场份额

品牌		份额/(%)	价值/(%)
戴森	总市场	33.5	53.5
	直立式	51.6	66.9
	圆柱式	13.6	29.8
胡佛	总市场	12.3	9.2
	直立式	16.5	10.2
	圆柱式	8.2	7.1
美诺	总市场	2.1	2.6
	圆柱式	6.1	10.4

戴森和他的竞争者经历了多次专利侵权和广告规范的司法抗争。2000 年 1 月，ASA (Advertisement Standard Association，广告标准协会)针对伊莱克斯公司声称他们的吸尘器是最强有力的一则广告做出了有利于戴森的裁定。同时 ASA 也裁定，电动机的功率并不是真空吸尘器清洁效果的有效指标。

名噪一时

2002 年，戴森开始进入美国市场。2004 年，其吸尘器销量达 100 万台；2005 年公司利润达 1.029 亿英镑，是 2003 年的两倍多，如图 5-10 所示。加之后续的销售努力，戴森在 2006 成为美国真空吸尘器的领导品牌。不同的是，在进入美国市场时，戴森决定不采取任何专利保护。他利用之前 10 多年来建立起来的品牌优势，销售量在 2006 年达到了150 万台。戴森表示，公司在美国市场的成功主要归结于 3000 万美元的广告活动，这与在英国和欧洲采取的策略完全不同。

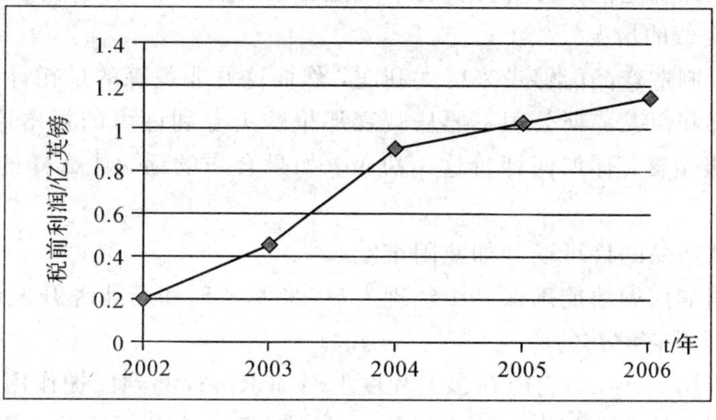

图 5-10 戴森税前利润(2002—2006)

几年后，戴森电器在竞争最激烈的市场——日本——再一次获得了成功。2006 年，戴森成功超越东芝成为日本第三大吸尘器品牌。这一成功主要归结于针对日本消费者而设计的更加小巧的 DC12 吸尘器。在日本，手持的 DC12 成为年度最畅销的地毯吸尘器，超越了日本品牌夏普、三洋等。2006年，戴森的税前利润第一次成功突破1亿英镑大关。集团年终报告显示，该年度销售额增长9%，税前利润增加了19%，达1.15亿英镑，发明者本人除了每年2900万英镑的薪资外，还享有3000万英镑的分红。四年里，企业利润几乎翻了三倍，当时整个团队创造了4300万英镑的税前利润，这主要源自于在美国和日本的成功；营业额也从1993年的240万英镑蹿升至5.15亿英镑；企业出口量在过去三年中增长了3倍，占目前营业额的80%。

总结

詹姆斯·戴森最终确信所付出的一切都是值得的。然而在那15年期间，有很多时候他都想要放弃。1980—1992年是他最艰难的时候，甚至他的家庭都面临着巨大的压力。幸运的是，他们顽强地挺了过来，有力地反驳了没有背景、资源和关系的人注定会失败的说法。很多人都有很好的想法，但只有一小部分人获得了成功。这种成功常常与当事人是否坚定有很大关系，但是有时候即使做出了很大努力，结果也事与愿违。

戴森在研发上投资巨大，他认为这是成功的关键。但不是所有的公司都同意这种说法，因此对研发的投入不尽相同。戴森始终把创造力放在首位，这是与其他公司的区别，也解释了为什么他始终要坚持每年巨额的研发投入。戴森将近17%的收入用来支持公司的研发工作，是英国平均研发支出水平的十倍。其结果就是，公司能够提供的产品从一个上升到了十几个，均是垂直或卧式真空吸尘器，且每一个都比它的上一代产品更加精良，技术更加先进。

参考资料：Dyson，J.（1998）Against the Odds，Orion Books，London；Sunday Times（2000）Dyson bags ruling on Electrolux，Business Section，24 January，1；Wallon，H.（2006）Dyson cleans up with £31m payday，Daily Telegraph，1 November，Business section，4.

问题

（1）试列举戴森曾经克服的主要困难。

（2）试描述在戴森之前，成熟吸尘器市场上创新与新产品研发的类型特征。有没有其他产业也存在着类似的情况？

（3）自己动手制造产品能够带来巨大利润，然而这并非戴森的最初计划。试解释原因。

（4）解释胡佛和伊莱克斯公司不愿从戴森那里购买专利许可的根本原因。胡佛公司开发出了三重气旋吸尘器，你如何评价这一决策？如果合作的话，什么样的分成对戴森和胡佛双方是合理的？

（5）为什么新产品的许可谈判如此困难？

（6）讨论公司如何做才能确保高级经理人员（采购经理和新业务开发经理）不会错过令人振奋的新技术以及它潜在的商业利润？

（7）专利的作用是什么？它能在多大程度上对知识产权起到保护作用？

（8）并不是所有的企业都会对研发进行投入。对于一个公司而言，研发投资应达到什么水平？

（9）解释戴森在进入美国市场时所采用的市场进入策略。

第 6 章 创新战略管理

学习目标

※ 企业的生命周期特点
※ 创新在改变企业生命周期中的作用
※ 战略与公司战略
※ 创新战略及其要解决的问题
※ 常见创新战略类型

大多数创新，不管是产品创新还是服务创新，都会经历相似的生命周期，从萌芽到成长，从成熟到衰落。创新的生命周期形成了产品生命周期、产业生命周期和企业生命周期的基础。依赖某项创新而兴起的企业，往往也会随着创新生命周期的终结而走下历史舞台。一个企业要想生存和成长，必需时刻考虑变革他们所提供的产品，以及生产和把产品送到消费者手中的方式。那些生命力长久的企业，无不在创新的舞台上长袖善舞。当一项创新衰落之后，马上又会抓住另外一次创新机遇，重新绽放生命的奇迹。这是运气使然，还是企业内在管理发挥了作用？事实证明，这些持续成长的企业无不站在战略的高度来看待创新。时至今日，创新战略管理已经是企业的重要管理职能之一。本章将对企业创新管理战略的意义、本质和类型进行阐述。

6.1 创新战略与企业成长

生命周期理论是管理当中常见的一个理论，可以用来解释和预测产品或者企业生命期限内不同的发展阶段。其中，产品生命周期是最常见的一种生命周期。产品生命周期(Product Life Cycle)简称 PLC，是指产品从进入市场到最终退出市场为止所经历的市场生命循环过程。一种产品进入市场后，它的销售量和利润都会随时间的推移而改变，呈现一个由少到多、由多到少的过程，就如同人的生命一样，由诞生、成长到成熟，最终走向衰亡，这就是产品的生命周期现象。产品只有经过研究开发、试销然后进入市场，它的市场生命周期才算开始。产品退出市场，则标志着生命周期的结束。

伊查克·爱迪思博士(Ichak Adizes)是公认的企业生命周期理论的创始人，曾用 20 多年的时间研究企业如何发展、老化和衰亡。他在《企业生命周期》一书中把企业的生命周期分为十个阶段，即孕育期、婴儿期、学步期、青春期、壮年期、稳定期、贵族期、官僚化早期、官僚期和死亡期。爱迪思准确生动地概括了企业生命周期中不同阶段的特征，并提出了相应的对策，揭示了企业生命周期的基本规律，阐述了企业生存过程中基本发展与制约的关系。

伊查克·爱迪思给我们提出了一个值得深入思考的问题：企业为什么会经历生命周

期？从创新管理的视角来看，企业所赖以生存的创新的生命周期变化对企业生命周期起着根本性的支配作用。

以基于某项技术的产品创新为例，我们来分析创新的生命周期变化。创新所依赖的技术存在着生命周期的概念，这一概念意味着随着时间的推移，技术提供性能改善的能力会发生变化。在生命周期的早期阶段，通过工程努力实现性能改善的潜力很高，连续不断的工程努力投入会得到更多的性能改善。这就是众所周知的“学习曲线”效应，主要是因为新技术不断地得到更好的理解、更好的控制和更多的扩散应用。但是到达某个阶段以后，性能改善/工程投入比例开始下降。再之后，更多的工程投入只会产生递减的性能改善回报。这意味着，该项技术已经达到了自然极限，技术成熟了，如图 6－1 所示。

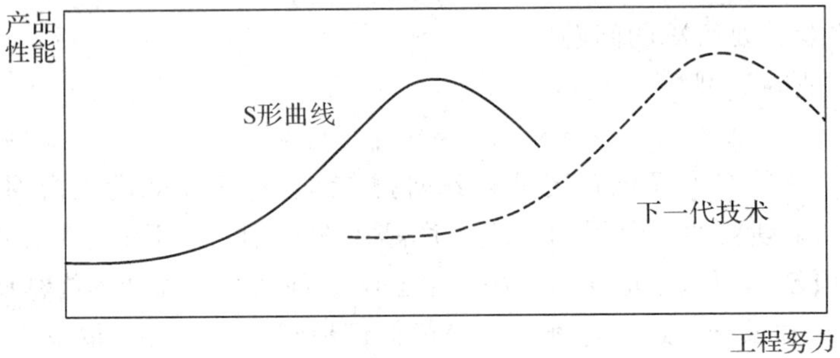

图 6－1　技术创新的生命周期

为什么技术会成熟？

Foster(1986)指出技术之所以会成熟是因为技术有一定的物理极限。以航海技术为例，船只速度受到风速和水流的自然限制。19 世纪时，往来于中国与欧洲的运茶快船是当时速度最快的船只，代表着航海技术的最高水平。但是快船最终被蒸汽船所替代，因为蒸汽船使用蒸汽而不是风力作为动力来源。当一项技术成熟后，绩效提升的空间就会越来越小，需要使用新技术的根本性创新来替代。第二次世界大战时期，活塞引擎航空器代表着螺旋桨技术所能达到的速度极限。如果想飞行得更快，就需要新的技术，这种新技术就是喷气引擎，由英国的惠特尔和德国的冯·奥亨首创。喷气引擎与活塞引擎的工作原理完全不同，需要新的技能、新的知识和新的材料，当然这种技术也拥有更高的潜能，能推动航空器更快速地飞行。

Sahal(1981)认为技术成熟是因为产品规模和复杂性问题所致。规模是指为了追求产品性能提升，产品变得非常大；复杂性是指产品拥有越来越多的部件。为了避免规模和复杂性带来的问题，就需要根本性创新的出现以摆脱现有技术的极限。

Christensen(1997)则提出技术的 S 形曲线不仅拥有描述技术演变的价值，而且还拥有一定的预测价值，即技术的 S 形曲线可以用来预测创新的过程和演变路径。当 S 形曲线达到转折点时，意味着现有技术已经成熟，性能改善/ 工程投入比即将开始下降。此时，现有技术依旧有效，但是已经到了寻找替代技术的时候，问题只是在于如何识别和发展新的替代技术。无法预期新技术的出现常常被视为在位企业之所以失败的原因，通常也是新进入企业的优势来源。持续成长的企业更是在原有技术彻底衰落之前，就已经开始了新的替代技术的开发，从而实现创新周期的叠加和不间断。

6.2　战略与创新战略

6.2.1　战略与公司战略

在西方，“Strategy”一词源于希腊语“strategos”，意为军事将领、地方行政长官。后来演变成军事术语，指军事将领指挥军队作战的谋略。在中国，战略一词历史久远，“战”指战争，略指谋略、施诈。春秋时期孙武的《孙子兵法》被认为是中国最早对战略进行全局筹划的著作。

战略性决策具备长期影响，常常关乎人数众多，因此属于重大决策。正是由于战略性决策影响意义重大，所以一般由组织最高层管理人员完成，尽管组织内部较低层级的个人和小组可能受到很大的影响。

如图 6－2 所示，大多数组织内部的典型战略或者战略决策可以按照一定的层级进行排序：最高层的公司战略、中间的职能战略和作为基础的产品战略。

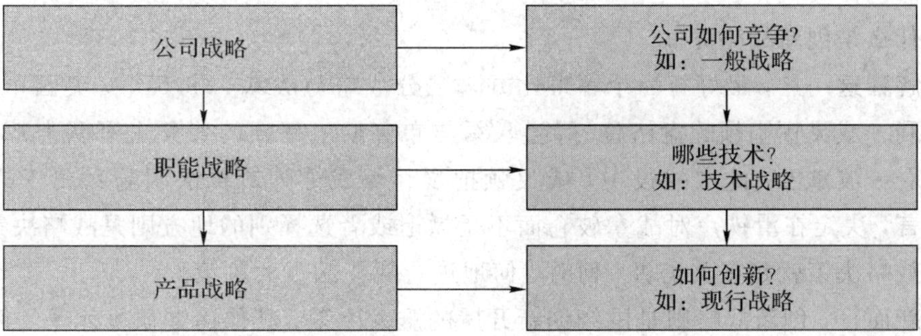

图 6－2　战略层级

正如名字所示，公司战略是指有关公司整体的战略，特别是指公司如何实现其长期目标，如成长目标、国际化目标等相关战略。实现上述目标，公司战略只需要解决一个问题：公司如何进行竞争？只有竞争成功和击败竞争对手，公司才有可能成长。

对于既定公司战略，会有相关的职能战略，这些职能领域涵盖市场营销、人力资源和生产等。职能战略层级位于公司战略之下，决定各职能部门如何支撑整体公司战略。以营销战略为例，为了实现公司整体战略，通常营销战略会明确与消费者和竞争对手互动的一系列目标、政策和行动。营销战略的目标是整合一系列营销活动，如广告、推销、促销、市场研究、市场计划以及市场沟通等，以实现市场目标。同样，其他职能战略也会采用相应的战略方法管理对应的职能领域。

职能领域当中有一个技术职能部门，其所对应的战略为技术战略。技术战略就是公司所使用的、为客户提供产品和服务的技术的有关决策。这些决策往往包括公司应该采用哪些技术？公司在技术上投资了多少？公司如何开发技术？

Burgelman 等(2001)提出，技术战略与公司所选定的整套技术能力有关。几乎所有的公司都会使用一项或者多项技术，然而其中只有某些技术对公司来说至关重要，能够从实质上影响公司的技术优势。这些核心技术形成了公司技术战略的焦点，公司技术战略应该注重这些核心技术的长期研发，并形成公司的技术池。在这种背景下，核心技术研发主要涉及宽度和深度两个问题。宽度主要是指核心技术的范围。如果技术池高度专业化，则可以设定较窄的研发宽度；如果技术池包含许多不同的技术，则可以设定较宽的研发宽度。同样，深度则主要是指相应技术的研发技能水平，它包括较浅的研发深度(研发技能较少)和较深的研发深度(密集的研发技能)。如果技术是产品或者服务的重要特征，如计算机、航空、生物技术等高技术产业，那么技术战略对于组织竞争力至关重要。

职能战略之下的第三个层级是产品战略，负责产品或者服务的长期研发。产品战略类似于产品发展路线图，标明了产品或者服务的长期发展趋势。也就是说，产品战略明确了长期产品研发的未来前景以及如何与公司整体发展战略的契合。这涉及产品预期生命周期、产品竞争策略、衍生产品、产品细分市场以及生产技术等。产品策略与创新类似，也可能容纳了产品创新策略的部分细节。因此，创新策略就是更大、更广阔的产品策略中不可或缺的一部分。

6.2.2 创新战略要解决的问题

那么什么是创新战略呢?

为了解释这一点，最好打一个军事比方来区分战略与战术。1815 年，英国军事家阿瑟·韦尔斯利·威灵顿率领的盎格鲁-荷兰联军与布鲁彻尔率领的普鲁士军队击败了法国军事家拿破仑·波拿巴。此次战役中，威灵顿把步兵编成方阵对抗法国骑兵属于战术行为，相比较而言，决定在滑铁卢对战拿破仑而不是撤退或者选择别的地方则是战略决策。因此，军事上的战略决策就是有关是否、何时、何地进行战斗的重大决策。

对创新而言，创新战略则是围绕创新开展的重大决策。其他诸如研发水平、创新类型、知识产权形式等则属于战术决策，尽管非常重要但是不属于创新战略。创新战略是更大、更广阔和更长期的问题。如果创新的战场就是市场的话，那么创新当中的是否、何时、何地进行战斗的重大决策就是：

- 公司是否进入某个市场?
- 什么时候进入?
- 从哪里进入?

第一个问题看似简单，但是最为重要，也是必须要回答的问题。通常，公司有了创意或者技术发现之后，会依靠自身资源，亲自把创意转化为商品供应到市场上来。但是，有时候让另外一个更有优势的公司，如更具资金、品牌或者技能优势的公司，去实施创新更加合适。这种由另外一个公司完成或者借助于外部路径进行的创新，就是一种开放式创新。图 6-3强调了依托外部路径创新和由公司实施创新在战略上的区别。第二个问题也是比较重要的问题，然而进入市场的时间安排很少有人问及，通常认为抢先进入市场就是最佳策略。但是，我们很快就会发现先行者策略并非总是最优的。最后，从哪里进入市场并不是一个在哪里进行创新的地理位置问题，而是指创新者从全方位进入市场和瞄准某个细分市场两者之间进行选择的问题。

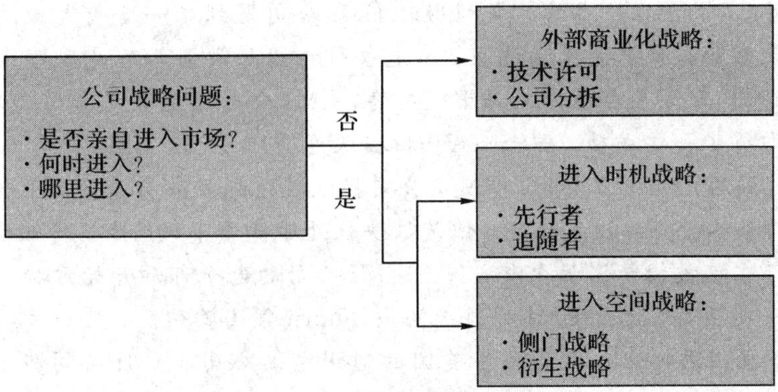

图 6－3　创新战略及其内容

这些问题看似平淡无奇但是至关重要。市场不是创新的单纯接受者，创新市场也充斥着不确定性，从而使这些问题成为战略性问题。我们只需深思一下没有考虑这些问题或者给错了答案所带来的后果就可以发现，不仅历史上存在大量被市场拒绝了的失败创新，有时候创新失败的后果也是灾难性的。特别是以公司作为创新战略赌注的时候，创新失败意味着整个公司的倒闭。比如英国航空器制造商迪哈维兰生产的彗星式飞机，这是世界上第一个商业化喷气式飞机，比其竞争对手美国制造商生产的波音飞机早进入市场 6 年。一经升空，彗星式喷气飞机就以比当时流行的活塞式引擎飞机更快的速度和更舒适的环境改变了航空旅行。但是，一系列空难导致迪哈维兰彗星式飞机被搁置。调查表明，该飞机存在一个设计瑕疵。由于对于高速飞行的技术不熟悉，飞机设计师低估了施加在飞机框架上的压力，导致了金属疲劳的产生。尽管后来设计师对设计进行了修正，但是已经太迟了。波音公司的工程师从错误中吸取了教训，生产出了容错性更强、更加可靠的飞机。最终波音 707 的销量超过了迪哈维兰彗星式飞机数十倍，并成为商业化喷气式飞机的航空工业标准。

小案例

以公司做赌注：百代唱片和 CAT 扫描仪

百代唱片公司全称为 Electrical and Musical Industries 公司，即电子与音乐工业公司，以名下的数位知名签约艺人为人所熟悉，其中包括 1960 年签约的当时尚无名气的披头士乐队。其实，EMI 公司的电器产业和音乐产业一样，均是公司业务的重要部分。EMI 公司曾经有过辉煌的业绩，在二次世界大战期间首创了航空雷达，并积极参与早期的计算机研发。出生于英国诺丁汉的戈弗雷·豪斯菲尔德(Godfrey Houndsfield)是公司计算机领域的资深研发工程师，他最早开发了模式识别软件——人工智能的先期雏形。这项研究工作引导着他继续探索模式识别与图像处理的结合领域，其中包括 X 光线生成图像技术。

豪斯菲尔德要做的是把 X 光线设备与计算机连接起来。传统的 X 光线设备通过围绕患者头部 160 度移动产生连续的图像并将其存储在计算机上。豪斯菲尔德和他的研究小组使用模式识别软件对这些数据进行处理，最终呈现出大脑跨区域的集成图像。所形成的大脑三维图像相对于传统的二维图像是一大进步，EMI 公司意识到这是一个意义重大的发明，因此开始申请专利保护。

但是，在对CAT扫描技术的开发利用时EMI公司遇到了一些重大挑战。他们在医疗设备市场上缺乏经验；尽管也制造设备，但是仅限于国防设备而不是医疗设备；同时开发一款商业上可行的CAT扫描仪相当昂贵。最终，EMI公司还是决定自己开发利用该技术。一开始，EMI取得了一些成功，首台CAT扫描仪发布四年内，EMI公司电子部的销售额就翻了四倍，达到两亿七千万英镑。但是，公司很快就遭到了来自成熟企业如通用电气、东芝等的激烈竞争。尽管产品技术优越，但是很快就处于竞争下风，市场份额遭遇瓜分。虽然戈弗雷·豪斯菲尔德被授予诺贝尔奖，但是EMI公司的电子部却开始亏损。加之当时其他部门也出现了一些问题，于是EMI公司很快被Thorn集团收购。不到一年，EMI就撤出了医疗设备市场，把扫描仪业务出售给了美国的通用电器公司。EMI公司投资开发CAT扫描仪技术，实际上是以整个公司为创新下赌注的案例，但是最终却以失败而结束。

6.2.3 创新战略与竞争优势

面对市场环境的变化，许多资深高层管理者深谙只有创新才能帮助企业度过危机、保持不断增长的理念。下面摘录了一些他们关于创新的观点：

> 我清晰记得，在宝洁公司30年的职业生涯中，我们有最强大的创新计划，并在创新计划的引导下持续不断地投资，推动全公司的不断成长。
>
> ——保洁公司CEO鲍勃·麦克唐纳

> 阿迪达斯人对运动有着清晰、简单和坚定不移的热情。正是在这种精神的感召下，阿迪达斯50年来持续不断地从创新中获益，并始终站在科技前沿。
>
> ——阿迪达斯公司(Adidas官网)

> 创新是我们的命脉。
>
> ——西门子公司

> 我们评价公司高层领导的一个标准是想象力。富于想象力的领导有勇气投资新的创意，领导团队发掘新的创意并且开展一些必要的冒险。
>
> ——通用电气总裁杰夫·伊梅尔德

> 是创新区分了领导者和追随者。
>
> ——苹果公司总裁史蒂夫·乔布斯

> 只有偏执(追求创新)者才能获得生存！
>
> ——英特尔公司董事长安迪·格鲁夫

不难看出，上述企业对创新都有着独特的理解和观点，这些公司的共同之处在于他们从创新战略中获得了巨大成功。竞争优势理论表明，企业的竞争优势可以来自于规模、资产以及其他资源，但是越来越取决于企业能够充分利用知识、技术和经验来推出新产品/服务的能力。对美国 25 个行业的创新领先企业的研究表明，这些公司不仅在年度绩效上超越了竞争对手，同时股价也节节攀升。一般而言，企业股价增长率大约稳定在 40%～70%之间，但这些创新型企业的股价增长率却平均高达 130%。

创新在许多方面发挥着作用。例如，研究表明新产品与市场绩效存在着很强的相关性，新产品能够帮助企业夺取或者保持市场份额，增加企业在市场上的盈利能力。对于成熟市场和现有产品而言，市场增长不仅仅取决于较低的产品价格，更取决于其他一些非价格因素，如说产品设计、个性化和产品质量。当今世界，产品的生命周期越来越短，比如说特定款型的电视机或者计算机的寿命周期只能用月来衡量，即使比较复杂的汽车开发年限也仅为数年，因此频繁推出新产品来替代旧产品的能力就显得十分重要。这种“时间竞争”越来越要求企业不仅能够推出新产品，而且还要求企业比竞争对手更快地推出产品。

与此同时，企业所处的环境也在不断变化，新产品研发已经成为企业的一种重要能力。社会经济环境的变迁，如人们的信仰、期待和需求等变化，为企业创造了机会，也形成了约束；立法有时候会为企业开启一条道路，有时候则会关上一扇大门，如越来越要求环境友好型的产品；竞争对手有时候会推出一款新产品，对现有产品的市场位置形成威胁。以上种种，都需要企业通过产品创新加以应对。

尽管产品创新被视为市场上创新的前沿，但流程/工艺创新同样发挥着战略性作用。能生产其他企业无法生产的产品，或者能以更好的方式进行生产，两者都是竞争优势的重要来源。例如，20 世纪后期，日本在汽车、摩托车、造船和电子消费品等许多产业中都占领了支配地位，这在很大程度上得益于日本卓越的制造能力，而后者则是一系列工艺创新的结果。丰田(Toyota)、本田(Honda)和尼桑(Nissan)等汽车制造厂商凭借其先进的制造系统，在一系列生产效率和产品质量的指标上均有一至两项超过了平均水平。此外，一些诸如牛津仪器这样的小公司之所以能够在竞争激烈的市场上生存下来，主要是因为其生产的产品工艺相当复杂，新进入者很难学习和掌握他们的技术。

同样，能够提供更快、更便宜或者更优质的服务，长期以来也被视为竞争优势的重要来源。花旗银行(Citibank)是世界上第一家推出自动取款机(ATM，Automatic Telling Machine)服务的银行，并依托该创新形成了强有力的技术领导者地位。贝纳通(Benetton)是世界上最成功的零售商之一，其成功的保障之一就是以精细的信息技术为主导的生产网络，公司花费了近 10 年时间进行该系统的创新；西班牙公司飒拉(Zara)也采用该模式获益匪浅。美国西南航空公司(Southwest Airlines)相对于其竞争对手而言规模较小，但在航空市场上也占领了一席之地，究其原因是因为该公司率先推出了许多服务创新，有效减少了飞机的周转时间和飞行成本。后来西南航空公司的模式被纷纷效仿，成为新一代航空公司的服务模板。对原本追求温暖舒适的航空旅行市场而言这项创新是一场变革，推动了经济廉价的旅行市场的形成。

同样值得注意的是，随着竞争者的模仿，率先创新所带来的优势将会逐步消散。除非企业能够保持不断地创新，否则就有可能因为竞争对手推出更新的产品、采用更好的工艺或者更好的业务模式而陷入被动。例如，近年来在银行业能占据领先地位均是那些能够充分利用信息技术的银行，其中又以证券和股票交易等能带来丰厚利润的银行业务为主。

表 6－1 总结了企业通过创新获取战略优势的不同方式。

表 6-1　创新带来的战略优势

创新方式	战略优势	示　例
新产品或者新服务创新	提供别人无法提供的产品	第一次向世界提供随身听、移动电话、自来水笔、照相机、洗碗机等新产品；或者电话银行、在线销售等新服务
新工艺创新	以优于他人的方式提供产品：更快、更便宜或者更加个性化	如英国皮尔金顿公司的浮法玻璃工艺、贝塞麦的炼钢工艺以及网络银行、在线书店等
复杂性创新	提供其他人难以掌握的产品	如罗尔斯罗丽斯航空发动机：只有屈指可数的几个竞争对手掌握了航空发动机所涉及的机械学和冶金学技术
知识产权的司法保护	提供非经授权无法生产的新产品	医药产品 Zantac、Prozac、威哥等
增加或者拓展竞争因子	把竞争基础从产品价格转向质量、选择余地等	如日本汽车制造商把产品竞争由价格转向质量、选择的灵活性和多样性，缩短新产品发布周期，经常用新产品取代自己的老产品
时机把握	先行优势：作为第一家推出产品的公司，能够获得显著的市场份额 快速跟随优势：先行者可能会遇到一些意料外的先期麻烦，有时候密切观察别人错误然后快速跟进更有意义	亚马逊、谷歌：尽管其他企业可以跟进，但是先行者已牢牢把握竞争优势 个人数字助理（Personal Digtal Assistant，PDA）：吸引并形成了快速成长的巨大市场，但是功能最终被整合进了移动电话和平板电脑中。事实上，PDA 的概念和设计源自于苹果公司命运不佳的 Newton 系列产品，但是软件问题尤其是手写识别最终导致其失败
稳健设计/平台设计	提供一种平台架构：其他变异和新产品能够在其上运行	随身听架构：从 MiniDisc、CD、DVD 到 MP3 都运行于该框架之下 波音 737：销量最成功的飞机，尽管历史已经超过 50 年，但是该设计依旧被不同的用户接纳和采用 Intel 和 AMD 公司推出同一族内一系列不同的微处理器
重改规则	提供一种全新概念的产品或者工艺，作为全新的处理方式彻底淘汰旧有方式	计算机文字处理淘汰打字机，冰箱淘汰采冰和制冰行业，电灯淘汰汽灯和油灯等
重新规制流程	重新考虑系统内部分工方式：例如构建更有效率的网络、外购或虚拟企业的协调工作等	服装行业的 Zara，计算机产业的戴尔和丰田的供应链管理等
转移应用	把现有要素应用于不同的市场	如把聚碳酸酯轮子从行李滚轮转移到儿童玩具应用上

如表 6-2 所示，当今社会，企业开展竞争所处的环境发生了重大变化，知识产生的速度不断加快，市场不断向“金字塔底部”的新兴市场扩展，消费者需求日趋多样化和分散化，网络经济不断助推着市场的虚拟化，这导致企业创新活动更加踊跃，创新也更加成为企业赖以生存的生命线。

表 6-2　创新环境变化

环境变革	示　例
知识生产加速(Acceleration of Knowledge Production)	根据经济合作与发展组织(Organization for Econonmic Co-operation and Development，OECD)估计，每年约有 7500 亿美元(公共和私人部门)用于新知识生产，因此大大延伸了技术前沿，使突破性技术产生的可能性大大增加
知识生产的全球性分布(Global Distribution of Knowledge Production)	越来越多的国家开始参与到知识生产中来，尤其是金砖四国 BRIC(Brazil、Russia、India 和 China)这样的一些新兴经济体。因此，创新机会搜索的空间更加广泛，知识工作者更加集中地分布于一些新的区域。例如，微软在上海设立了第三大研发中心，雇佣了数千名科学家和工程师
市场拓展(Market Expansion)	传统的商业世界主要集中在受过高等教育的 10 亿人身上，他们代表了足够富裕的消费者群体。但是，现如今世界人口已经超过了 70 亿。市场增长开始日益向一些非传统的区域如亚洲农村、拉丁美洲和非洲靠拢。掌握这些区域的需求和约束在市场知识上形成了新的挑战
市场分散化(Market Fragmentation)	全球化极大地扩大了市场范围，但是也提高了市场的分散化程度。市场差异化程度的提高迫使市场搜索活动开始涵盖更多地区。这与传统经验大大不同，因此企业必须关注“金字塔”底部一些广阔的新兴市场，或者所谓的“长尾”，即数量众多的个体或者较小的目标市场，他们的需求和期望与传统市场存在高度差异
市场虚拟化(Market Virtualization)	大规模社交网络的兴起为市场研究带来了新的问题。例如，Facebook 每日用户已突破 10 亿人，形成了一个超级人口大国。平行世界社区的出现也带来了新挑战，如 Second Life 拥有 600 万居民，魔兽世界也拥有超过千万的玩家
活跃用户的兴起(Rise of Active Users)	尽管很久以来用户就被视为创新的源泉之一，但是近年来用户在创新中的作用有加速的迹象。例如，Linux 的成长就是以用户主导的开发社区集体开发的结果。在诸如传媒这样的产业中，用户和创造者的界限越来越模糊，例如 YouTube 上每天约有 1 亿个视频被浏览，同时每天用户群上传的视频也有 7000 多万个
对可持续问题关注度的日益提高(Growing Concern with Sustainability Issue)	资源与能源可得性的重大变化促进了有关可替代能源以及节能技术的研究；人们越来越意识到高速与不可持续的经济增长带来的负面影响；对气候变化的关注；人口增长带来的生活水平可持续性问题；在污染物排放以及碳足迹等领域的管制日益加强
技术与社会基础设施不断发展(Sustainable Development of Technology and Social Facilities)	互联网以及宽带等信息技术强化了人们之间的联系，推动了替代性社会网络的形成；仿真与原型构建技术的发展使用户与生产者之间的划分越来越模糊

6.3 常见创新战略

6.3.1 外部商业化战略与渠道选择

1. 外部商业化战略的适用条件

创新决策中最重要的问题就是公司是否要亲自对某项创新实施商业化，从而进入一个全新的市场。对于创业型小企业而言，借助创新找到进入市场的机遇是合乎逻辑的选择；而对于已经有若干产品线的大企业而言，答案未必是肯定的。有时候把创意或者技术发现交给外部力量实施商业化更加合适，这就是外部商业化战略。企业采用外部商业化战略的原因主要有以下四个方面：

- 缺乏资源

能够研发出技术的公司未必能够顺利地将技术实现商业化，因为开发利用技术需要的不仅是资金，还需要设备、员工、商业运营经验与能力，而这恰恰是中小企业(Small and Medium Enterprise，SMEs)所缺乏的。而且，许多小企业不仅缺乏资金，还缺乏融资渠道。而大企业即使一时资金匮乏，也能够借助自身威望、品牌从多种渠道很快募集到所需要的资金。

- 缺乏知识

前面我们提到创新涉及发明和商业化两个阶段，而这两个阶段所需要的知识和能力是截然不同的。技术研发公司拥有产品研发的知识，但是可能没有关于产品制造、营销以及配送渠道的知识。很多时候，科学家和技术人员开发出了新的技术，但是缺乏商业背景，无法对技术进行开发。考虑到创新通常是由局外人发起的，所以毫不奇怪缺乏商业化知识就成为一个制约问题。

- 与公司战略不匹配

有时候技术所应用的市场过于狭小、过于遥远或者过于专业化，对于研发出该技术的公司而言几乎没有什么价值。在这种情况下，对技术进行后续开发将会与公司的发展战略无法匹配。

- 市场无法到达

如果技术的应用市场跨越全球，而公司又没有服务所有市场的全球化能力。在这种情况下，对公司而言，最好的选择是出售技术而不是投身于专业化的市场。

2. 外部商业化渠道选择

一旦公司认为自己动手开发这些技术是不明智的，而应该把技术转移给第三方完成创新的过程并把产品推向市场，公司就有若干种路径可以采用，其中最常见的办法是技术许可和公司分拆。

1）技术许可(Licensing)

是否采用技术许可取决于知识产权的可控制程度。如果公司能够控制他们的知识产权，就可以采用技术许可方式。如在专利保护到位的情况下，一家公司可以许可另外一家公司使用他们的技术制造产品。在许可条款下，专利持有者通常拥有技术的所有权，但是允许被许可人在向专利所有者缴纳专利许可费的前提下，在产品或者服务生产中使用该项技术。在专利许可合同中，常见的许可费缴纳方式是按照产品销售价格的一定比例进行缴纳，一般该比例为 3%～10%。许可协议中通常也会对专利许可费的下限作出相应的规定(与销售额无关)，从而确保发明家至少能获得一定报酬。但是，具体的费用安排则视情况而定。如果出售技术的公司认为许可所涉及的产品或者服务不确定性水平较高，则可以收取较高的入门费和较低的产品价格比例费用。

技术受许可方通常拥有技术持有人所不具备的资产，包括知识、金融资源和动机。

· 知识

这种知识可能是大量市场参与带来的市场知识，可能是在某个特定市场工作的专业知识，也可能是多年行业经验产生的生产知识。不管是哪种知识，这种知识很可能是隐性知识，而不是通过学习就能够获取的显性知识。由于隐性知识需要较长的时间才能获取，并且不易编码，无法通过常规学习消化吸收，所以最好是把专利许可给拥有此类知识的人。

· 金融资源

金融资源可能是现金，也可能是贷款或者是股本。但是，它必须是满足创新所需要的某种形式的长期资本。对于创新而言，常规的资金渠道可能并不适用，尤其是创新存在高度风险时。在这种情况下，创新需要一种“有耐心的资本”(Patient Capital)，也就是说提供资本的投资者必须愿意等待很长的时间才能获得投资回报，这主要是因为创新需要花费很长的时间才能产生效益。当然，拥有此类资本和能够接触拥有此类资本的人或组织绝不是同一种情况。

· 动机

寻求技术开发的人必须有一定的动机，特别是要有亲自动手开展该项创新的动机。创新是一个长期而艰难的过程，因此必须有一个动机支撑创新的全过程。尤其是当创新需要相当的商业头脑时，这种动机就更加重要。发明家从其自身来看往往喜欢发明，但是对于商业决策就没有那么感兴趣了。在这种情况下，技术的开发利用问题最好还是交给第三者解决，如技术专利受许可人。

根据 Cesaroni 的研究，与自行开发相比较，技术许可作为一种对自有知识产权技术的利用方式，其原因主要有三个：

· 生产与销售中的互补性资产

· 获取互补资产时的交易成本

· 终端产品市场上的竞争

互补性资产是指用以支持新技术产品生产或者销售所必需的资产，包括生产技能、销售技能、产品支持和培训。如果公司缺乏必需的互补性资产，就像詹姆斯·戴森和他的双旋风技术刚起步时那样，那么技术许可比自行开发更加合适。交易成本是指自行开发(外部购买互补性资产)或者技术许可时所产生的交易或者交换成本。如果技术许可的交易成本低于外部购入互补性资产所产生的交易成本，那么技术许可就是更加符合逻辑的选择。最后，如果终端产品市场竞争激烈，那么采用技术许可方式可能更加有利。

以玻璃制造商皮尔金顿为例，他曾经研制出了平面玻璃生产工艺——浮法玻璃工艺。皮尔金顿公司对他们的浮法玻璃工艺进行了大量的技术许可，这主要是因为他们认为技术许可不仅可以为公司带来收入，还能有效阻止其他公司研发替代工艺。这种战略被证实非常有效。1962 年，该工艺第一次被许可给一家外国公司匹兹堡平面玻璃公司；到 20 世纪

90 年代时该工艺已经被许可给 29 个国家的 35 家公司了。此外，皮尔金顿在将技术进行许可的同时，还不忘自行开发，公司本身还经营着 14 个玻璃制造工厂。

近年来，技术许可作为技术开发战略重新燃起了人们的兴趣。研究表明，如今，技术许可已不再局限于那些缺乏技术的小公司，许多大型成熟企业也考虑利用技术许可方式开发外围技术，而把内部资源集中于公司核心业务。

小案例

专注于技术许可的安谋国际科技公司

Acorn Computer 是一家英国公司，也是最早开发出精简指令集计算机(RISC，Reduced Instruction Set Computer)处理器芯片的公司之一。RISC 芯片使中央处理器(CPU)能够快速执行若干常见精简指令，从而有效提升处理器的整体运行速度。当时，中央处理器采用的是全指令集计算机芯片，顾名思义，CPU 硬件要尽量执行每条指令。RISC 的工作原理则大为不同，它只要求 CPU 执行最常用的部分指令，提高了 CPU 的处理效率。

Acorn Computer 公司决定采用衍生企业方式进一步开发 RISC 技术，便与美国苹果公司成立了合资企业——安谋国际科技公司。苹果公司与其合作的主要原因是想在 Newton 笔记本上应用该项技术。与英特尔以及摩托罗拉等芯片厂商不同，安谋国际对该技术采取了创新性的开发利用方式，按照其总经理罗宾·萨克斯比的说法就是“无芯片的芯片公司”。通过技术许可方式，而不是自己制造和销售 RISC 芯片，安谋国际重新定义了微处理器设计、生产和销售的商业模式。技术许可方式使得安谋国际能够更加专注于芯片设计，而把芯片生产交给其他公司去做。依靠该方式，安谋国际获取了市场份额并对许多消费品微处理器形成了有利影响；如汽车、娱乐、图像、安全和无线应用等。使用安谋国际 RISC 技术的日用品包括移动电话、数码相机、DVD 播放器、智能卡片、机顶盒、SIM 卡、扫描仪和桌面打印机等。此外，世界上 80%的手机使用的都是安谋国际的技术。所有的一切造就了安谋国际科技公司：什么也不生产，只对外许可专利技术。

安谋国际的技术受许可方包括摩托罗拉、飞利浦、夏普、索尼和德州仪器等家用产品企业以及专业化的计算机外围设备制造商。安谋国际现在每年销售收入达两亿五千万英镑，在位于英国、法国和美国的设计中心拥有 1650 名员工。

2) 公司分拆

公司分拆(Spin-off)是指一家企业完全设立新的公司去开发一项创新。当创新技术与公司核心技术关联不够紧密时，进行公司分拆是一项相当有吸引的选择，可以避免原公司不必要的资源和精力分散。

为了采用公司分拆的方式实施某项创新，很有必要把技术、开发人员以及相应的公司资源(如装备、设施等)进行“包装”后再进行剥离。通常的做法是把相应的技术、人力及其他资源置于单独的公司中，再把公司整体出售。这就是“公司分拆”的含义，母公司通过出售技术所依托的附属公司的方式处理某项技术。

进行公司出售可以有多种方式：

- 通过 IPO(Initial Public Offering，首次公开募股)方式设立新公司
- 通过 MBO(Management Buy-Out，管理层收购)方式出售给管理人员

· 出售给风险投资 VC(Venture Capital)机构，由后者进行投资并在未来转手销售
· 出售给另外一家企业

公司分拆方式的好处是可以产生相当大的一笔一次性收入，而不是通过技术许可在未来产生收入流。如果母公司急于对其他事业进行投资，那么公司分拆很明显是一种相当有吸引力的方式。

6.3.2　内部商业化战略与时机选择

当公司认为自身具备将创新商业化的条件时，就会决定依托创新进入市场。一旦作出这样的决定，公司就必须考虑在什么时机进入市场及以哪里作为进入市场的突破点。这就涉及了进入时机选择和进入方式选择问题。

就进入时机而言，有两个相对熟知的战略可供选择，即先行者战略和追随者战略。

1) 先行者战略(First-mover Strategy)

顾名思义，先行者战略即公司力争第一个向市场提供新产品或者新服务。这是一种最明显的战略，也是创新者最喜欢采用的战略。直观上来讲，这种战略最受欢迎的原因是许多人都把创新描述为一场比赛，第一个把创新推向市场的就是这场比赛的赢家。在 dot.com 时代，市场先行者战略被再次提及，许多新成立企业纷纷强调第一个到达市场的必要性，也常常为了第一个到达市场而付出巨额代价。

采用先行者战略成功实现创新的公司不胜枚举，如索尼公司的随身听和宝丽来公司的拍立得相机。索尼公司推出的随身听彻底颠覆了音频设备市场。尽管产品后来被很多厂家仿制，但是第一个向市场推出此类产品不仅有助于确立索尼公司的创新声誉，而且造就了索尼公司音频设备市场龙头老大的地位。在 5 年多的时间内索尼公司创造了 2000 万个产品的销售纪录。

先行者战略能给企业带来许多竞争优势。首先，市场先行者有机会建立技术领先地位，更具有竞争力。保持技术领先能够使公司在学习曲线上走得更远，确保比竞争对手更具备成本优势。第二，先行者战略有助于形成技术垄断优势。如果技术进步是自行研发的结果，先行者可以保护和控制技术，可以通过专利和商业秘密的形式阻止竞争对手，用知识产权对他们形成进入壁垒。第三个优势是能够获取稀缺资源，从市场上比后来者更加占优势。这些稀缺资源包括地理位置、供应商和分销设施。第四，市场先行者比竞争对手能提前建立顾客基础。先期建立的市场份额能够锁定消费者，他们在转向其他公司的时候会觉得不方便或者代价太大。上述每一种优势都代表了一种市场进入壁垒，所以只要将先行者战略与创造进入壁垒结合在一起，就可以有效阻止潜在竞争对手。

先行者战略还能够带来其他一些优势，如构建品牌认同；形成消费者偏好和期待；在消费者意识中进行产品定位；定义产品标准，有效规范消费者偏好。此外，还可以通过专利和其他知识产权的获取阻止潜在竞争对手。

尽管从理论上来讲市场先行者战略有许多重大潜在优势，但是在现实当中其有效性非常受限制。很多市场先行者的确第一个到达了市场，但是最终却在市场中遭遇了失败。就学习曲线效应而言，行业之间差距较大，在某些行业当中学习效应非常显著(如航空产业)，但是在另外一些行业中并非如此。此外，稀缺资源以及产品标准优势在现实中也存在这种情况。Suarez 和 Lanzolla 认为，决定先行者战略是否能够奏效的有技术变革速度和市场扩

展速度两个因素。如果技术变革迅速，市场先行者战略就不太可能形成优势，因为快速的技术变革会带来新的竞争对手。这和间断平衡理论联系密切，该理论认为技术突破会打破相对平稳期，带来竞争设计的非平衡。例如，1981 年，奥斯本公司第一个生产并向市场推出了便携式计算机。尽管创新性很强，但是该计算机重达 24 磅，随着笔记本技术的快速发展，很快就被许多更轻的机型所取代。该逻辑同样适用于快速扩张的市场，这种市场为潜在竞争对手进入市场提供了机遇。

由此可见，市场先行者虽然具有许多潜在优势，但是无法肯定这些优势能否真正实现，主要视环境因素而定。因此，潜在创新者必须对创新环境非常熟悉，才能确保先行者战略的成功。

小案例

柯达公司的 KodaVision 摄像机

20 世纪 80 年代早期，最早问世的便携式摄像机（集照相机和摄像机于一体）重达 14 磅，整体尺寸像一个鞋盒。由于重量太大，人们不得不把这种设备扛在肩上进行摄像。这是因为这款摄像机所使用的电子器件及传统的 VHS 或者 Betamax 盒式录像带体积和重量都相当大。这个尺寸对于专业或者半专业用户不成问题，但是无法用于家用录像设备市场。真正适用于家庭用户的便携式手持摄像机的突破来自于摄影业巨头——柯达公司。1984 年 1 月 4 日，柯达公司发布了 KodaVision 2000 摄像机。这款摄像机首次使用了较窄的 8 毫米摄像带，比其主要竞争对手索尼公司早了一年。这种摄像带的尺寸接近录音磁带，远小于当时传统的书本大小的 VHS 录像带，加之新的固态电子器件重量也较轻，因此这款摄像机只有 5 磅重，远远轻于当时所使用的一般摄像机。此外，KodaVision 2000 摄像机不仅更轻巧，同时在图片质量上也没有任何损伤。

柯达公司认为用户会大量购买 KodaVision，因此依据所选配件的不同定价为 1600～2600 美元之间。尽管价格比传统摄像机贵，但是小巧的外形可以说是为家用录像市场量身定做。而且，由于其大小和 Super 8 电影相机差不多，同时更加容易操作，因此吸引了大量业务用户及除业余电影制作者之外的更广阔的市场。但是，由于用户对新技术能够带来的价值无法确定，难以意识到自身对 KodaVision 的需求，其结果是销量让人大跌眼镜，即使柯达公司世界上最大的胶卷供应商地位也无助于提升销量。三年后，柯达公司撤出了该市场，于是只剩下了日本电子制造商索尼公司。两年后，索尼公司推出了手持摄像机，同样使用了 8 毫米摄像带，即现在所称的 Video 8。但此时的消费者却对 8 毫米视频相机技术非常感兴趣，于是索尼的摄像产品在 20 世纪 80 年代晚期和 90 年代早期迅速流行起来。

2）追随者战略(Follower Strategy)

追随者战略又称为后来者战略或是模仿者战略，都是指采用“等等看”的方法，而不是把创新视为一场赛跑，首先跑到市场才是最重要的。这项战略的核心思想是当非连续性技术进步发生、新的创新即将出现时有意减缓创新步伐，其目的在于观察市场和技术如何适应这项创新。只有当市场上的消费者接受程度较高，并且竞争性设计数量开始减少的时候才开始进入市场。但是，追随者战略也不是万无一失的，也会存在彻底落后或者被拒之于市场之外的风险。

后来者战略能够为企业带来后发优势源。首先是“搭便车”效应。后来者可以使用先期进入市场的开创性企业的投资收益，这些投资包括促进市场接受的顾客培育、提供方便产品使用和接触的基础设施及获取管制批准等，这些投资都是为了推进创新的实现。如果这些投资收益无法控制或者限制，那么就会存在"溢出效应"，后来者就会从先行者的工作中受益。其次，后来者战略可以利用信息溢出效益，即随着技术的扩散，后来者研究和开发成本会减少。先行者公司往往很难把对某项技术研发所产生的知识和技能控制在公司内部，当它溢出到公共领域时，后来者就可以免费获取而无需支付前期的基础研发费用。这种搭便车效应会给后来者带来相对于先行者的成本优势。第三个则是学习效应。就像在彗星喷气式飞机的案例中，后来者能够从前人的失败和错误中获取经验和教训。

后来者战略的其他潜在优势还包括对顾客要求更好的理解、不必要研发的避免以及互补性资产的提供。当初始消费者要求不明确时第一个优势就发挥作用。随着时间的推移，这些要求就会明确起来并被后来者加以利用。就研发而言，后来者可以避免"哑弹"，即避免在先行者很难解决的问题上浪费时间和精力。最后还有互补性资产问题。如果创新所发生的市场上营销、制造能力或者售后服务对消费者更加重要，那么后来者比先行者的一个可能性优势就是有更多的时间去开发这种互补性资产。凡此种种，后发优势就把先行者置于不利地位。

如果上述后来者优势是比较容易实现的，那么后来者战略就是最合适的战略。尽管"第一名"有明显的吸引人之处，但是对于创新而言同样会有其局限性。对于企业来说，最重要的是能够判断实现后来者优势的条件是否具备以及什么时候才能具备。

6.3.3　内部商业化战略与市场定位选择

如果说前面所提到的"先行者战略"与"追随者"战略解决的是进入市场的时间问题，那么剩下的一个有待解决的便是"空间"问题，即从什么地方发起创新。是全面进入市场还是从某个狭小的细分市场上突破？是把技术应用于现有的产品线，还是创造出全新的产品？这就涉及了市场定位策略问题。

1. 利基市场战略(Niche Market Strategy)

利基市场战略是新产品进入市场时常用的一种策略。该策略背后的核心思想是通过借助于某个利基市场(Niche Market，又称为小众或者缝隙市场，相对于主流市场 Domain Market 而言)进入市场而不是对整个市场发起全方位的进攻。市场上可能存在着这样一个小众市场，其中存在着一些消费群体，他们的消费需求没有得到满足或者没有得到很好的满足。而创新产品，尤其是新技术带来的根本性创新产品则会具备一些新的产品特性，如移动性、便携性、小型化、更加节能或者更有效率等，由此便可以与其他产品区分开来并吸引特定利基市场的消费群体。由于更能满足这些消费群体的需求，创新产品就可以为他们创造价值从而被消费者购买。这种瞄准利基市场消费群体的做法能够为创新者提供在某个利基市场上建立桥头堡的机会。之后，随着技术的不断成熟、产品成本的逐步下降和产生性能的逐步提升，产品就可以扩展至整个大众市场。

以液压挖掘机的创新为例，当第一台液压挖掘机出现时，市场上占支配地位的是钢索传动式机械挖掘机。这种挖掘机使用相对简单的钢索技术，能够满足大的建筑和矿业企业需求，用以搬动大量的泥土。而液压挖掘机搬运泥土上动力不足，远不如机械式挖掘机。不过，尽管搬运泥土能力稍逊，但是他们体积更小，也相对更加机动灵活。面对这种情况，英国挖掘机制造商JCB便瞄准了新的利基市场，如房屋建筑商、地方当局和公共事业公司等。很快，JCB就成功地在这一利基市场上站稳了脚跟。早期的液压挖掘机用户和机械式挖掘机用户区别较大，但是由于液压挖掘机效率较高，且其技术也在不断提升，因此液压挖掘机得以进入主流市场，并最终取得了支配地位。

这种创新策略能带来很多益处，尤其是对于新进入某个市场的企业而言。首先，它避免了与成型企业面对面的激烈竞争，这对于那些资源尚不丰富的新进入企业非常重要。第二，瞄准利基市场提供了一次证实新技术和新应用的机会，顾客可以看到新技术是否发挥作用，并可以据此判断新产品的价值。潜在消费者很有可能在看到新技术发挥作用后，才会开始相信产品价值。第三，该策略提供了技术学习和技术强化的机会。大多数技术一旦发布到市场上，便会被逐步改良，由此便可以借助于连续的渐进性创新不断完善技术，从而使企业沿着S形技术曲线向前发展。因此，利基市场策略提供了一次技术学习的机会，避免了在保护性较强的市场上展开全面的竞争，也大大降低了技术风险问题。在该策略中，只有当技术经过全面证实并变得有竞争力之后，才会向主流市场发布。

小案例

索尼公司与半导体收音机

索尼公司成立于1946年，原名为东京通讯工程有限公司。其创始人深井大和盛田昭夫战时曾经共同为军方效力开发热追踪导弹，其后随着和平年代的到来又一起共同经商。公司最早位于东京闹市中一间公寓的储藏室内，主要修理收音机并生产电压表。二战后日本收音机需求量巨大，主要用来收听音乐和世界新闻。但是，日本战后受损严重，零配件奇缺，特别是真空管的供应严重限制着电压表的生产。当时，零部件的一个重要来源是从美国基地走私。面对这种境况，深井大和盛田昭夫都渴望技术和创新，对美国军方走私渠道的依赖更使他们羡慕美国技术并期望日本能拥有这种技术。

前三年，公司的主要生产活动集中于电压表的生产，产品相当受欢迎，产量从初始计划的每月10件慢慢上升到了30、40件。1947年，公司搬到了东京南部的御殿山。到1949年，公司员工已有45名。同年，公司第一次开始生产磁带，这也成为公司20世纪50年代的主要产品。磁带最早由德国的根德和德律风根发明，并用于纳粹宣传。战后，磁带录音和许多德国技术一样流向了美国，主要的制造商包括制造磁带录音机的Ampex和生产磁带的3M公司。盛田昭夫当时就认为生产磁带能够为新公司带来巨大利润。

公司第一台磁带录音机——G型号录音机——重达100磅，售价16万日元，目标市场主要定位于高校和政府部门，初始销量令人极其失望。这时，来自于高等法院的一个20台机器的订单拯救了公司，主要用于解决速记员不足问题。盛田昭夫并未被开局不佳吓到，而是继续开发生产更小的H机型。该机型只有之前机型的1/3重，并从学校和教育机构取得了些许销售额。继而公司又开发出了P机型，只有20磅重。这已经足够轻，可以不用肩膀扛了，因此非常受街头采访的新闻记者欢迎。该机型后来成为公司第一个现金牛，7个月销售了3000台。

正是在录音机上的成功，引导盛田昭夫把注意力转向了半导体。1952年，盛田昭夫在一次美国访问期间听说西部电器公司正要对外许可半导体制造技术。半导体技术1948年诞生于贝尔实验室，其最大优点是体积小、质量轻，可以替代当时普遍使用的真空管。收音机市场当时被美国一些巨头公司控制，如美国无线电公司主要生产家用收音机设备。这些设备比较笨重、不能移动，和老式的 CRT 电视机大小、重量差不多。盛田昭夫是首批意识到半导体技术能够让索尼公司生产出另类收音机的人之一。一旦使用了半导体技术，就有可能生产出比传统收音机体积小很多的收音机。事实证明，半导体技术提供了生产便携式收音机的可能性。

但是，摆在盛田昭夫面前的依旧是困难重重。首先，他要取得技术许可，而且即使取得了许可还需要进一步对半导体进行改良，以便产生高频信号满足收音机设备的需求。为了获得技术许可，他需要日本国际贸易及工业部(Ministry of International Trade and Industry，MITI)的支持，因为技术许可需要支付美元，而当时美元被严格管制。MITI 不愿意支持索尼这样的新兴企业，而更愿意支持成型的日本电气公司如松下、日立和东芝等。克服了重重困难后，盛田昭夫最终获得了专利许可。1955 年 8 月，公司发布了 TR－55 型半导体收音机，这是世界上第一个成功商业化的半导体收音机。紧接着的 1957 年，公司又发布了体积更小的口袋式收音机，销量达到了 150 万台，成就了索尼公司的市场领导者地位。

2）派生战略(Derivative Strategy)

派生战略实质上是指把一项新技术应用于现有产品，利用现有产品的市场定位，为新产品寻找市场进入的机会。因此，派生战略是一种混合策略，由于需要现有产品及其市场定位，因此明显不适合新成立企业，而对于那些拥有一定声誉的成型产品的公司则是一项很有吸引力的策略。派生策略类似 Rothwell 和 Gardiner 所提出的“再创新”，他们认为在许多产业中很少有完全创新的产品进入市场，相反人们经常可以发现大量的“上市后再改进”的产品。

有时候，这些改进甚至导致了产品的完全再设计，如 Black & Decker 公司的空气加热枪。当时加热枪是一种新产品，Black & Decker 公司不太确定是否为消费者所接受。由于市场的不确定性，Black & Decker 公司对产品的设计尽量采用市场上已有的标准部件，如喷头外罩、马达和风扇，显著降低了研发成本和创新投资规模。航空工业亦如此，如波音飞机等飞机制造商经常对飞机安装新的引擎，以提高飞机性能。再如，在使用 Tay 系列引擎之前，罗尔斯·罗伊斯的 Spey 系列引擎已经使用了 20 多年了，拥有广泛的客户基础。通过增添使用先进宽弦技术的新型风扇，罗尔斯·罗伊斯研制出了更加节能、可靠、安静、轻便的引擎。这种派生策略的使用大大降低了研发成本，缩短了新引擎投入应用所需的时间，无疑是一次成功的经验。

思考题

(1) 什么是战略？公司的战略一般可以分为哪几个层级？

(2) 分析企业做出内部商业化和外部商业化战略的一般条件。

(3) 解释先行者战略和跟随者战略，并比较两者有什么优缺点。

(4) 为什么许多互联网企业倾向于采用先行者战略？

(5) 什么是利基市场？举例说明利基市场战略。

(6) 什么叫派生战略？对创新者有什么好处？

案例分析

索尼的蓝光格式大获全胜
——记高清 DVD 格式之战

本案例探讨了高清视频格式的发展历史以及索尼的蓝光与东芝的 HD DVD 格式之战。格式战指的是互不兼容的独有格式竞争同一个市场，通常发生在数据存储设备和电子媒体的记录格式上。历史上最著名的格式之战之一是发生在 19 世纪早期英国工业革命期间铁路宽度的标准之争。英国工程师伊桑巴德·金德姆·布鲁内尔为大西部铁路设计的铁轨宽度为 2.1 米，因为这个宽度可以提供更强的稳定性与更快的速度。然而火车之父乔治·斯蒂芬森设计的铁轨宽度却为 1.44 米。毋庸置疑，1.44 米宽度的设计获胜了，不过这仅仅是因为此前铺设的铁路多为此宽度。如果 2.1 米的宽度被采纳，今天的火车可以跑得更快。

VCR、Betamax、DVD、HD DVD 和蓝光的故事

蓝光光盘(简称蓝光)是一种取代标准 DVD 制式的光盘存储介质，主要用来存储高清视频、PlayStation3(索尼公司开发的游戏机)游戏以及其他数据。蓝光光盘是蓝光光盘协会开发的，该协会是家用电子消费品、计算机硬件和动画影片制造商成立的组织。蓝光光盘与标准 DVD 和 CD 有相同的物理尺寸，其名字起源于用来读取光盘的“蓝色激光”。与标准 DVD 使用 650 纳米的红色激光不同，蓝光光盘使用的是波长更短的蓝色激光。蓝光光盘能在单层上比标准 DVD 多存储 5 倍的数据，在双层上多存储 10 倍的数据。在高清蓝光光盘的格式战中，蓝光光盘主要与 HD DVD 格式展开了激烈竞争。支持 HD DVD 的东芝公司在 2008 年 2 月承认战败，标志着格式战的结束。2009 年末，东芝也推出了蓝光光盘播放器。此前，这两种格式已经在每年 12.3 亿英镑的全球 DVD 市场上竞争了很长时间。高清 DVD 能提供更好的试听效果，并且让非法复制和盗版变得更加困难。但是，竞争的结果却是索尼支持的蓝光格式取得了胜利。其实早在 20 世纪 80 年代就存在家用 DVD 格式的标准竞争，不过当时索尼支持的技术更优越的 Betamax 制式输给了日本 JVC 公司支持的 VHS。

VCR 行业的发展概况

VCR 首次出现于 1956 年，至今经历了 50 多年的历程。它的出现不仅彻底改变了电影产业，也改变了人们观看电视的习惯，还触发了第一次“格式之战”，引发了版权问题，并建立了公平使用的法律体系。

20 世纪 50 年代，许多大型电子公司纷纷看到了家用录像和播放市场的机遇和市场空缺，竞相开发各类技术，并不约而同盯看上了使用磁带的录像机。第一个推向市场的产品是美国安培公司(Ampex)研发的播放器。但是这个在 1956 年 4 月发布的世界上第一个使用磁带的录像机 VRX-1000，售价高达 50000 美元，并且用户还得每隔几百个小时就更换一次昂贵的旋转头。尽管在电视网络中大受欢迎，但是对普通消费者来说可望而不可即。

许多公司放弃了自己的研发，跟随在安培公司之后。美国无线电公司(RCA)与安培公司把专利汇聚在一起，并用安培科技的名义进行技术许可。当时，很多公司目标是开发一款家用的视频设备。这款产品必须坚固耐用，成本低且易于操作。1964 年，索尼公司发布了第一款家用设备，紧接着安培公司和 RCA 也在 1965 年发布了类似产品。这些设备，售价都远远低于 VRX－1000。尽管如此，普通家庭仍消费不起，购买的主要群体仍是富有的顾客、企业和学校。但是各家厂商所推出的视频格式并不相同，公司间仍存在着激烈的竞争。

技术格式竞争的结果是产生了三款不同的、彼此互不兼容的 VCR 格式：1975 年索尼公司的 Betamax、1976 年 JVC 公司的 VHS 以及 1978 年菲利浦公司的 V2000，其中索尼的 Betamax 和 JVC 的 VHS 在 20 世纪 80 年代上演了一场你死我活的格式大战。在技术之战开始之前，电子消费品行业必须回答一个更严峻的问题——视频内容。视频内容从何处来？人们在 VCR 上能观看什么？此时，人们已经认识到 VCR 的电视记录功能对普通家庭用户没有什么实际用途，为什么有人想要记录一个电视节目并随后观看呢？他们认为电影视频可以解决内容问题，但电影行业自身认为这个想法并不能带来什么好处。

录像机(VCR)的版权问题

实际上，早在家用录像机出现之前电视已经夺走了大部分的电影市场，现在电影行业更是将 VCR 的发展看作是一个新的威胁。电影行业主张的版权问题到了紧要关头。电影制作公司将这个问题带上了法庭。1976 年，在索尼发布了 Betamax VCR 之后，环球影业制片厂与华特迪士尼公司一起起诉了索尼，试图将 VCR 定义成剽窃的工具。

新的通信技术，不管是过去还是现在，一直在挑战版权领域的法律体系。1979 年，第一个判决将制片厂的意见驳回了，规定 VCR 的非商业用途是合法的。制片厂继续上诉，判决结果在 1981 年被推翻。索尼不服判决，然后将此案上诉到美国最高法院，最高法院最终判决家用电视节目录制后观看属于“正当使用”，其理由是“时间移位”(Time-shifting)，即记录一个节目是为了在此后观看，并不会对版权持有者构成实质伤害，也不会削弱产品的市场地位。

从那以后，VCR 逐渐成为一款流行的电子消费品。而且，与电影制片厂的担心相反，他们发现自身变成了该项科技的主要受益者，因为电影的销售和出租开始产生巨大的收入。仅 1986 年一年，家用录像机就为迪士尼公司创造了 100 万美元的净利润。另一方面电视台却发现了新的问题，即观众在节目录制后观看可以跳过那些没用的信息，如商业广告。因此，电视台不得不寻找新的方式来令广告方满意。

设定标准：VHS 对决 Betamax

与此同时，VHS 与 Betamax 之间的格式战激战正酣。索尼发布 Betamax 时对该技术的优越性能充满自信，并认为其他公司会抛弃他们的格式而接受 Betamax 作为行业通用标准。但索尼错了。在索尼的主场日本，JVC 公司拒绝使用 Betamax 制式并仍在市场上使用 VHS 制式。在欧洲市场，菲利浦亦公司也不甘寂寞，但技术问题让菲利浦在格式战开始前就被剔除出局。

从索尼的立场上看，VHS 格式唯一的一个显著优点是其录制时间长。因此索尼将 Betamax制式的记录时间延长到了之前的两倍，但 VHS 不甘落后同样加倍。这场竞争一直持续到了录制时间不再是潜在顾客关注的问题，此时市场将尖端科技视作赢得格式战的关键。

人们普遍认为 Betamax 在技术上更胜一筹(尽管对这个问题的争论一直持续到现在，并且许多人认为质量上的差异是大规模商业化用户关心的问题，普通用户并不关注)。直到现在，Beta SP 仍然是专业的电视录像制作人使用的格式。但是 Betamax 真正需要的是赢得市场份额。索尼的 CEO 盛田昭夫认为 Betamax 最终落败是因为对外许可不足。尽管事实证明 Betamax 是更好的产品，但 Betamax 的实际用户一直很少，未能赢得消费者的青睐。与此相反，VHS 赢得了战争。

JVC 领先的部分原因是其更宽松的许可政策。为了提高市场忠诚度，公司向大型电子消费品制造公司如 Zenith 和 RCA(RCA 当时在美国本土具有巨大的覆盖面)发放了技术许可。结果是 VHS 设备在市场上占据的份额更多了，同时价格也在不断下降，这极大地增加了他们对顾客的吸引力。

20 世纪 80 年代早期，音像租赁商店开始在每个街角涌现。一开始，音像租赁商店的业主就意识到，只有提供廉价的 VCR 设备才能够吸引更大的顾客群。Betamax 虽然质量更好，但价格昂贵，修复困难，并且第一款 Betamax 设备只能与特定型号的电视机兼容。因此 VHS 变成了出租商店的唯一选择。此外，另一个影响因素是成人娱乐行业。成人娱乐行业规模非常巨大，且几乎所有制片厂都决定使用 VHS。越来越高的设备使用率和日益增加的内容最终使其得以胜出。

当然，科技的发展从未停止。到 2003 年时，DVD 的销售又赶超了 VCR，标志着磁带时代的终结。对市场敏感度极高的视频租用商店又转向了 DVD，这加速了 VCR 的覆灭，并最终导致 VHS 销售量的急剧下滑。DVD 就质量来说有优势，尽管它缺乏 VHS 格式的灵活性与记录的便利性。今天，我们已经很少能看到 VCR 设备了，也很难再找到这类播放器，大多数零售商已经停止了这类设备的销售。这个格式已经彻底被遗弃。

在格式战背景下仍然被继续关注的是版权问题。它依旧是企业在制定战略决策时要考虑的核心问题，这些决策涉及新的流媒体格式、可下载的媒介以及高清光盘格式等。

DVD 的发展

1969 年，菲利浦公司开发出了镭射(激光)影碟，此后该领域的技术得以飞速发展。1979 年，索尼公司与其合作生产 CD 时，对这些技术加以了开发和利用。20 世纪 90 年代早期，这两个公司又一次紧密合作，研发一种高密度的光盘——多媒体压缩光盘(MultiMedia Compact Disc)。但是由于东芝推出了竞争性更强的超高密度光盘，因此多媒体压缩光盘就被淘汰了。东芝的产品在当时拥有大量的支持者，如日立(Hitachi)、松下(Matsushita)、三菱(Mitsubishi)、先锋(Pioneer)、汤姆逊(Thomson)与时代华纳(Time Warner)。这两种派系最终经 IBM 的总裁郭士纳(Lou Gerstner)调解而达成协议，并形成了新的格式 DVD (Digital Video Disc)。东芝占据了上风，但索尼和菲利浦并没有就此罢手，而是立即着手研发下一代系统。存储数据的专业光盘(简称 PDD 或 ProDATA)就是基于索尼已经开发出来的光盘系统设计的，并最终演变成蓝光光盘。东芝不甘于被菲利浦和索尼超过，也着手研发出了新一代高级光盘，并最终演变成 HD DVD。

蓝光 DVD 与 HD DVD

历经 35 年的光学音频/视频光盘的发展后，两强(HD DVD 与蓝光 DVD)的格式之争开始了。为了收割胜利果实，两方互不相让。蓝光与 HD DVD 格式都产生于 20 世纪初，并且都被两大互相竞争的公司所联合研发。索尼联合菲利浦公司研发了蓝光格式，东芝和日立公司联合开发了 HD DVD。

2005 年可以被描述成蓝光与 HD DVD 阵营“正在进行和谈”的一年，但最终未能就联合开发下一代数据格式达成协议。这意味着两大公司不得不为下一代视频记录标准的争夺进行面对面的竞争。

尽管双方都使用同一种激光，但两种格式彼此互不兼容。HD DVD 光盘与蓝光使用不同的表层(表层是指覆盖在数据表面的、当人们用手指触摸时能感受到的透明塑料层)。HD DVD 与 DVD 相同，用的是 0.6 毫米的表层；而蓝光使用的却是更薄、更方便激光聚焦的 0.1 毫米表层，也因此更加昂贵。因为蓝光与 DVD 没有共用相同的表层，所以为了生产光盘，相应的生产设备必须被修正或替代。此外，蓝光光盘还必须使用一种特殊的硬敷层，以便在 0.1 毫米的表层厚度下有足够的弹力来保护数据。这种硬敷层是一种高分子聚合物涂层，叫做 Durabis，由日本著名电子工业公司 TDK 研发，极有弹力并且抗指纹，能让数据离表层更近，从而留给其他的分层更大的空间。尽管这个格式的确会承载更多的数据(如表 6-3 所示)，但成本的上升会导致价格的上升，是蓝光赢得胜利的一个潜在威胁。

表 6-3　蓝光与 HD DVD 的对比

蓝　光		HD DVD	
	容量/GB		容量/GB
ROM 单层	23.3/25	单层	15
ROM 双层	46.6/50	双层	30
RM 单层	23.3/25/27	/	/
RW 双层	46.6/50/54	/	/
最高测试值	100	最高测试值	45
理论限值	200	理论限值	60

电影制片公司的支持

每个格式不仅要在顾客眼中形成自己的竞争优势，还要赢得电影制片公司支持。表 6-4列出了不同的电影制作公司最初支持的格式。

表 6－4　支持 HD DVD 与蓝光的电影制片厂

蓝　光	HD DVD
20 世纪福克斯	博伟家庭娱乐
博伟家庭娱乐	新线影业
电子艺界公司	派拉蒙影业
米高梅公司	华特迪士尼公司
派拉蒙影业	环球影业
索尼影业	华纳兄弟
华特迪士尼公司	
斐凡迪环球游戏	
华纳兄弟	

值得注意的是，在将这些格式投入市场的前后几年间，索尼收购了一系列电影制作公司。传言索尼也支付了一大笔费用给电影制作公司，为的是让制作公司使用索尼的格式。

另外一个决定胜败的因素是公司发展起来的一系列正式与非正式关系网。有些关系网是非常明显的，比如公司之间互为董事会成员。表 6－5 显示了不同产品关系网的成员列表，可以看出，索尼公司成员较多。看起来索尼已经从其 VCR 的错误中汲取了教训，不会再犯相同的错误。

表 6－5　不同产品关系网成员列表

蓝　光	HD DVD
苹果公司	Memory-Tech 公司
戴尔公司	NEC 公司
惠普公司	三洋电器公司
日立公司	
三菱电子公司	
松下公司	
先锋公司	
皇家菲利浦电子	
三星电子公司	
夏普公司	
索尼公司	
TDK 公司	
汤姆逊公司	
20 世纪福克斯公司	
华特迪士尼影业	

尽管主流电影制片公司在决定何种格式胜出时起到了关键作用，但成人娱乐行业的影响也不容小觑。当 VHS 与 Betamax 这两种制式在 20 世纪 70 年代被同时引进后，大多数行业分析家都认为 Betamax 落败的原因是因为美国色情出版商采用廉价方便的 VHS 制式而非 Betamax 制式，且色情电影的销售也推动了视频记录设备的使用。或许是因为索尼未对 Betamax 进行广泛的技术许可而使其败落，但成人娱乐行业同样加快了它的终结。数字媒体咨询公司 Ovum 的一名分析师称："不管人们喜不喜欢，色情电影驱动了每一个新的便利的视觉科技的发展。"虽然不愿承认，但色情电影的销售以及该类电影制作者对蓝光与 HD DVD 的偏好选择，确实在格式之战的最终胜利者的决定方面起到了一定的作用。

索尼游戏机 PlayStation

索尼发布的第一款蓝光播放器实际上是 PlayStation3(PS3)，它的主要特点是能够播放蓝光光盘。这让索尼公司在一段时期内占了上风，因为 PS3 游戏机内置了蓝光播放器。因此仅在日本，索尼一举售出了 1000 万台蓝光播放器，相比之下 HD DVD 播放器仅售出了 100 万台。

PS3 游戏机最初定价为 500 英镑左右。随后第一台纯蓝光播放器问世，定价为 800 磅左右。与 PlayStation 游戏机相比，这款播放器明显有一些不足，如未配置遥控器。有趣的是，最早能播放 HD DVD 制式的也是一款游戏机，即 Xbox 360，它是微软用来与 PlayStation 相竞争的产品，售价上便宜约 200 磅。但这两款游戏机比任天堂的 Wii 都要贵得多，因此任天堂的产品在当时赢得了更多的关注。虽然 PlayStation 与 Xbox 都有技术上的优越性，并且 PlayStation 还能够播放蓝光光盘，但是任天堂最终却赢得了更多市场份额。

讨论：赢家与未来

索尼把蓝光的回放功能整合到 PS3 中的决定被认为是赢得格式战的关键举措。最终蓝光格式赢得了这场战争，成为主流的下一代 HD 播放器。与此相关联的另外一个因素是"沃尔玛效应"，即美国零售商沃尔玛宣布它只会销售蓝光制式的电影和播放器。沃尔玛在美国市场拥有巨大的影响力。但索尼胜利后，却迎来了另一场战争，那就是关于电影下载的战争。音乐下载摧毁了 CD 行业，这种情况也同样出现在了 DVD 行业。当人们可以直接在网络上购买高清电影时，又怎么会出门去商店购买光盘呢？这对于蓝光的未来又有什么启示呢？

有趣的是，尽管苹果公司宣称支持蓝光制式，但苹果还未生产过蓝光驱动的电脑。相反，苹果似乎更关注电影在网络上的传播，因此他更多地使用了 iTunes 和 Apple TV，而不是物理光盘。所以尽管蓝光赢得了一场战役，但并未赢得最后的战争。随着家用网络的速度越来越快，且顾客已经习惯于即时视频服务，电影市场也会经历和音乐行业类似的转变，即下载电影而不是实体购买。现在我们或许正在经历这场网络视频新格式的战争。

当谷歌向世界免费发布了高质量的网络视频制式(WebM)时，数字视频发布者面临着一个难题：支持已经承诺免费但是质量略低的 WebM 标准，还是质量更好但是价格更贵的 H.264 的行业标准？整个行业已经把浏览器世界划分为了 WebM 阵营、H.264 阵营以及中立者：

- 只支持 WebM 的：Mozilla Firefox
- 只支持 H.264 的：Microsoft Internet Explorer 和 Apple Safari

· 两者都支持的：Google Chrome 和 Opera

2010 年，MPEG LA 科技特许机构宣布 H.264 取消专利使用费用，这使得谷歌 1.33 亿美元买下 On 2 科技有限公司的举措看起来像是浪费金钱，并且现在已经没有必要去提供一个免费的网络视频格式来替代主流标准了。但如果谷歌当初没有进行该投资，那么H.264现在也不会免费。

H.264 直至今天仍然不是完全免费的，其免费模块仅限于终端用户服务项目，如谷歌的 YouTube。而苹果公司仍然需要支付通过 iTunes 播放视频的许可费，但是支付的费用一部分又回到了苹果的腰包，因为苹果公司是长期的后台支持者与 H.264 标准的专利贡献者。其他 H.264 专利许可费用分享者还包括微软、思科系统公司和杜比实验室。让这些标准生效并创造收益对这些公司来说很重要，但谷歌并不是这个联盟的一员，因此没有动机支持 H.264 标准。

问题：

(1) 这个案例能否告诉我们是提供最好的技术还是第一个进入市场决定了产品格式战的最终胜利？

(2) 举例说明，哪些行业不同的格式能共存，哪些行业偏好单一的格式。

(3) PlayStation 是蓝光播放器的第一款产品，随后当其他蓝光播放器发布后，为什么 PlayStation 始终能保持更低的价格？考虑解释产生该现象的可能原因。

(4) 有哪些因素帮助蓝光赢得了战争？特许和网络在每种格式战的胜利过程中扮演了什么角色？

(5) 有哪些相关行业参与到了格式战中？他们对最后的结果有什么影响？

(6) 随着从网络下载电影的流行，DVD 格式战的赢家在相关的战争中会产生什么样的影响？

(7) 对于参与到或者可能参与到一场格式战的公司来说，本案例对于他们的创新战略、研发支出和营销战略有何启示？

(8) 列举决定格式战最终胜利的关键因素，并将这些因素分为主要因素和次要因素。

第 7 章 创新资金管理

学习目标

※ 创新资金需求的特点
※ 创新初期的融资渠道
※ 创新成长期的融资渠道
※ 风险资金的特点与运作流程
※ 政府资助创新资金

创新对资金的需求具有自身的独特性。创新是一个复杂的、多阶段的过程，需要花费很长的时间才能得到可以上市销售的产品和服务，因此必须有足够的资金来支持创新过程的完成。即使是很小的创新也需要研发资金开支，并且只有当创新过程完成以后才会有资金回流的可能。因此，创新的资金流出和资金流入存在着很强的时间间隔，且创新资金需求具有很大的不确定性。创新从本质上就充满着重复性和循环性，包括倒退、错误起点、死胡同和往复等问题，因此创新所需要的资金无法精确预测。更为糟糕的是，有的时候即使实现了创新过程，但是创新成果在市场上遭遇失败，那么预期的现金流入也不会到来。

因此，创新独特的资金需求规律带来了独特的创新融资，即创新资金管理问题。熊彼特在早期的研究中提到，如果创新主要由小公司完成，那么外部融资渠道就至关重要。但是在后期的研究中，由于受到美国的影响，他强调了大公司对创新的贡献，并且提出在这种情形下创新所需资金主要由内部融资渠道来完成。这种观点是有失偏颇的。目前，世界范围内小企业重新又占领了一席之地，衍生企业和新创企业在创新中的地位日益重要，外部融资渠道的重要性又开始上升。所以，本章重点讲述各种可用的融资类型及其来源。尽管关注的焦点是新企业如何募集创新所需要的资金，但是对于上升和成长阶段的成熟企业开展创新活动、获得稳步成长也有参考价值。

7.1 创新资金及其特征

7.1.1 创新资金的周期性特征

我们已经知道发明和创新绝对不是完全等同的，发明只是创新过程中的第一个阶段。尽管个人可以利用自身资源完成发明过程，但是很少有创新者拥有足够的资源支持创新的整个过程。所以，许多成功的创新者如詹姆斯·戴森和南非汽车设计师罗恩·希克曼起初都尝试向有资金实力的大公司进行技术许可，而不是自己募集资金销售和生产产品。这一点绝非巧合，而是发明家在资金受限情况下的一种最佳选择。因为创新是把创意和发现转化为一种商业产品的过程，这一转化过程需要资金支持，而且正如 O'Sullivan 所言，这一资金支持价格不菲。

图 7－1 展示了创新过程中不同阶段(如构建工作模型、原型等)所产生的资金需求。创新过程和企业决定开始生产一个成熟产品不同，必须先经历产品研发中的不同阶段，才能开始对产品进行销售。这就导致了很长一段时间内只有资金的大量流出，但没有相应的资金流入，从而形成负的现金流。如果创新是根本性的，涉及全新的技术，负现金流阶段将会持续数月甚至数年，直到把产品推向市场销售才能产生正的资金流入。即使如此，仍然需要一段时间才能达到生产上的盈亏平衡点，产生真正意义上的正现金流。

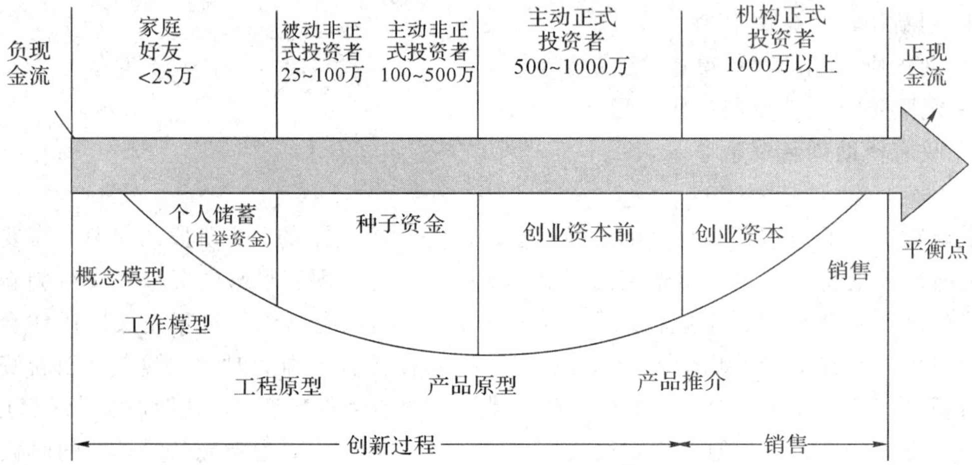

图 7－1　创新周期与融资渠道

在许多著名的成功创新案例中，都是消耗掉大量的资金之后才获得第一笔收入。如英国兰卡郡的玻璃制造商皮尔金顿从 1950 年开始研制平面玻璃的浮法工艺，研制过程持续了 7 年，耗费了上百万英镑。公司不仅建设了数个实验型工厂，还以浮法工艺为基础建立了一个正式生产工厂，一年后才生产出商业品质的浮法玻璃。直到此时，公司才开始进行产品销售，才看到资金流入。同样，詹姆斯·戴森花费了 3 年时间，设计了 5000 多个原型，才为无袋真空吸尘器找到了相匹配的双旋风技术。在这个过程当中，他不仅要付出时间成本，还需要负担材料、动力、照明、法律服务和专利申请等费用开支。即使已经让技术顺利工作并且得到了专利保证，由于无法劝说现有吸尘器厂商使用他的专利技术，戴森仍没有任何收入。直到三年后一家日本厂商同意使用他的专利，戴森才依靠专利许可费用获得了第一笔收入。

7.1.2　创新周期不同阶段的融资渠道

由于只有资金流出而无任何收入的阶段会持续相当长的一段时期，因此常规的以银行为代表的奉行稳健经营的融资渠道往往无法满足创新者对资金的需求，创新者只能另辟渠道。图 7－1 中展示了不同的资本类型，创新者可以依据创新距离市场的远近加以选择和使用。

1. 初创期资金来源是企业自身和政府资金

在创新的初始阶段，创新者急需产品研发和成果转化资金，用以采购必要的研发设备、生产设备、工作场地以及支付人员工资等。这一时期属于产品研发阶段，企业尚未形成正式的产品，更无赢利可言，即只有投入，暂无产出，根本不可能获得外部资金支持。即便到了成果转化阶段，企业开发出了新产品，但尚需开拓销售渠道，产品在市场中的竞争力还不得而知，企业依旧面临着较高的技术风险、市场风险、管理风险、财务风险等，还有很高的失败率。因此即使该时期企业需求的资金规模并非很大，但除了自身投入外，还难以从外部获得资金支持。即便在有政府支持的情况下，风险资本和银行等也很少会为高风险的研究开发和成果转化提供资金。

因此，在科技创业的初创期，企业的资金来源主要依靠自有资金。自有资金以创业者自筹的私人资本为主，包括个人、家庭、亲戚、朋友等的储蓄，其中个人储蓄占主要部分。一项调研发现，70%以上的科技创业者的初创资金是个人储蓄。其次，政府可成立专项基金，直接资助具有较高发展潜力的科技企业。目前国家发改委、科技部、信息产业部等各部委都已经成立对企业的专项基金，其中对高科技创业企业设有专门的资助政策。最后，政府可以针对科技创业的具体类型，通过贴息、税收减免等方式，缓解科技创业的资金压力，间接地提供资金上的支持。

2. 成长期资金来源是各类创业投资公司的风险资本

在创新成长期，企业急需早期批量生产资金，用以扩大生产，拓展销售渠道。由于在初创期企业主要以投入为主，基本无盈利，企业尚无资金积累，而资金的紧缺制约着企业在下阶段的大规模市场化。这一时期企业通过初创期的研究开发和成果转化已经形成产品原型，公司结构、管理、财务等日趋完善，产品和技术也已有了比较明确的轮廓和发展路线，技术风险逐渐消失，市场风险、管理风险等逐步降低，形成了自身的核心竞争力，企业已达到了风险资本进入的基本条件。各类创业投资公司在选择目标企业进行风险投资时，会针对产品、市场、管理等因素进行广泛调研、深入分析。同时他们在给被投资企业提供资金支持的同时，还会在技术、管理、资本运作等方面为企业提供辅导，为企业发展的薄弱环节提供增值服务，以尽量保证企业的发展能达到预期的目标。风险资本不仅具备“价值发现”功能，还具备“价值创造”功能。一般风险资本投资的最高目标是在两年时间内实现企业的境内外上市，转让股权以取得投资效益，为自己谋求最佳退出渠道。因此，企业应积极借助风险资本的服务，在发展和积累的同时，为上市做准备。

3. 成熟期资金来源是银行和产业基金

创新进入成熟时期后，企业急需生产经营资金和大规模生产资金。企业通过成长期的技术、管理等方面的规范，已经开始进行批量生产，产品的销售和市场占有率都已达到一定目标，实现了较好的盈利。进入大规模生产阶段后，企业所需的资金量也是三个时期中最大的，而资金量的大小将直接影响到生产规模、市场扩张、资本积累等。这一时期企业的技术风险基本消失，市场风险进一步降低，企业信用逐步建立并完善。即使没有政府提供的信用担保，凭借自身的条件，企业也能够向商业银行直接贷款。此时，政府还可以牵头成立以扶持产业发展为目的产业基金，投入到创新企业的成熟期，这不仅会推动科技创业的成功发展，也会大大降低产业基金的投资风险，实现企业和产业基金的“双赢”，促进企业创新和社会经济的良性发展。

7.2 创新起步期的融资渠道

7.2.1 3F融资：创立者、家族和朋友

和许多小公司一样，创新的初始资金可能来源于创立者、家族和朋友三个渠道的组合。

该融资渠道和下面将要提到的一个融资渠道——Bootstrapping(自举资金)——有些重合。公司创立者通常会使用个人积蓄、裁员/遣散费或者抵押贷款；有些可能比较幸运有一笔遗产可以使用，有些可以出售有价值的财产获得一笔资金；还有一些则会继续坚持工作。如果是以家族和朋友作为资金来源，那么这些资金同样也源自于过去的积蓄。如图7-1所示，这一阶段的融资主要用于支撑起步阶段，如制作第一个产品模型或者产品原型。其实很自然，创新者应当依赖家庭进行资金募集，这是最合理的资金来源。牛津仪器的创始人马丁·伍德就是这种情况。他是欧洲超导磁体第一人，在企业创始的早期阶段，他获得了家族的资金支持。同样，世界上第一个网上书店 Amazon 的创始人杰夫·贝佐斯(Jeff Bezos)在花光自己的积蓄后，劝说他的父母向公司投资了 25 万美元。能够动员朋友也可以说是一个创新者的"社会资本"，这些资本包括朋友、亲戚、校友或者同事。例如，詹姆斯·戴森在研发他的无袋真空吸尘器时就获得了好友兼前雇主杰里米·弗莱的资金帮助。

小案例

Cybersense Biosystem

位于英国牛津的 Cybersense Biosystem 公司创立于 2001 年，创始人是蒂姆·哈特博士。他是土壤植物学和微生物学博士，并且在一所大学研究实验室工作多年。为测量土壤的污染程度，蒂姆决定开发出一种生物传感器。确切地来说是利用生物发光细菌制作传感器，这能够快速有效地识别出污染土地的有毒性。利用生物发光细菌的想法源自于蒂姆的早期研究，生物发光细菌的原理和萤火虫在黑夜里发光的原理是一样的。这项技术的潜力在于能够让土地所有者、开发者以及环境顾问和其他产业相关者快速地测量污染土地的毒性，并把这种毒性和潜在的污染物联系在一起，从而有利于采取措施阻止进一步的污染。

得益于 DTI SMART 的资助(这是英国商贸部 Department of Trade and Industry 推出的一项创新资助计划，全称为 Small Firms Merit Award for Research and Technology)，蒂姆终于制作出了第一个传感器原型。原型制作出来之后，公司不仅获得了 DTI 的 Biowise 资助，还从一个私人投资财团那里募集到了一笔大额投资。第二年，公司完成了第一个正式的工作模型 ROTAS，并在 2004 年推向市场。

7.2.2 资金自举

许多创新或者创业传记都会提到创新的过程是如何困难，以及创新者如何应付所遇到的艰难和险阻，但同时，这些公司传记也会帮我们深入了解创新者募集资金的渠道和方法。在这些传记透漏出的信息中，特别值得关注的是，至少在创新过程的早期阶段，创新者会免费地募集到一些资金，这些资金就包含自举资金。

Harrison 等把“自举”定义为“创造性和节约性地资源获取和使用战略”，这和我们经常所讲的“自力更生”非常接近。“自举战略”通常表现为两种形式：一是使用创造性的方法获取资金，而不依赖传统的银行或者股权市场资金渠道；二是通过较小的代价获取资源，从而最小化或者消除资金需求。

其中，第一种形式和前面所讲到的从创立者、家族和朋友手中募集资金有些重合，主要依赖创立者的社会关系网络来获取资源。但是，再次举出一些此类融资的案例是有必要的。许多创业者都曾经依赖过个人的微薄积蓄，詹姆斯·戴森在双旋风真空吸尘器研制早期使用这种自举形式，亚马逊创始人杰夫·贝佐斯在创办自己的在线书店时也是如此。

第二种形式可能最接近“自举”一词的核心意义：即用很小的代价获取资源。简而言之，就是不付出成本而获得资源，或者以比正常渠道低很多的价格获取资源。这种形式更加多样，其中最常见的一种方式就是使用卧室或者车库等家用设施，这种例子举不胜举。例如，苹果公司的第一台个人电脑就诞生于乔布斯父母的家里，位于加利福尼亚州洛斯阿尔托斯市克里斯特路 11161 号。还有一些成功的企业发迹于车库之中，如杰夫·贝佐斯所创建的亚马逊公司是从他所租用的位于西雅图贝尔维尤市的车库中开始的。创新者能够使用的其他家用实施还包括：花园棚舍，这里诞生了牛津仪器公司；家庭工作室，特雷弗·贝里斯在这里开发了发条收音机；卧室，丹·布里克林在此完成了世界上第一个电子表格 VisiCalc 的早期研发工作。不管区位如何，使用上述家用场地的关键是非常方便、灵活，最重要的是能够节约资金。

使用原工作单位出借或者提供的设施则是另外一种无偿获取资源的方法。1960 年，马丁·伍德在其牛津仪器公司还处于雏形时，为了开发磁体，就从他所工作的牛津大学实验室借到了一台绕线机。开发出欧洲第一个超导磁体时，为了进行复杂计算，他再次使用了牛津大学的计算机。

使用二手设备也是创新者能够使用的方法，可以降低成本，减少资金需求，如 JCB 公司的约瑟夫·班福德和牛津仪器公司的马丁·伍德。在约瑟夫·班福德的例子中，他所获得的设备是一个二手电焊机，这台电焊机在他早期的液压装载机试验中发挥了重要作用。在马丁·伍德的例子中，正是借助于他在政府冗余设备拍卖中获得的二手机器设备，开始了超导磁体的生产。

另外一种流行的资源获取方法是找到能免费或者仅需很少报酬为你工作的人，这就是科林·查普曼在开发他的第一台莲花汽车时所采用的办法。

小案例

莲花汽车

科林·查普曼是二战后英国最具创新才能的汽车设计师。在他的一系列创新中，最负盛名的是 1950 年的轻型跑车系列和第一台单体架构方程式 1 赛车——莲花 25。

查普曼于 1952 年成立莲花公司，启动资金只有从未婚妻黑兹尔·威廉那里借来的 25 英镑。当时他还在英国铝业公司上班，只能晚上和周末在自己的莲花公司工作。公司的第一个场地是父亲酒吧隔壁租借到的一个废弃的马厩。查普曼的新公司得到了很多志愿者的帮助，如好朋友迈克·科斯廷(后来成立了一个发动机公司 Cosworth)无偿为莲花公司工作，只是希望能够偶尔开一下公司所制造的汽车。由于极度缺乏设备，查普曼把铝制车体的生产外包给了一家位于北伦敦的小型发动机公司 William & Pritchard。由于缺乏资金，查普曼经常被 William & Pritchard 追债，有时候 William & Pritchard 甚至返工，直到查普曼支付他们工钱。

在早年间，刚刚创立的莲花公司从 750 汽车俱乐部受益颇多。查普曼是该俱乐部的会员，经常参与俱乐部所组织的赛车活动。查普曼通过俱乐部所结识的熟人也是他早期莲花赛车的主要顾客。但是，并非所有 750 汽车俱乐部的顾客都用现金结账，莲花公司也乐于用产品交换一些服务。如帕特里克·斯蒂芬斯负责处理莲花公司的广告问题，作为报酬，他可以使用莲花公司的零部件。另外一个让莲花公司受益良多的公司是飞机制造商德·哈维兰，位于莲花公司附近的哈特菲尔德。几个飞机制造商的员工会利用晚上和周末为莲花公司工作。也正是借助于他们，莲花公司能够非官方地使用飞机制造商的风洞来测试汽车原型。

1955 年，随着场地的扩张以及丰厚的订单的到来，莲花公司开始蒸蒸日上，查普曼也放弃了他的英国铝业的工作。1959 年，公司继续扩张，并搬到了新的办公场地。同时，公司也开始生产莲花精英跑车，这是一个相当有创意的设计，大量使用了玻璃纤维。此时，莲花公司已经是一个认可度很高的汽车制造商了。两年后查普曼开始着手设计他最著名的创新——莲花 25 方程式 1 赛车。

7.2.3 政府资助

许多国家都推出了鼓励本国企业创新的政策，这里以英国的 SMART 奖励为例进行介绍。

英国的 SMART(Small-firms Merit Award for Research and Technology)奖是英国商贸部(DTI, Department of Trade and Industry)于 1986 年推出的，旨在为小企业创新提供支持。计划背后的基本原理是小企业在募集创新所需要的研发资金时会遇到非同一般的困难。正如 Caird 所说，SMART 奖励计划“认识到由于创新的潜在失败风险，市场力量无法支持高技术创新。SMART 计划旨在鼓励科技型企业成立，帮助他们成长到能够吸引资金支持的时点”。

DTI 明确设定了 SMART 计划的目标：

- 推进那些高度创新且商业上可行，但是缺乏资金渠道支持而处于休眠状态的项目
- 鼓励小型企业的创立，在特定的技术领域开发新的创意并市场化
- 帮助小企业成长到足以吸引私人融资渠道兴趣的时点

在此之前，也有其他一些为创新提供资金支持的政府资助计划，但是 SMART 计划是第一个专门满足小企业创新需求的政府计划，其灵感来自于此前美国的相关计划，即小企业创新研究项目(Small Business Innovation Research Programme, SBIRP)。由于 SMART 计划基于政府的不干预主义而制定，因此被刻意设计为有限可用的融资渠道的竞争对手。该计划的成功之处在于它如今依旧在运行，只是形式略有不同(SMART 在 2004 年被重新命名为研究与开发资助计划)。

SMART 计划专门针对个人和不超过 50 名雇员的小企业而设立，旨在开发创新性且有市场价值的技术。根据 Lawrence 所述，几乎任何有被转化为市场产品潜力的技术都有机会

获得该奖项，它的目的就是为那些在技术上和商业上可行的研究提供资金资助，并推动项目持续开发。根据 SMART 的规定，该奖项对新创企业和成熟企业均有效，且奖励共分为两个阶段。第一个阶段竞争激烈，主要用于支持那些技术和商业均可行的小企业和个人，申请者需要提交详细的提案。1995 年，商贸部共收到了 1100 份申请提案。提案交由技术专家、财务顾问和商业审查员，按照既定的标准用积分制进行详细审查。在申请筛选过程中，创新程度是一个重要因素，此外技术优越性、团队质量以及商业成功的可能性等因素也是重点的审查内容。胜出者将获得第一阶段 SMART 奖励，最高可获得 45000 英镑的资助。奖励采用现金形式，第一笔资助为 15000 英镑。第二阶段的资助的目的则是进一步“把创意向市场推进”，如支持预产前的原型开发，最高可获得 15 万英镑(包括两个阶段)的资助。

商贸部会对获奖的项目进行跟踪审查，以确保经费按计划使用和目标的如期实现。该计划最大的吸引力在于其第一笔资助 15 000 英镑会通过举办正式的仪式公开授予受资助者，并借此宣告项目的正式启动。能够在公众面前亮相，为奖金获得者带来了巨大的间接收益，它不仅帮助公司赢得了外部投资者的关注，而且提高了获得外部资助的概率。

该计划已经运行了 20 多年了，不仅推动了许多创新走向市场，而且计划对创新项目的独立评估也有助于 SMART 获奖者从外部创业投资中获得更多的资金。

继 SMART 计划成功之后，英国政府又推出了新的研发支持项目，即在研项目支持计划(Support for Programmes Under Research，SPUR)。SPUR 计划对 500 名以下雇员的企业开放，但主要针对稍大规模的企业，因为项目的有效成本至少要达到 5 万英镑。SPUR 提供固定资助，最高资助额可达到 15 万英镑。

7.3 创新成长期的融资渠道

7.3.1 风险资本

1. 企业天使

风险资本主要有两种形式：一种是非正式的风险资本，主要由个人提供，称为企业天使，或者天使投资人；另外一种是正式的风险投资，由风险资本企业提供，有时候被称为私募股权资金(Private Equity Funds，PE)。

天使投资人是拥有大量净财富的个人，他们通过被投资企业生命周期的变化追求资本收益。由于没有清晰可见的市场或者某个既定的行业可以概括他们的投资行为，因此他们又被称为“非正式”投资者。也同样由于这个原因，天使投资者人具有很强的区域性。天使投资人的典型例子就是 BBC 电视节目《龙穴》中的投资小组成员。

根据英格兰银行估计，2001 年，英国大约有 18 000 名天使投资人，共向 3500 家公司投放了 5 亿英镑的风险资金。尽管相对于正式的风险资本投资额 62 亿来说，这是个小数字，但是由于天使投资主要集中于企业种子期、创设期和早期阶段，因此他们和正式风险投资具有同等重要的地位。

一项对于天使投资者的研究表明，天使投资者绝非一个同质性群体。天使投资人在许多方面都存在着显著差异，主要包括：

- 每年投资的数额；
- 他们可用于投资的资金额度；
- 单笔投资数额：从1万英镑到100万英镑不等；
- 投资者的净财富：大约四分之一的人净财富不到20万英镑，同时也有四分之一的人超过100万英镑；
- 创立新企业的经验：大约三分之一的投资人无创业经验，有些人则创立过数家企业；
- 投资的原因：只有半数是为了获取金钱收入。

因此，可把天使投资人划分为主动和被动天使投资人两大类。进而又可将其划分为6个更细的分类：

- 主动天使投资人
    - 企业家天使投资人
    - 收入追寻类型天使投资人
    - 财富最大化类型天使投资人
    - 公司天使投资人
- 被动天使投资人
    - 潜伏天使投资人
    - 初次天使投资人

企业家天使投资人通常都是白手起家，对商业机会有着广泛的兴趣。例如，《龙穴》节目中的投资者几乎都属于此类，他们乐于向初创期的企业进行投资，一方面出于创业乐趣，希望能够对创业企业有所帮助；另一方面是希望获得资金收益。对这些投资者而言，他们最看重的是创新者/创建者的个人品格。奇怪的是，相对于其他类型的天使投资人，他们对新创企业的创立不是那么感兴趣。

收入追寻者类型的天使投资人通常对较小的投资感兴趣，追求比较高的收益率。他们通常不是企业家，个人净财富也比较少，主要投资于本地区以及他们比较熟悉的部门。他们投资的主要目的非常明确，就是收入。对他们而言，风险投资就是一个非常严肃的生意，而不是乐趣和满足的问题。

财富最大化类型的天使投资人，按照Coveney和Moore的说法，是"非常矛盾的一群人"。他们投资的目的也是为了获得资金收入，但是往往只愿意持有少量股份，而且也会参与企业管理。他们通常比收入追寻者类型的天使投融资人富有，而且不太关注所投资的领域。他们的背景也不是创业者或者企业家，财富大多数来源于遗产继承。

公司天使投资人主要以公司形式对非挂牌企业进行投资。有关他们的情况将在下一节企业风险投资中详细讲解。

潜伏天使投资人是指那些曾经进行过天使投资，但是现在没有在投企业的天使投资人。这类投资人通常非常富有，年龄也长于其他天使投资人；现在没有投资的原因只是因为没有合适的投资机会。

初次天使投资人是指那些准备进行投资，但是没有任何投资经验的天使投资人。一般来说，他们的背景差异较大，只有极少数有过新建企业的经历。

英格兰银行认为，潜伏天使投资人和初次天使投资人的存在是市场无效率的一个信号，反映了信息不充分且信息搜寻成本过高，这也是这一资本市场的非正式特征。但是最近以来，天使投资人网络的出现以及人们对这种融资渠道的日益熟知，使得这一非正式性问题有望得以解决。

天使投资市场的难能可贵之处是它在某种程度上对风险投资市场形成了补充。英国风险投资协会的一项研究证实了这一点，超过半数的天使融资金额不足 5 万英镑，四分之一不足 10 万英镑。而正式的风险投资则有 86%都超过了 10 万英镑。正式风险资本家专注于较大业务也从侧面证实了一点，即在企业创始人耗尽自有资源之后，天使投资将是主要的私人融资来源。除此之外，天使投资主要是为那些初创不久、尚未成长到足以吸引风险资本家规模的企业提供资金支持。更为重要的是，天使投资人还起到了难以估计的网络关联作用，把创新者、资本和管理经验整合在了一起。

最后，天使投资中值得关注的问题是，相对于美国而言，英国的天使投资在很大程度上还是稀有事物。除此之外，只有很少一部分通过投资于高科技公司对创新发挥了积极作用。但是，英格兰银行的研究的确提到了一些相互矛盾的研究，有些人为有三分之一的天使投资集中于高科技公司，有些研究则认为这一比例不到 5%。

小案例

亚马逊网站

亚马逊创始人杰夫·贝佐斯大学期间主修工程与计算机科学。毕业后先就职于一家小型软件工作室，然后去了华尔街的美国信孚银行(Banker's Trust)。两年后，他又去了另外一家金融机构——D. E. Shaw 对冲基金公司。1994 年，公司要求他调查利用互联网获利的可能性。当他开始研究互联网的时候，立刻被互联网流量的巨量增长所震撼。当时虽然还没有多少互联网企业，但是杰夫·贝佐斯意识到这一切很快会改变。通过分析，他认为所有东西都可以通过网络销售，而书籍前景最好。

贝佐斯建议 D. E. Shaw 对冲基金公司开设一家在线书店。当公司拒绝了他的建议后，他就离职创建了自己的在线书店。这在当时无异于一场赌博。贝佐斯把公司总部设在了西雅图。为什么选择西雅图呢？因为西雅图是微软公司的总部，同时临近美国最大的图书经销商所在地罗斯伯，而且贝佐斯也有几个朋友在西雅图。贝佐斯把自己的公司命名为 Amazon. com——第一次使用了“. com”这一后缀。贝佐斯雇佣了两名计算机科学家为自己开发网站，用自己的储蓄支付他们的报酬。积蓄花完时，他的父母投资了 25 万美元。1995 年中期，Amazon. com 在西雅图郊区一间车库中开始营业了。Amazon. com 并不是第一家网络书店，但是第一个能够让用户从上百万的图书目录中搜索的书店。起初，业务增长缓慢。由于需要更多的资金，贝佐斯开始在外面融资。费尽周折，贝佐斯募集到了100 万美元，然后他的好运就开始了。1996 年 5 月，华尔街杂志的头版中一篇小文章报道了贝佐斯如何辞去华尔街的工作并开始创建网上书店的事情。他的故事被报道的当天，Amazon. com 的业务就翻了一番，继而又翻了一番。不久，风险资本家伸出的投资橄榄枝就使他开始应接不暇了。

2. 风险投资公司

1931 年，麦克米伦报告(Macmillan Report)最早提出了“融资缺口”问题的存在，即小企业没有能力获得长期风险资本。当时，融资缺口主要存在于创始人、朋友、家族和股票市场。为了弥补这一融资缺口，英格兰银行以及其他英国票据交换银行成立了 3i 公司，这是第一家英国风险资本公司。尽管风险资本公司(有时候也被称为私募股权基金)出现得很早，但是他们依旧是比较新鲜的事物。直到 20 世纪 80 年代，英国和美国风险资本才成为重要的融资渠道。

在美国，风险资本的成长与加利福尼亚硅谷的成功联系紧密。这一区域的风险投资公司包括著名的凯鹏华盈(Kleiner Perkins Caufield&Byers)和红杉创投(Sequoia Capital)等，这些公司均成立于 20 世纪 70 年代早期。这些公司的成长与硅谷的高科技产业息息相关，早期主要是指半导体产业，后来则逐步转向了计算机产业。公司数量也从 20 世纪 80 年代初期的屈指可数发展到了 80 年代末期的 650 家。20 世纪 90 年代初期，经济衰退致使风险投资企业成长略有中断，但是 90 年代末期的互联网泡沫再次带来了风险投资公司的繁荣。

表 7－1 列出了风险投资占 GDP 的比重。

表 7－1　风险资本占 GDP 比重

国　家	风险资本占 GDP 比重(%)	
	1989 年	1999 年
奥地利	0.01	0.03
比利时	0.05	0.26
丹麦	0.01	0.05
芬兰	0.01	0.11
法国	0.05	0.12
德国	0.01	0.13
希腊	N. A.	0.06
爱尔兰	0.05	0.09
意大利	0.02	0.05
荷兰	0.05	0.02
葡萄牙	0.02	0.25
西班牙	0.02	0.09
瑞典	0.02	0.19
英国	0.13	0.20
欧盟	0.04	0.12
美国	0.11	0.56

从表 7－1 中可以看出，英国的风险投资规模在欧洲排名第一，在全球仅次于美国屈居第二，但是人均风险投资规模在全球是最高的。1984 年至 1998 年间，英国风险投资协会成员总共向 19 000 家公司投资了大约 355.5 亿英镑。欧洲风险资本的整体发展略有滞后，且内部差异显著，比利时、瑞典以及英国的风险投资规模要高于德国和法国。

有限合作制是风险投资企业的主流结构形式，指的是风投企业从机构投资者如养老金、退休金、寿险公司、银行以及其他公司和个人那里借入资金建立资金池，然后向需要资金的种子企业、初创企业以及第二/三发展阶段企业进行投资，如图 7-2 所示。他们的运作目标是为了在多年后投资收获时期通过股权出售或者公开上市等方式获得资本收益。作为一种中介组织，风险投资公司的专长在于评价投资风险以及增长潜力。

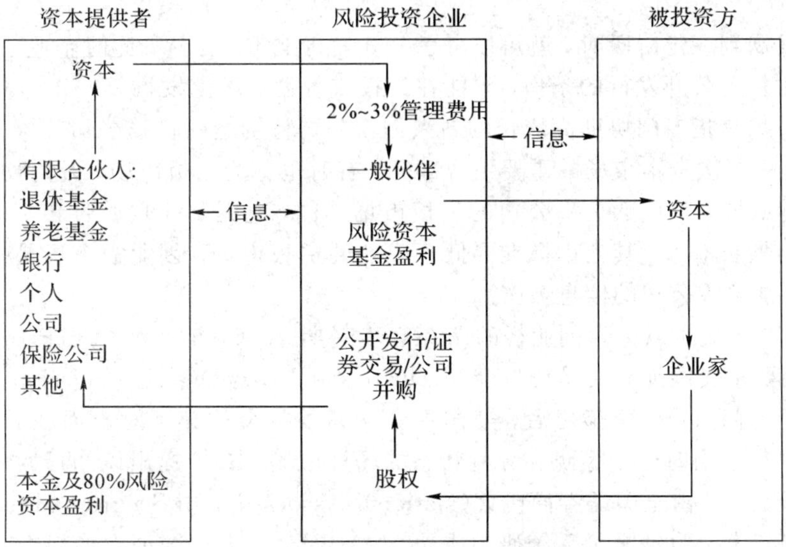

图 7-2　风险资本基金运作结构与流程

但是在英国，风险资本在中小企业所需要的外部资本中仅占很小一部分比例。同样，也只有很小一部分风险投资向初创企业和早期成长企业投放。这也反映了风险投资企业对较大投资业务的偏好。事实上，风险投资单笔额度平均值已经从 1988 年的 100 万英镑增长到了 1998 年的 300 万英镑。这一额度的增长反映了风险资本逐步从初创和早期企业资助转向了需要较大资本的后期成长企业的资助。

这一变化的主要原因包括养老金、退休金等越来越成为风险资金的主要来源，以及小型科技投资管理成本较高等。不管原因如何，风险投资在资助小企业创新中的重要性正在下降是一个不争的事实。

3. 公司风险投资

公司风险投资是风险资本运作的另外一种模式。英国工业联合会(Confederation of British Industry，CBI)在一份报告中对公司风险投资进行了描述："公司风险投资是一种正式的、直接的投资，往往发生在较大公司和独立小公司之间，他们共同贡献资金、管理和技术资源，共同分享成长带来的收益。"

实际中，通常是较大规模的公司对小公司进行资金持股，并分享小公司发展成果作为回报。大公司开展此类风险投资的主要目的是对能够实现其战略目标的技术进行投资，特别是当公司希望接触某类技术后再对其施加影响时。这往往和新产品或者新工艺形式的创新联系在一起。就其行业而言，这种投资通常发生在高技术领域，如生物医药、软件产业。

对于小公司而言，公司风险投资则是另外一种寻找资金的渠道。但是在投资中，小公司获得的不仅是资金，同时也能够接触到管理经验，有时候甚至是大公司的制造和销售资源。

此外，小公司并不是这种投资的唯一受益者，大公司同样从中获益匪浅。这不仅有利于大公司获取新的创意和技术，还使其有机会对新市场进行评估，同时也提供了一种新技术开发获益的渠道。

7.3.2 创业板上市

当企业发展到一定阶段时，就可以考虑公开发行上市。当然，此时企业一般规模较小，无法满足在主板上公开发行的条件，只能在二板或者创业板上发行。

创业板市场是指专门协助高成长的新兴创新公司特别是高科技公司筹资并进行资本运作的市场，是多层次资本市场的重要组成部分，有时也称为二板市场、另类股票市场、增长型股票市场等。与大型成熟上市公司的主板市场不同，它是一个前瞻性市场，注重于公司的发展前景与增长潜力，其上市标准要低于成熟的主板市场。创业板市场是一个高风险的市场，因此更加注重公司的信息披露。

20 世纪 60 年代可以称为创业板的萌芽起步时期。1961 年，为了推进证券业的全面规范，美国国会要求美国证券交易委员会(Securities and Exchange Commission，SEC)对所有证券市场进行专门研究。两年之后，美国证券交易委员会放弃了对全面证券市场的研究，而是将目光盯住了当时处于朦胧和分割状态的场外市场。SEC 提出以“自动操作系统”作为解决途径的设想，并由全国证券商协会(National Association of Securities Dealers，NASD)进行管理。1968 年，自动报价系统研制成功，NASD 改称为全国证券商协会自动报价体系(National Association of Securities Dealers Automated Quotations，即 NASDAQ 系统)。1971 年 2 月 8 日，NASDAQ 市场正式成立，当日完成了 NASDAQ 系统的全面操作，中央牌价系统显示出 2500 只股票的行情。1975 年，NASDAQ 建立了新上市标准，要求所有的上市公司都必须将在 NASDAQ 市场上市的证券和 OTC(Over-the-Counter Market，场外交易市场或柜台交易市场)证券分离开来。

与美国 NASDAQ 市场几乎同时起步的是，日本开始了创业板的脚步。1963 年，日本东京证券交易所设立了针对中小公司的第二板市场，并正式启用了场外市场制度。不过，在其后相当长一段时间内，日本的场外市场一直萎靡不振。

下面，我们将目前市场上影响力较大以及我国的创业板市场进行简单介绍。

1. 美国的 NASDAQ 市场

纳斯达克是英文缩写“NASDAQ”的音译名，全称是美国全国证券交易商协会自动报价系统。它建于 1971 年，是世界上第一个电子化证券市场。它利用现代电子计算机技术，将美国 6000 多个证券商网点连接在一起，形成一个全美统一的场外二级市场。1975 年又通过立法确定了这一系统在证券二级市场中的合法地位。纳斯达克的发展与美国高技术产业的成长是相辅相成的，被奉为“美国新经济的摇篮”。

纳斯达克实际上并非平常意义上的二板市场。由于吸纳了众多著名的高科技企业，而这些高科技企业又成长迅速，因此，纳斯达克给人一种扶持创业企业的印象。

建立纳斯达克的初衷在于规范美国大规模的场外交易，所以纳斯达克一直被作为纽约证券交易所(New York Stock Exchange，NYSE)的辅助和补充。先进而庞大的电子信息技术已经使纳斯达克成为世界上最大的无形交易市场。

纳斯达克共有两个板块，分别全国市场(National Market)和1992年建立的小型资本市场(Small Cap Market)。在成立之初，纳斯达克的目标定位在中小企业，但是因为企业规模随着时代的变化越来越大，所以到了今天，纳斯达克将自己分成了主板市场和小额资本市场。

1）主板市场上市条件：

(1) 需有300名以上的股东。

(2) 满足下列条件的其中一条：

股东权益(公司净资产)不少于1500万美元；最近3年中至少有一年税前营业收入不少于100万美元。

股东权益(公司净资产)不少于3000万美元；不少于2年的营业记录。

在纳斯达克流通的股票市值不低于7500万美元，或者公司总资产、当年总收入不低于7500万美元。

(3) 每年的年度财务报表必须提交给证管会与公司股东们参考。

(4) 最少须有三位做市商参与此案(每位登记有案的做市商须在正常的买价与卖价之下有能力买或卖100股以上的股票，并且必须在每笔成交后的90秒内将所有的成交价及交易量提交给美国证券商协会)。

2）纳斯达克小额资本市场

纳斯达克小额资本市场(Nasdaq Small Cap Market，NSCM)纳斯达克专为成长期的公司提供的市场，目前共有1700多只股票挂牌。在纳斯达克小额资本市场上市标准中，财务指标要求没有全国市场上市标准那样严格，但他们的管理标准是一样的，如表7-2所示。要在小额资本市场上市的公司，其4美元以上的上市开盘价必须维持90天，之后不得低于1美元，否则就要降级到柜台交易告示板；反之若公司营运良好且股价上升在5美元以上，则可申请到全国市场交易。

表7-2 小额资本市场上市条件

条　　件	首次上市/美元	持续上市/美元
净有形资产或总市值或净收入(在上一个会计年度或者前三年中的两个会计年度)	400万或5000万或75万	200万或者3500万或者75万
公众持股数	100万股	50万股
公众持股的市场总值	500万	100万
最低买入价	4	1
做市商数	3个	2个
股东数(交易单位股东)	300个	300个
经营历史总市值	1年或5000万美元	不作要求

2. 英国的另类投资市场

英国另类投资市场(Alternative Investment Market，AIM)是1995年在伦敦成立的股权市场，其目的主要是满足小企业，特别是科技型小企业的融资需求。由于是针对小公司而设立，因此批准流程更加精简，管理方法也更加灵活。具体来讲，区别主要体现在以下三方面：

1）上市标准

与主板股票市场伦敦股票交易所不同，AIM 在以下几个方面不设置最低要求：

· 公司规模
· 业绩记录
· 公众持股数量

但是，必须有一名保荐人(Nominated Advisor)，以保证申请上市的公司能够满足 AIM 的要求。这种上市方法比主板市场要灵活很多，因此更加符合高科技小企业的要求。

2）批准程序

同样，AIM 的批准程序比主板市场更加简化。批准时间也更加快捷，通常从进入程序到成功挂牌只需 24 周的时间。保荐人要努力确保公司满足上市条件。

3）监管制度

所有 AIM 挂牌公司都必须通过期中和半年公告公布财务绩效及未来绩效，但是无需公布资产获取和处置的相关细节。

AIM 刚成立时只有 10 家公司，到 2000 年时公司数量已上升至 524 家，合计市值达 145 亿英镑，其中 20%属于科技型企业，资本额度余额为 32. 6 亿英镑。2000 年，有 62 家企业加入了 AIM。

作为公开股权市场，AIM 除了帮助公司募集权益资本之外，还有其他一些作用：

· 可作为现有股权持有者的退出渠道
· 将企业纳入公众视野
· 持股人更广泛
· 对公司估值更加客观

该市场的服务对象主要是那些创新和创业企业群体。

3. 中国创业板市场

中国创业板的前期工作比较漫长。1998 年 12 月，国家计委向国务院提出“尽早研究设立创业板块股票市场”，由此开始了创业板的研究和推进历程。推出创业板的前期准备整整花了十多年的时间。2009 年 3 月 31 日，中国证监会发布了《首次公开发行股票并在创业板上市管理暂行办法》，明确规定创业板的上市发行门槛不变，仍采用两套上市财务标准。暂行办法于 2009 年 5 月 1 日开始实施。2009 年 10 月 23 日，中国证监会在深圳举行了创业板启动仪式。2009 年 10 月 30 日，我国首批 28 家创业板公司集中在深交所挂牌交易。

1）上市条件

(1) 发行人是依法设立且持续经营三年以上的股份有限公司。有限责任公司按原账面净资产值折股整体变更为股份有限公司的，持续经营时间可以从有限责任公司成立之日起计算。

(2) 两年连续盈利，最近两年净利润累计不少于 1000 万元，且持续增长；或者最近一年盈利，且净利润不少于 500 万元，最近一年营业收入不少于 5000 万元，最近两年营业收入增长率均不低于 30%。净利润以扣除非经常性损益前后孰低者为计算依据。

(3) 一期末净资产不少于 2000 万元，且不存在未弥补亏损。

（4）发行后股本总额不少于 3000 万元。

2）企业要求

（1）注册资本已足额缴纳，发起人或者股东用作出资的资产的财产权转移手续已办理完毕。发行人的主要资产不存在重大权属纠纷。

（2）最近两年内主营业务和董事、高级管理人员均没有发生重大变化，实际控制人没有发生变更。

（3）应当具有持续盈利能力，不存在下列情形：

① 经营模式、产品或服务的品种结构已经或者将发生重大变化，并对发行人的持续盈利能力构成重大不利影响；

② 行业地位或发行人所处行业的经营环境已经或者将发生重大变化，并对发行人的持续盈利能力构成重大不利影响；

③ 在用的商标、专利、专有技术、特许经营权等重要资产或者技术的取得或者使用存在重大不利变化的风险；

④ 最近一年的营业收入或净利润对关联方或者有重大不确定性的客户存在重大依赖；

⑤ 最近一年的净利润主要来自合并财务报表范围以外的投资收益；

⑥ 其他可能对发行人持续盈利能力构成重大不利影响的情形；

3）上市程序

在创业板公开发行股票并上市应该遵循以下程序：

第一步，对企业改制并设立股份有限公司。

第二步，对企业进行尽职调查与辅导。

第三步，制作申请文件并申报。

第四步，对申请文件进行审核。

第五步，路演、询价与定价。

第六步，发行与上市。

7.3.3　银行

“我第一次走进银行遇到了一个不错的小伙子，非常友善。他按正常程序处理我的贷款，就像把钱借给一个准备开报摊的人一样。他没有把握对我的改良的非线性识别技术做出评价。但是他给了我一个很好的建议，即使现在我还记得，那就是——人总是要买糖果的。”意思就是让迈克·林奇别开发软件了，建议他开个糖果店比较合适。

这段话引自于自治软件公司 CEO 迈克·林奇，反映了银行不愿意为高技术创业企业提供融资的现状。Moore 的一项研究发现只有 7%的高技术企业从银行获得了起步资金，而对全部中小企业来说，这一比例为 40%。

但是，一份英格兰银行的报告强调，英国银行业正在努力提高他们对于创新和高科技行业的金融服务。如国民西敏寺银行的创业与成长业务部有 225 名技术企业经理专门处理此类贷款业务。他们在技术企业评估服务公司的帮助下开展工作，该公司主要是通过独立的技术、市场专家网络提供低成本的技术评估服务，评价技术项目的技术可行性、商业可行性以及未来潜力。同样，汇丰银行也成立了创新与成长业务部，巴克利银行也在英国设立了 15 个技术中心。这些专门业务部门的出现说明英国的银行对扶持创新愈来愈重视。

小案例

龙　潭

在英国，有个非常流行的电视节目是BBC公司推出的龙潭。节目由埃文·戴维斯主持，邀请准备发布新产品或者新服务的发明家和创业者参加，通过宣讲从5条“龙”，即5个不同的个人创业资本家那里募集资金，每个创业资本家都愿意使用个人资金进行投资以换取新公司股权。作为个人创业资本家，这些“龙”实际上就是天使投资者。他们都是非常成功的创业者，都愿意把部分个人财富投资于新的企业，用历练多年的商业智慧识别有真正潜力的创意和发明。

在节目中，这些竞争者逐一推销自己，通过简短的陈述介绍他们的创意或者发明，预期提供的产品或者服务，要寻找的投资规模大小以及愿意出让的股份。节目主要关于创意和创新，对听众和竞争者而言都比较有个性。竞争者逐一自我展销之后，接下来轮到这些“龙”们出场了。他们会对投资建议进行探究，询问项目当期支出、专利保护以及预期销售额等。通过“龙”们的一番探讨和质询，就会发现许多登台的创意和创新都平平无奇，只有少数具有投资价值。

但是，也有极少数的幸运儿得到了他们所要寻找的投资。要投资的“龙”们和天使投资者一样，不仅拥有财富，还拥有大量知识和技能。其中一个项目就是一种获得新的专利设计的“扎带”，可以用以用来捆扎植物、袋子、麻袋、音响、电视机甚至是自行车，其发明人是来自英国东米德兰郡格兰森市的安迪·哈斯里。他从两位“龙”——詹姆斯·卡恩和邓肯·班纳塔那里募集了15万英镑，作为交换出让了公司50%的股份。两位投资人给他带来的不仅是资金，同时也带来了业务关系。几个月后，这种创新型的扎带就签订了为期三年价值3600万英镑的销售合同。

思考题

(1) 创新所需资金有哪些独特的特点和规律?

(2) 阐述创新不同周期阶段可能的资金来源。

(3) 解释资金自举及其主要渠道。

(4) 风险资金一般在什么时期会进入创新过程?

(5) 银行资金为什么不太可能成为创新的资金来源?

(6) 举例说明政府资金在创新过程中可能发挥的作用。

案例分析

eBay——世界上最成功的互联网公司

本案例研究探讨了eBay的成功过程，同时也介绍了eBay是如何通过不断开发新服务保持拍卖网站世界领先地位并为投资者带来非凡财务业绩的。

简介

eBay成立于1995年9月，是通过由个人和小企业组成的多元化社区出售商品和服务的全球在线市场。eBay 拥有来自世界各地的 1 亿多注册会员。据 Media Metrix 的统计，人们在 eBay 上花的时间比其他任何在线网站都要多，因此，说 eBay 是互联网上最受欢迎的购物目的地毫不为过。在 eBay 上，你几乎可以购买到任何商品，从收藏品如集换式卡牌、古董、木偶和家用器皿，到实用物品如汽车、服装、书籍、CD 和电子产品。买家可以选择以拍卖形式购买物品或通过“Buy It Now”方式以固定价格购买物品。目前，eBay 在澳大利亚、奥地利、比利时、加拿大、法国、德国、爱尔兰、意大利、韩国、荷兰、新西兰、新加坡、西班牙、瑞典、瑞士、英国等国家和地区都开办有当地网站。此外，eBay 还通过投资 MercadoLibre网站和易趣网在拉丁美洲和中国开展业务。

eBay 公司可以称得上是最成功的互联网企业了，其市值高达 350 亿美元，季度利润与亚马逊的年利润相当。eBay 总部位于加利福尼亚州圣何塞，现已是网上拍卖销售模式的同义词。eBay 的核心价值在于为个人和企业提供了买卖便利。作为行业领军企业，eBay 还建立了第一个诚信在线商业社区，因此卖家和买家之间的交易能够按照双方的评估和建议进行规范。尽管 eBay 已经催生了许多模仿者，其他具有拍卖功能网站也接连出现，但它仍然继续主导着拍卖行业，并保持着在创意产业及创新模式如固定价格、半价销售上的领先优势。

eBay 的运作模式

eBay 的网络竞卖网站从一个本地跳蚤市场成长为全球贸易的发动机，收入从 1996 年的 8600 万美元猛增至 2004 年的 33 亿美元。即使相对于风头正劲的互联网股票价格而言，eBay 的股票价格依旧是可圈可点，其现金回报能力一直优于雅虎和谷歌。

eBay 本质上与实体竞卖是一样的。待售物品投标和列单之前，买家和卖家都必须注册 eBay。eBay 上被列单的所有物品可被包括非注册用户的所有人浏览，但是如果想交易(也就是购买或销售)，就必须先注册会员。图 7-3 展示了一个典型交易的过程：

1. 列出物品
2. 生成对所有人可用的卖家的销售追踪记录
3. 潜在买家开始竞价
4. 卖家浏览买家的购买追踪记录
5. eBay 通知获胜的出价人和赢得竞拍的卖家
6. 支付完成并发货

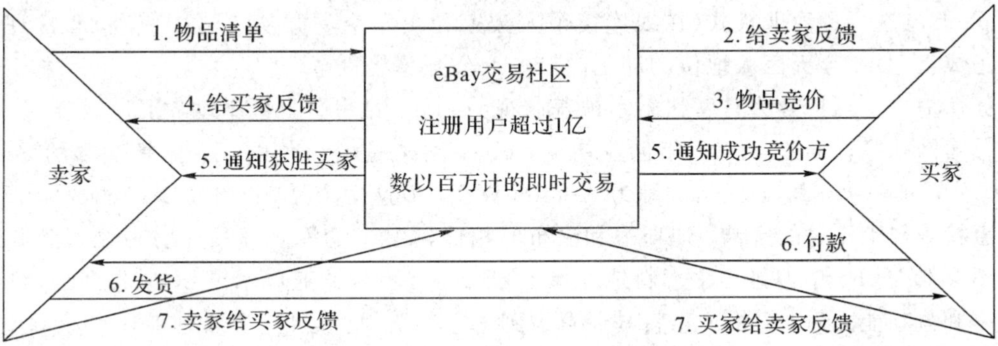

图 7-3　eBay 的运作模式

7. 买家和卖家彼此反馈。

eBay 的收入来自于向展列物品的卖家及获胜的出价方收取很小比例的费用。例如，展列一部小说，一个卖家可能只用花费几个便士(大约 20 便士)。而展列一部汽车则可为 eBay 带来 6 英镑的收入。

整个系统是基于诚信的，因此在这个平台上，无赖的交易商会有机会对诚信的交易商进行耍赖或者盗取钱财。为了降低商家损失，eBay 使用了反馈系统，使得卖主和买家能够在达成交易之前看到彼此的历史交易记录。这有助于诚信的交易商识别出可信任的交易者。因此，新的交易商在同其他人交易之前，就必须塑造一个诚信交易商的形象。例如，同意在收到商品之前就为其支付，或者作为一个卖主，在收到钱之前就发出商品。

eBay 的诞生

eBay 于 1995 年 9 月诞生，原名为 AuctionWeb。这一想法是在其创始人皮埃尔·奥米迪亚(Pierre Omidyar)与未婚妻的一次讨论中产生的。在朋友杰夫·斯科尔的帮助下，创办了 AuctionWeb，它于 1996 年被合并，并于 1997 年更名为 eBay。

然而，经过一年的交易，刚刚起步的公司发展依旧十分艰难。令开创者担心的问题包括存在许多竞争对手(如雅虎的在线竞拍网站)、技术力量不足和互联网的快速发展和变化。

要使 eBay 成功，就必须投入相当数量的资金。1997 年，奥米迪亚驱车前往硅谷的沙丘路寻求风险资本，为他羽翼未丰的在线跳蚤市场融资。尽管 eBay 公司营业额月增长速度高达 40%，在没有任何营销费用的情况下，也达到了 30%的利润增长率，但是 eBay 还是需要专业化的管理。网上拍卖市场竞争很激烈，有 150 个多个拍卖网站，其中许多是免费的，不像 eBay 是付费的。奥米迪亚没有准备幻灯片演示文稿，也没有起草商业计划，更糟糕的是公司的电脑服务器也坏掉了——这意味着他无法向投资人进行网站展示。对奥米迪亚来说，这不是一个好的开始。但经过 4 周的努力，一家风险资本公司 Benchmark 同意投资 670 万美元，并且对 eBay 估价大约 2000 万美元。根据 Benchmark 的评估，奥米迪亚意识到他需要更优秀的人才来经营企业。除了资金投入，Benchmark 还提供了服务和商业关系。最终，Benchmark 获得了 45 亿美元的投资回报，可能是风险投资产业史上最巨额的利润。但是 eBay 也同样获得了惊人的投资回报。事实上，是 Benchmark 帮助 eBay 招聘了梅格·惠特曼为首席执行官，布莱恩·斯韦特为首席运营官，即现在的企业发展部负责人。虽然毫无疑问 eBay 选择的商业模式(在线连接个人买家和卖家交易并从交易中获利)非常好，但是真正成就 eBay 今天巨人地位的却是向市场上公开募集资金。

任命梅格·惠特曼为首席执行官被普遍视为 eBay 的一个出色举动，正是她令 eBay 从众多拍卖网站脱颖而出。1997 年创业初期，eBay 网站是黑白色的，字体是基本的 courier 字体。公司被称为 eBay，网站被称为 AuctionWeb，但这两个品牌同时出现在网站上。与梅格·惠特曼曾工作过的宝洁、迪斯尼和汉布罗相比，eBay 的网页显得十分业余，很多人认为她不会加入 eBay，但她出乎意料地选择了 eBay。在奥米迪亚展示了 eBay 超高的增长率、利润率和盈利能力后，梅格·惠特曼便意识到了它的潜力。此外，奥米迪亚还表示，当人们在 eBay 上遇到朋友时，就会对网站和 eBay 社区产生亲切感。1998 年 1 月 2 日，梅格·惠特曼加入了公司。她第一个重大决策之一就是拒绝竞争对手"Onsale"的合并拍卖网站要约，而开始准备进行首次公开募股(IPO)。公司只有 35 名员工，她担任高级管理职位。她聘请审计机构，并建立了投资银行引领报价的选择过程。1998 年 9 月，eBay 当时的首席财务官加里·本杰尔、奥米迪亚和她开始对投资者进行了为期三周的巡演。那年秋天，eBay 获得了一个轰动的 IPO——史上第五个最成功的 IPO。这些股票 9 月 24 日在纳斯达克以 18 美元开始交易。截止到收盘，他们的股票价格增长了近两倍，达 47 美元。筹集到的资金立即被投入公司运营。在 eBay 的同行还在用创业资金苦苦支撑时，eBay 已经成为一家持续盈利的硅谷公司，并成为世界上最成功的互联网集团。此外，eBay 盈利潜力巨大，因为它几乎没有商品成本，没有库存和营销成本，同时也没有大的资本开支，如图 7-4 所示。

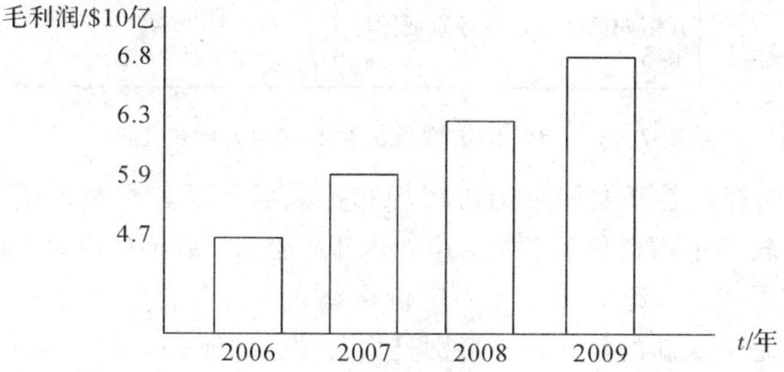

图 7-4　eBay 的利润

任何事似乎都是公平的。接下来的 1999 年，eBay 遭受了公司史上最严重的灾难之一——6 月份，该网站当机了 22 个小时，接下来四天也未能很好地运转。团队开始质疑他们是否能够持续面向全球拓展公司业务，对自身的技术也开始表示质疑。很明显，eBay 需要在技术平台上进行大量投资，这是整个公司赖以运营的基础。

商业模式

eBay 所开发出来的商业模式非常独特，并且随着公司的增长不断演化。开创者的目的是把 eBay 打造成一个网络社区，这一愿景有助于 eBay 公司的形成。为更好地发展公司，eBay 雇佣了 5000 人来处理用户群的想法和建议。在这 5000 人中，50%与顾客支持有关，20%与技术支持相关。这样一来，eBay 无需在了解顾客需求上花费大量资金，因为他们的顾客会不断地提出要求和变革建议。例如，2003 年，eBay 每周都会从用户那里收到100 000多条信息，这些信息既包含一些建议，也有系统故障反映。一段时间后，eBay 推出了新的技术系统，用来追踪每位潜在顾客的一举一动，这对公司决策提供了丰富的信息。另外，eBay 的分类经理在公司发展中也扮演了至关重要的角色。这些分类经理的职责是开发各种工具帮助买卖双方更加顺利地开展交易。

如何使公司持续成长

1999 年，在成为 CEO 的第一年，梅格·惠特曼面临的挑战十分艰巨。为实现宏大的增长目标，eBay 需要转型，而增长的机会就存在于安索夫增长份额矩阵中的四个象限中，如图 7-5 所示。问题的关键是应该对哪些项目进行投资？投资的先后顺序是什么？在什么时候投资？

	目前产品/服务	新产品/服务
目前市场	1. 市场渗透战略 试图刺激现有用户消费更多	3. 产品发展战略 无线设备 引进诸如汽车、船等行业 固定价格的商品 PayPal：支付系统 提供销售佣金
新市场	2. 市场发展战略 吸引新的供应商如大型企业 开拓如德国、日本等重要国际市场	4. 多元化战略 Skype：网络电话 加强团体之间的沟通

图 7－5　eBay 确定增长机会的安索夫增长矩阵

分析表明，当时存在着开发旧货销售市场和扩大服务顾客数量的需求，特别是，eBay 需要考虑进入具有较高平均售价的领域，比如汽车、船只，甚至是房屋。此外，eBay 还应考虑增加更多的销售形式，从竞卖转变为固定价格销售，以迎合传统顾客的需求。实现销售增长的另一个方法是引入新的销售商，特别是大公司。此外，eBay 还应开拓国际市场。

新服务的开发

国际扩张

2000—2005 年，eBay 进行了国际扩张，在英国、德国、日本、意大利和澳大利亚分别建立了本地化网站，并且在 2005 年购买了韩国最大在线竞卖网站的大部分股份。

在线支付体系：Paypal

2002 年，eBay 以 13.7 亿美元的价格全额收购了 Paypal 这一世界最大的在线支付系统。这一交易是 eBay 迄今为止最大的一项投资，eBay 也意识到自己的支付系统 Billpoint 并不成功。而且，Paypal 收入的大约 60％是在 eBay 上产生的，因此这两家公司之间具有天然的联系。对 Paypal 的收购能够使 eBay 扩张到自己竞卖服务之外的领域。eBay 和 Paypal 两个公司前景都非常看好，因为他们都是基于互联网优势的企业。eBay 具有典型的“网络效应”，新顾客被添加到网络中几乎是零边际成本，但是可以收到与其他客户相等的利益。同时，eBay 和 Paypal 能够通过减少买家操作步骤数量，增强互联网的潜力，加快交易数量，提高收入。

无线设备

为使用无线设备的顾客提供浏览 eBay 的方法，是技术发展的必然趋势。eBay 的产品在大多数方面具备在无线市场上成功运营的条件，比如它能推送高度个性化的信息并且具有较强的时效性。eBay 的无线服务应该对那些富有的、贵重物品买家有足够的吸引力，因为他们在忙碌的职业生活中，几乎不可能有空闲时间在 PC 客户端追踪拍卖结果。但是，任何一个无线软件程序都必须要考虑一个问题，即界面简单。eBay 可以对该服务进行额外收费，而且许多人也相信，如果 eBay 能够增加他们在心仪物品拍卖中胜出的机会的话，eBay 的顾客愿意每月多花费一定的费用。

eBay 商店

eBay 于 2004 年开始为卖家提供网上商店服务，卖家可以以此指导顾客浏览更多的商品。这种做法受到大型零售商的极大欢迎。

基于网络协议的语音服务(VOIP)和无线电话

2005 年 10 月，eBay 以 26 亿美元的价格收购了网络电话服务商 Skype。这次收购被认为有较大的风险。Skype 是一家提供基于网络语音服务(Voice Over Internet Phone，VOIP)的公司，这项服务可以让用户通过网络免费通话。Skype 在 2006 年第三季度实现了 5000 万美元的营业收入。eBay 希望能够借此突破自己的核心电子商务业务，进而与谷歌和雅虎公司竞争。这将会让 eBay 已有的网络增加语音通话的特色功能，并且使其在每个潜在顾客发起通话时对卖家收费。

毫无疑问，eBay 上有 500000 多个卖家，并且很多都是企业家，很快就能学会最好的操作方式和使用新的软件。收购 Skype 和语音通话的使用使 eBay 能够提供呼叫转移服务，从而绕开传统的私人商品交换网络，这样一些小公司就能够得到一些类似企业型的通讯系统。而且，这还会带来更多其他的机会。例如，卖家可以直接提供细节和分类内容，让潜在的购买者通过 Skype 免费观看商品的视频。

这还不是 Skype 和 eBay 结合的全部优势。Skype 和 eBay 用户的数据还可以与其他服务相连接创造出新的社区和通讯工具。首先，Skype 支持更广泛的平台。此外，Skype/eBay/Paypal 的连接还将发展出会话市场的平台化策略。由此，连接到不同的应用平台界面后，开发者们可以设计出他们自己的“软电话”、企业方案甚至支付与通话通道——一种与 Skype 等价的优质电话服务。

eBay 禁止消极的卖家言论

2008 年，eBay 宣布它的商业模式将会发生重大改变。eBay 声称，买家对卖家进行消极评论时，卖家也会回复报复性评论，这会导致交易变缓。从 2008 年 5 月起，eBay 上的卖家将不能对买家写下不好的或者中立的评论。这个决定将在全球范围内影响 eBay 用户，也激怒了许多卖家。卖家认为这将使他们不受保护。批评者认为，取消卖家的投诉权将会使得在交易出现争议时，卖家对问题买家几乎无计可施。而且他们认为，eBay 允许买家留下有关卖家的负面评论，说明 eBay 在交易过程中是有所偏袒的。但是，eBay 坚信这项改变是必需的，并且投入更多的手段保护买家，促进公平的交易市场：

(1) 为了阻止不需要的竞标者，卖家可以将买家的需要增加到他们的清单上。卖家可以阻止那些违规过多、有未付款物品或者没有在 PayPal 上注册过的买家竞标。

(2) 卖家可以要求买家立刻付款。如果你当场买了产品，卖家可要求买家立即使用 PayPal 付款。

(3) 卖家有一个反映买家问题的简便方法。卖家可以使用卖家检举中心报告未付款项目、信用敲诈以及其他任何有关买家的问题。

结论

除了执掌 eBay 之外，梅格·惠特曼还就职过保洁公司和迪斯尼公司董事会。根据福布斯杂志的统计，梅格·惠特曼现在身价 13 亿美元，是唯一在时代周刊上连续被评为最有影响力的人。梅格·惠特曼是世界上最富裕的女 CEO，曾给她的母校——普林斯顿大学捐赠了 3000 多万美元。

梅格·惠特曼使 eBay 从一个小型的只能竞拍 300 多类物品的国内企业发展成为一个全球型企业，营业范围多达 18 个国家，提供 16000 类物品的拍卖服务。她扩大了可以拍卖的商品种类，从收藏品到汽车、摩托车、电脑、度假屋甚至是高尔夫开球次数。例如，湾流(Gulfstream)公司还在 eBay 上以 490 万美元出售了公司的喷气式飞机。但是，eBay 冒着疏远传统顾客的风险，引入了固定价格销售模式。IBM 现在是它最大的顾客，这个转变就是 eBay 远离竞拍、进入主流销售的标志，但这与 eBay 曾经的主旨恰恰相反。

eBay 现在应该开始着手处理诈骗问题。引进押金账户也许能帮助 eBay 克服虚假竞标者的问题。押金账户可以自动减少成功竞标人一定比例的押金，或者 eBay 也可以从用户信用卡上自动减扣。似乎有一些人只是喜欢浏览 eBay，并没有意图购买。尽管 eBay 能够知道有多少竞拍是成功的，但是却不能显示出有多少卖家没有得到付款。

购买网络电话 Skype 为 eBay 增加了许多机会。eBay 是否会拒绝成人市场——这个很多开发者都认为有潜力的市场？尤其是录像机产业历史告诉我们，成人产业始终处于科技和市场的最前沿。

网络语音、在线支付(Paypal)和 eBay 社区应该创造更多的新体验，并且应在三种业务的交叉领域提出新的开发方案。开发者社区创新的开放程度决定了 eBay 能否成功，并且存在能够使 eBay 和独立开发者共同受益的种种机遇。毫无疑问，eBay 能够收回在网络电话 Skype 上的巨大投资，但是如果 eBay 将开放平台向外部力量开放，这个回报将会更加丰厚。值得注意的是，技术曾经是 eBay 的劣势，现在成为了 eBay 的长处。

问题：

(1) eBay 的商业模式是什么？为什么它如此成功？

(2) 拍卖市场的其他电商如亚马逊、雅虎等，发展远不如 eBay。eBay 是如何保持它的领先地位的？

(3) 为什么 eBay 禁止留下对买家的消极反馈？这次改变有什么影响？

(4) eBay 力求将“用户”概念化为“社区”(Community)(而不是说“顾客”或“客户”)，运用这一概念上的目的是什么？此举是否能使 eBay 有所收获？

(5) eBay 一直是销售二手货和收藏品的市场。今天，它正日益成为一个众多企业来拍卖自己库存商品的重要地方。为什么一个大品牌供应商会在 eBay 上建立自己的商店？

(6) 许多分析家认为，eBay 更变为固定价格销售模式是冒着远离传统旧货销售社区平台的风险的。eBay 如何使自己不成为另外一个简单的产品销售网站？

(7) 对于摆在 eBay 眼前的发展机会，它应该如何开发？以怎样的顺序来开发？

第 8 章　创新知识产权管理

学习目标

※ 知识产权的概念与特征
※ 创新相关的知识产权的主要形式
※ 企业常见的专利战略
※ 企业常见的商标战略
※ 知识产权保护的逻辑

知识产权是创新的源泉和核心。要切实推动创新，最根本的是要保护知识产权。特别是在互联网迅猛发展、信息传播成本几乎为零的今天，创新成果极易被他人“复制”。如果不用严格的知识产权保护制度进行约束，企业创新投资就很难得到应有的回报，这会严重打击企业创新的积极性。本章主要介绍知识产权的一般知识，重点讲解知识产权的有关内容，包括知识产权的定义与特征、知识产权的不同形式以及企业如何处理已获得的知识产权。此外，本章还会介绍不同的知识产权战略，展示创新企业如何使用知识产权，尤其是如何进行知识产权交易为其所有者实现价值。

8.1　知识产权及其特征

8.1.1　知识产权的发展历史

随着科学技术和产业革命的进步，对知识产品的占有、使用会带来极大的经济收益已逐渐成为人们的共识。然而，技术的转移与公开势必会使原先的发明创造者丧失竞争优势，这就需要建立一种机制，以确保既能维持新技术发明人的技术优势，又能满足社会对该技术的需要，防止技术垄断。于是，知识产权制度中的专利制度率先应运而生。18 世纪 60 年代在英国开始的产业革命，就是专利制度产生的催化剂。之后，西方国家又产生了著作权制度和商标权制度。迄今为止，经过数百年的洗礼，知识产权制度已成为国际上通行的保护智力成果和工商业信誉的法律制度。

知识产权“Intellectual Property”中的“Property”可以从不同角度理解，1980 年《牛津法律大辞典》解释为“财产权，财产”。严格地讲，这个术语用来指财产所有权，法律规范规定物的所有权转移的情形便是如此。在作为财产所有权的意义上，财产所有权既可以存在于有形财产中，也可以存在于无形财产中。从古罗马法财产限于有形物到无形财产概念的出现，反映了随着社会的变迁，人们对财产、财产权认识水平的提高，也为知识产权的出现奠定了思想基础。

从总体上讲，知识产权作为一种新型的财产形态，是商品经济和科学技术发展到一定阶段的产物。商品经济的发展，不仅使知识产品创造人对其知识产品的权利意识增强，而且为知识产品的市场流通开辟了广阔的道路。科学技术的发展则为知识产品的利用及价值实现提供了必要条件。也就是说，知识产权是社会生产力发展到一定阶段后，才在法律中作为一种财产权出现的。

19 世纪中后期，各国逐渐认识到了知识产权在促进本国经济、文化的发展和科学技术进步方面的重要作用，纷纷通过知识产权立法保护知识产权。这堪称知识产权制度上的又一次飞跃。从 19 世纪末开始，有关知识产权的国际多边公约、地区公约或双边协定纷纷出台，其中 1883 年签订的《巴黎公约》和 1886 年签订的《伯尔尼公约》成为知识产权领域国际保护制度的基本法律框架。知识产权保护从此呈现国际化的特点，而且知识产权保护和协调的国际化趋势愈来愈明显。特别是进入 20 世纪 70 年代以来，随着各国在经济、科学、技术、文化领域交流与合作的不断扩大，知识产权的国际化又迈上了一个新台阶。

知识产权国际化保护使具有严格地域性的知识产权可以通过一定途径获得他国保护而具有国际性。可以说，现代知识产权保护就是以成立知识产权国际保护组织和缔结大量国际知识产权公约为特点的。

8.1.2 知识产权的定义

知识产权是指人们对于自己的智力活动创造的成果和经营管理活动中的标记、信誉依法享有的权利。

知识产权是一种无形财产权，它与房屋、汽车等有形财产一样，都受到国家法律的保护，都具有价值和使用价值。有些重大专利、驰名商标或作品的价值也远远高于房屋、汽车等有形财产。

知识产权是智力劳动产生的成果所有权，它是依照各国法律赋予符合条件的著作者以及发明者或成果拥有者在一定期限内享有的独占权利。

知识产权可分为两类：一类是版权(也称为著作权、文学产权)，另一类是工业产权(也称为产业产权)。版权是指自然人、法人或者其他组织对文学、艺术和科学作品依法享有的财产权利和精神权利的总称，主要包括著作权及与著作权有关的邻接权；通常我们说的知识产权主要是指计算机软件著作权和作品登记。工业产权则是指工业、商业、农业、林业和其他产业中具有实用经济意义的一种无形财产权(由此看来“产业产权”的名称更为贴切)，主要包括专利权与商标权。

8.1.3 知识产权的特征

1. 知识产权的专有性

知识产权具有专有性，也称为垄断性、排他性，即除非权利人同意或许可或法律规定，任何其他人都无权享有。这种专有性表现在：

第一，知识产权权利主体的专有性，指知识产权的授予只有一次。知识产权的主体是特定的，权利人以外的任何人都不能享有这项权利。权利人垄断所有权，受法律保护。

第二，知识产权权利客体的专有性。从事智力创造活动极为艰苦，一旦成果落入他人之手，便会很快传播，被他人复制、利用。因此，对同一发明创造或可识别性标志，被授予权利只有一个客体。

第三，知识产权权利内容的专有性。权利人对自己的知识产权权利，可以由本人行使，也可转让或许可他人行使，但这些权利具有稳定性和可授予性特征，具有特定的内容。

2. 知识产权的地域性

知识产权作为法律确认和保护的一种专有权利，在空间上的效力是有限的，受国家领土限制，具有严格的地域性。但是，全球经济发展促进了国际间的合作与交流，使知识产权制度逐步统一化、国际化。

在自由资本主义向垄断资本主义过渡时期，没有地域性有利于发达国家将不发达国家的智力成果拿过来进行复制、利用、经营，不受他国法律禁止，实现“我的就是我的，你的也是我的”的强盗信条。而发展中国家则由于技术梯度的问题，无法消化或吸收发达国家的先进技术，需要知识和时间的积累。

垄断资本主义时期，地域性又危及发达国家的利益，即有形财产没有严格的地域限制，一项有形财产到了他国境内，权利人不会丧失财产，只要他国法律承认，也能得到他国冲突规范保护。而知识产权由国内法调整，一般不发生域外效力。

因此，发达国家便迅速抛出法律，强化地域性，保证其不丧失摄取高额利润的机会，《保护工业产权巴黎公约》(1883 年)、《保护文学艺术作品伯尔尼公约》(1886 年)、《商标国际注册马德里协定》(1887 年)即是在此历史背景下由发达国家发起并签订的盟约。这些盟约的签订有利于发达工业国家而不利于发展中国家，因为具有国际经济技术垄断能力的智力成果，90%集中在工业国家。国际知识产权公约只能认为是法律上的平等而事实上的不平等，也是东西方矛盾、南北方症结的一个重要内容。

3. 知识产权的时效性

知识产权的时效性是指知识产权在时间上的效力限制。知识产权中财产性质的权利受法律保护，在时间上不是无限的、永恒的，而是有一定的期限，这种期限称为保护期或有效期，即知识产权只在有效期内才受法律的保护。期限届满知识产权即进入公有领域，成为整个社会的财富。

时效性制度是在保护时间过短，不利于激励发明创造，而永久占有又对社会公众不利的两难境地下均衡与协调的结果，即一定程度的时间限制有利于鼓励竞争。如今，时效性制度已成为世界普遍采用的制度。

《中华人民共和国专利法》规定从申请之日起计算，发明专利权保护期为 20 年，实用新型专利和外观设计专利保护期为 10 年。《中华人民共和国商标法》规定：注册商标保护期为 10 年，自核准注册之日起计算，期满可以续展。《中华人民共和国著作权法》也规定：自然人作者保护期为作者终生及死后 50 年，截止于作者死亡后第 50 年的 12 月 31 日；而作者的人身权(如署名权、修改权、保护作品完整权等)却没有时间限制。

4. 知识产权无体性

有体是指有实体的存在，人们可用五官触觉去认识，如土地、房屋等。无体是指无实体，只有一种拟制的物体，是一种知识产品。

广义的无体产权不仅只限于对知识产品所享有的权利，还包括因债券、商业票据、合同文件、股票等产生的权利；对作品、专利、商标、发明、发现等产生的权利只是无体财产权的一部分。人们对作品、专利、商标、发明等享有的独占权、专有权，称为知识产权。

无体与有体相比有两个区别：第一，无体财产往往要通过特定的申请、审查、批准或登记手续而取得或确认，而有体财产权则依据法律事实而产生，例如购买、赠与等；第二，对有体财产的侵害行为通常表现为毁损或非法占有，而知识产权侵害行为往往表现为剽窃、仿冒等。

8.2 主要的知识产权形式

8.2.1 专利权

1. 专利的定义与特性

专利(patent)一词来源于拉丁语 Litterae patentes，意为公开的信件或公共文献，是中世纪的君主用来颁布某种特权的证明，后来指英国国王亲自签署的独占权利证书。专利是世界上最大的技术信息源。据实证统计分析，专利包含了世界科技信息的 90%～95%。

专利权(Patent Right)简称“专利”，是发明创造人或其权利受让人对特定的发明创造在一定期限内依法享有的独占实施权，是知识产权的一种。我国于 1984 年公布专利法，1985 年公布该法的实施细则，对有关事项作了具体规定。

专利权的性质主要体现在排他性、时间性和地域性三个方面。排他性也称独占性或专有性。专利权人对其拥有的专利权享有独占或排他的权利，未经其许可或者出现专利权法律规定的特殊情况，任何人不得使用，否则即构成侵权。这是专利权(知识产权)最重要的法律特点之一。

专利的目的是推动和鼓励创新。每个发明家都面临着这样一个问题，如果发明比较成功，可能很快就会被复制，辛苦的研发努力只能带来很少的回报。如果被复制的几率降低，那么发明家获得商业成功的概率就会高一些。这实际上是一个公共政策问题，政府不得不在激励创新和创新缓慢扩散之间做出权衡。

一般来说，专利应具有以下三个特点：

· 新颖性

一项发明必须是新的。根据英国《专利法 1977》，如果一项发明“没有构成现有技术(State of the Art)的一部分”，则可以被认作是新的发明。“现有技术”是指在专利申请被受理的时间点上，该发明是否向公众公开。在这里未向公众公开的定义要求十分苛刻，在某地某个场合曾经使用过专利就足以证明专利是现有技术的一部分。例如，曾经证实一个 12 岁的小男孩制作了一个帆板并且在海灵岛和汉普郡公开使用过，这对后来一项帆板专利的申请造成了不利影响。这对于创新者而言有很重要的启示，在获取一项专利之前展示一项发明——比如向潜在投资者，会给后来获取专利造成极大的风险。因此，Bainbridge 建议道，如果某项发明进行原型场地测试时可能会被公众看到，那么发明者应该在实施这种活动之前进行专利申请。

· 创造性

发明还必须涉及一定的创造性。实际上这意味着发明不能是显而易见的事物。问题是对谁显而易见呢？答案是对理论上的熟练产业工人。理论上的产业工人不一定是专家，也可能该工人只有关于该领域的一般知识。在戴森电器公司的例子中，由于真空吸尘器行业的公司坚持使用有袋真空吸尘器，因而无袋真空吸尘器不是显而易见的，所以包含了发明所必须具备的创造性。

• 产业应用性

发明还必须能够被付诸于某种形式的产业应用。这项要求既反映了专利的历史，又反映了它的实践本质。专利在历史上一度被认为是“产业财产”，而不是“知识财产”。产业应用的要求就把许多科学发现排除在专利之外。发现如果想要申请专利，就必须被纳入到某种形式的设备、仪器或者产品之中。相应地，如果某一发现是基于某一产业流程生产出来的，就可以申请专利。由此一来，药品盘尼西林的发现无法申请专利，但是生产盘尼西林的工艺则可以申请专利。

一旦发明满足上述3项要求即可以申请专利。但是某些项目被排除在外(尽管符合产业应用要求的范围)，例如科学发现、数学模型和艺术创造(如文学和艺术作品)就无法申请专利，另外计算机软件和商业方法也在此之列。尽管计算机软件相关产品无法申请专利，但如果这种软件是由于引入了某种技术创新的结果，则可以申请专利。关键要点在于(至少在欧洲)，只要软件能够带来技术效果并产生创造性，使计算机或者附属设备运行效果有所提升(比如说更加有效地使用内存)，那么便可以申请专利。在美国，每年授权的170 000项专利中，大约15%属于计算机软件。

2. 专利权所有者

专利权的主体即专利权人，是指依法享有专利权并承担相应义务的人。专利权主体包括以下几种：

• 发明人

发明人或设计人，是指对发明创造的实质性特点作出了创造性贡献的人。在完成发明创造过程中，只负责组织工作的人、为物质技术条件的利用提供方便的人或者从事其他辅助性工作的人，例如试验员、描图员、机械加工人员等，均不是发明人或设计人。其中，发明人是指发明的完成人，设计人是指实用新型或外观设计的完成人。发明人或设计人，只能是自然人，不能是单位、集体或课题组。

如果一项非职务发明创造是由两个或两个以上的发明人、设计人共同完成的，则完成发明创造的人称之为共同发明人或共同设计人。共同发明创造的专利申请权和取得的专利权归全体共有人共同所有。

• 单位

对于职务发明创造来说，专利权的主体是该发明创造的发明人或者设计人的所在单位。职务发明创造是指执行本单位的任务或者主要是利用本单位的物质技术条件所完成的发明创造。这里所称的“单位”，包括各种所有制类型和性质的内资企业和在中国境内的中外合资经营企业、中外合作企业和外商独资企业；从劳动关系上讲，既包括固定工作单位，也包括临时工作单位。

职务发明创造分为两类：一是执行本单位任务所完成的发明创造；二是主要利用本单位的物质技术条件所完成的发明创造。“本单位的物质技术条件”是指本单位的资金、设备、零部件、原材料或者不对外公开的技术资料等。

专利权职务发明创造的专利申请权和取得的专利权归发明人或设计人所在的单位。发明人或设计人享有署名权和获得奖金、报酬的权利，即发明人和设计人有权在专利申请文件及有关专利文献中写明自己是发明人或设计人；被授予专利权的单位应当按规定向对职务发明创造的发明人或者设计人发放奖金。在发明创造专利实施后，单位应根据其推广应用的范围和取得的经济效益，对发明人或者设计人给予合理的报酬。发明人或设计人的署名权可以通过书面声明放弃。

3. 专利的保护对象

专利法保护的对象是指依法应授予专利权的发明创造。根据我国专利法第 2 条的规定，专利法的客体包括发明、实用新型和外观设计三种。

· 发明

发明是指对产品、方法或者其改进所提出的新的技术方案。发明必须是一种技术方案，是发明人将自然规律在特定技术领域进行运用和结合的结果，而不是自然规律本身，因而科学发现不属于发明范畴。同时，发明通常是自然科学领域的智力成果，文学、艺术和社会科学领域的成果也不能构成专利法意义上的发明。

根据专利审查制度的规定，发明分为产品发明、方法发明两种类型，既可以是原创性的发明，也可以是改进型的发明。产品发明是关于新产品或新物质的发明。这种产品或物质是自然界从未有过的，是人利用自然规律作用于特定事物的结果。如果某物品完全处于自然状态下，没有经过任何人的加工或改造而存在，就不是我国专利法所规定的产品发明，不能取得专利权。方法发明是指为解决某特定技术问题而采用的手段和步骤的发明。能够申请专利的方法通常包括制造方法和操作使用方法两大类，前者如产品制造工艺、加工方法等，后者如测试方法、产品使用方法等。改进发明是指对已有的产品发明或方法发明所作出的实质性革新的技术方案。例如，爱迪生发明了白炽灯，白炽灯是一种前所未有的新产品，可以申请产品发明；生产白炽灯的方法可以申请方法专利；给白炽灯填充惰性气体，其质量和寿命都有明显提高，这是在原来基础之上进行的改进，可以申请改进发明。

· 实用新型

实用新型是指对产品的形状、构造或者其结合所提出的适于实用的新的技术方案。实用新型专利只保护产品。该产品应当是经过工业方法制造的、占据一定空间的实体。一切有关方法(包括产品的用途)以及未经人工制造的自然存在的物品不属于实用新型专利的保护客体。上述方法包括产品的制造方法、使用方法、通讯方法、处理方法、计算机程序以及将产品用于特定用途等。例如，一种齿轮的制造方法、工作间的除尘方法、数据处理方法、自然存在的雨花石等不能获得实用新型专利保护。

产品的形状是指产品所具有的、可以从外部观察到的确定的空间形状。对产品形状所提出的技术方案可以是对产品的三维形态的空间外形所提出的技术方案，例如对凸轮形状、刀具形状作出的改进；也可以是对产品的二维形态所提出的技术方案，例如对型材的断面形状的改进。无确定形状的产品，如气态、液态、粉末状、颗粒状的物质或材料，其形状不能作为实用新型产品的形状特征。

产品的构造是指产品的各个组成部分的安排、组织和相互关系，可以是机械构造，也可以是线路构造。机械构造是指构成产品的零部件的相对位置关系、连接关系和必要的机械配合关系等；线路构造是指构成产品的元器件之间的确定的连接关系。

· 外观设计

外观设计又称为工业产品外观设计，是指对产品的形状、图案或者其结合以及色彩与形状、图案相结合所作出的富有美感并适于工业应用的新设计。

外观设计的载体必须是产品。产品是指任何用工业方法生产出来的物品。不能重复生产的手工艺品、农产品、畜产品、自然物不能作为外观设计的载体。通常，产品的色彩不能独立构成外观设计，除非产品色彩变化的本身已形成一种图案。可以构成外观设计的组合有产品的形状、产品的图案、产品的形状和图案、产品的形状和色彩、产品的图案和色彩及产品的形状、图案和色彩。

形状是指对产品造型的设计，也就是指产品外部的点、线、面的移动、变化、组合而呈现的外表轮廓，是对产品的结构、外形等同时进行设计、制造的结果。图案是指由线条、文字、符号、色块的排列或组合而在产品的表面构成的图形。图案可以通过绘图或其他能够体现设计者的图案设计构思的手段制作。产品的图案应当是固定、可见的，而不应是时有时无的或者需要在特定的条件下才能看见的。色彩是指用于产品上的颜色或者颜色的组合，制造该产品所用材料的本色不是外观设计的色彩。

小案例

BTG 起诉亚马逊追踪软件侵权

英国技术集团(British Technology Group，BTG)是英国的一家专利许可公司，该公司主要业务是从外部买进新的技术专利权，然后向其他制造商进行许可。除了购买专利之外，该公司还设立了一些下属公司进行技术开发。公司最早由英国政府设立，主要目的是保护英国的发明并为其申请专利，历史上曾经与比自己大很多的对手对簿公堂。

目前英国技术集团正在起诉一批美国零售商，其中包括世界上最大的在线销售商亚马逊。BTG 声称这些零售商涉嫌侵犯了公司一项运用互联网追踪客户的技术专利权。

美国特拉华州法院接受了 BTG 的起诉，声称这些零售商的确使用了一项已经授权的专利技术，该技术主要用于监控用户何时从一个网站站点转移到另外一个站点上。该技术对于这些零售商来说非常重要，因为零售商需要据此向那些负责把客户导航到零售商网站的第三方网站支付报酬。

BTG 声称这些零售商给公司造成了尚未披露具体数额的损失。在最新的起诉声明中，BTG 表示："我们要求对过去侵权活动所造成的金额尚未明确的损失进行赔偿，并且立即停止对侵权技术的使用"。同时，BTG 爆料说曾经尝试与这些零售商通过谈判达成协议但最终失败。该案件可能要拖上三年的时间，可能会使各方最终就技术使用达成协议。

在 2004 年 9 月月早期，BTG 还状告微软公司和苹果公司在操作系统中使用了他专利技术，允许用户在线升级软件。

BTG 总裁伊恩·哈维表示该专利"在追踪用户网上购物流程上至关重要"，并补充说该技术商业潜力巨大。消息传出后，BTG 公司的股价上升了 4P，达到了 140P/股。

4. 专利可以提供的保护

专利无法直接阻止他人对发明进行模仿。和其他类型的知识财产一样，专利权是一种法律权利并可以通过法律行为执行。如果发生了专利侵权，比如有人未经专利权人许可生产了类似的产品，发明家就可以通过法院展开法律行动进行补救。

法院可以提供以下四种补救措施：

- 禁止被告继续进行侵权活动
- 赔偿由于侵犯专利所造成的损失，或者对由于侵犯专利所产生的盈利进行分成
- 销毁或者上交(如交付专利所有人)侵权产品
- 宣告专利的合法性以及被告的确产生了侵权行为

最后一条看似陈述了显而易见的事实，但是实际上非常重要。在涉嫌专利侵犯的案例中一种常见的情况就是被起诉的竞争对手声称专利是非法的，不应该授予专利权人或者应该撤销专利。在詹姆斯·戴森起诉胡佛公司的案例中，他提出胡佛公司的 Triple Vortex 吸尘器侵犯了他的双旋风技术专利。胡佛公司则迅速采取了对抗行动，声称戴森的专利是非法的。在这种情况下，法院就必须考虑专利的合法性问题。如果专利是合法的，法院再次确认专利的合法性对专利权人是非常有价值的。

禁令是一种限制性命令，可阻止侵权个例继续发生。

损失赔偿和利润分成是一种经济赔偿措施。第三条则消除了未来继续侵权的可能性。极个别情况下，当仿冒品足以和正品媲美时，专利权人则可以选择卖掉该物品。在 Workmate 便携式工作台的案例中，罗恩·希克曼开发了便携式工作台并许可给了美国 DIY 公司 Black & Decker。日本的 Kinzo 公司极其巧妙地仿制了该产品，最终作为庭外调解措施，把全部侵权存货提交给了 Black & Decker 公司，而 Black & Decker 公司则重新标上自己的标签进行销售。

法院采用四种补救措施当中的哪一条视具体情况而定。有时，如胡佛公司侵犯詹姆斯·戴森的案例中，法院采取了全部四条补救措施。需要强调的一点是，在英国，从各种比例上看，强加的经济处罚是比较轻的，没能涵盖起诉侵权的全部法律成本。比如，Workmate 便携式工作台的案例中，罗恩·希克曼付出的法律成本大大超过了他和 Black & Decker 公司所得到的损失赔偿金。尽管如此，20 件官司产生的累计效应还是实现了其预期目的，如减少了仿制品的生产。当然，要想更好地发挥专利的保护作用，首先必须认真撰写专利。如果专利撰写合适，在发明家不得不诉诸法院的情况下，专利能帮助他消除仿制品，至少在专利生效的 20 年内如此。

小案例

地板战争

詹姆斯·戴森的无袋真空吸尘器于 1993 年在英国上市，这是真空吸尘器的一项突破。在此之前，几乎所有吸尘器的原理均是通过吸尘袋吸入带有灰尘的空气，收集灰尘的吸尘袋同时也是一个过滤网。自从 1908 年胡佛公司首创真空吸尘器以来，内置袋子过滤灰尘已经成为一种主流设计。

戴森吸尘器使用的旋风除尘并非新的原理，已经构成了“现有技术”。其新颖之处在于为了提供更好的过滤效果，除尘器中安装了不止一个旋风分离器。这就是戴森研发并申请了专利的技术。由于无法劝说现有的真空吸尘器厂家采用他的双旋风技术专利，戴森被迫成立了自己的公司。之后，戴森的 DC01 无袋真空吸尘器在第一年就获得了 240 万英镑的销售业绩，两年内就成为英国销量最佳的吸尘器。最后，其他一些真空吸尘器厂家也开发了他们自己的无袋吸尘器。其中就有胡佛公司(意大利企业 Candy 下属的欧洲子公司)，他们在 1999 年生产了自己的无袋真空吸尘器 Hoover Triple Vortex(HTV)。由于所使用的技

术与戴森的双旋风技术高度相似，戴森便状告胡佛公司涉嫌侵犯他的欧洲专利 No. 0042723，要求限制生产、上交仿制品、损失补充或者利润分成。戴森的专利侵权主张停留在胡佛公司三旋风分离器的使用上。胡佛公司的 HTV 吸尘器使用了三个旋风分离器，第一个是圆柱形的，效率较低；第二个不沉淀颗粒，只产生两股气流；第三个效率很高。HTV 的独特之处在于，空气通过第二个和第三个旋风分离器重复循环。

胡佛公司反过来质疑戴森专利的合法性，提出了撤销专利的反诉。胡佛认为戴森专利的一部分是"现有技术"，但是法院拒绝承认任何胡佛公司援用的现有技术先于戴森专利的证据。法院专门查看了美国工业部件专利 No. 2768707"真空清洁用分离器"以及 Johnston/Donaldson(美国专利 No. 4204849)设备专利，发现他们并不是吸尘设备，只是灰尘控制装置。

回应胡佛公司专利质疑的第二部分，法院考虑了"帆板测试"案例，并详细调查了相关熟练工人和一般通用知识，最终认为从现有技术到该发明并非显而易见，而是有很长一段距离。

确认了戴森的专利权后，胡佛不得不为自己的涉嫌侵权进行辩护。胡佛公司提出没有侵权的理由是第一个和第二个旋风分离器没有按照专利的要求进行连续安装，但是法院拒绝承认。胡佛公司还声称戴森的专利要求设备是单向的，但是胡佛的装备并非如此，法院认为空气的再循环与侵权问题无关。此外，胡佛公司还抗辩说自己最高效率的旋风分离器并非专利所要求的"截头圆锥形"，而是"喇叭形"，但法院拒绝了"截头圆锥形"的文字解释。最终，最高法院判定胡佛公司的确侵犯了戴森的专利。尽管胡佛公司进行了抗诉，但法院依旧要求胡佛公司停止 Triple Vortex 吸尘器的生产，上交现有设备，并赔偿戴森公司 400 万英镑损失和 200 万英镑诉讼费。

8.2.2　著作权

1. 著作权的定义

著作权又称为版权，分为著作人格权与著作财产权。其中著作人格权的内涵包括公开发表权、姓名表示权及禁止他人以扭曲、变更方式利用著作损害著作人名誉的权利。

著作权是一种无形权利，涵盖通过创造性努力产生的一系列创造性作品，包括文学作品、艺术品和音乐作品。其他一些作品也包括在内，如电影、声音录制广播、排版布局等，后面几种与前面的有所不同，他们没有原创新要求。版权从作品诞生起自动生效。版权《伯尔尼公约》要求所有签约国同意其他签约国(160 多个)作者的版权，同样也承认本国公民的版权。

2. 著作权的内容

我国《著作权法》第十条规定，著作权包括著作人身权和著作财产权。

1) 人身权(亦称精神权利)

著作人身权是指作者通过创作表现个人风格的作品而依法享有获得名誉、声望和维护作品完整性的权利。该权利由作者终身享有，不可转让、剥夺和限制。作者死后，一般由其继承人或者法定机构予以保护。根据中国《著作权法》的规定，著作人身权包括：

- 发表权：即决定作品是否公之于众和以何种方式公之于众权利，是著作权的首要权利，包括发表作品和不发表作品的权利。

- 署名权：即表明作者身份，在作品上署名的权利。
- 修改权：即修改或者授权他人修改作品的权利，如授权出版社的编辑对其作品进行修改。
- 保护作品的完整权：即保护作品不受歪曲、篡改的权利。未经著作权人许可，他人不得对作品进行实质性修改，更不得故意改变或用其他手段改动原作品。

2）财产权（经济权利）

著作财产权是指著作人自己使用或者授权他人以一定方式使用自己作品而获得物质利益的权利，包括复制权、发行权、出租权、展览权、表演权、放映权、广播权、信息网络传播权、摄制权、改编权、翻译权和汇编权等。

- 复制权：即以印刷、复印、临摹、拓印、录音、录像、翻录、翻拍等数字化或非数字化方式将作品制作一份或者多份的权利。
- 发行权：即以出售或者赠与方式向公众提供作品的原件或者复制件的权利。
- 出租权：即有偿许可他人临时使用电影作品和以类似摄制电影的方法创作的作品、计算机软件的权利，但计算机软件中的程序本身不是出租的主要标的除外。
- 展览权：即公开陈列美术作品、摄影作品的原件或者复制件的权利。
- 表演权：即通过演员的声音、表情、动作在现场直接公开再现作品，以及通过放映机、录音机、录像机等技术设备间接公开再现作品或者作品的表演的权利。
- 放映权：即通过放映机、幻灯机等技术设备公开再现美术、摄影、电影和以类似摄制电影的方法创作的作品等的权利。
- 广播权：即以无线方式公开广播或者传播作品，以有线传播或者转播的方式向公众传播广播的作品，以及通过扩音器或者其他传送符号、声音、图像的类似工具向公众传播广播的作品的权利。
- 信息网络传播权：即以有线或者无线方式向公众提供作品，使公众可在其个人选定的时间和地点获得作品的权利。
- 摄制权：即以摄制电影或者以类似摄制电影的方法首次将作品固定在载体上的权利。
- 改编权：即在原有作品的基础上，改变原作品的表现形式，创作出具有独创性的新作品的权利。
- 翻译权：即将原作品从一种语言文字转换成另一种语言文字的权利。
- 汇编权：即将作品或者作品的片段通过选择或者编排，汇集成新作品的权利。
- 应当由著作权人享有的其他权利。

3）著作权

著作权的取得是指著作权人取得了著作权法的保护。各国法律对著作权的取得条件有不同要求，主要分为自动取得和注册取得两大类。

自动取得是指著作权自作品创作完成时自动产生，不需要履行任何批准或登记手续。世界上大多数国家采取的都是这种自动取得制度，包括我国。

注册取得是指以登记注册为取得著作权的条件，作品只有登记注册或批准后才能产生著作权，而不是自动产生。世界上只有少数国家采取这种制度。

根据我国《著作权法》的规定，著作权是自作品创作完成之日起自动产生的，无须经过任何批准或登记手续。此外，无论作品是否发表，只要作品已经创作完成就能取得著作权的保护。

8.2.3　商标权

1. 商标权的定义

很久以前，商标就已经成为商业活动的重要特征。早在中世纪时，商人们就开始用商标来区分自己和他人的产品。历史上商标形式众多。18 世纪时，商店开始流行，当时店主使用符号来表示他们正在销售的产品类型。19 世纪时，机器生产的标准化消费品开始出现，企业主开始使用商标来区分所生产的产品。最早一批使用商标的行业是日常家用品，包括肥皂、茶叶和巧克力。随着与消费者沟通手段的不断扩展和日益复杂(如通过电视、动画、计算机图片、仿真和特效等)，区分产品的范围也不断扩展，商标也越来越多地被加以应用。品牌营销、关系营销等市场营销手段的不断发展导致企业越来越强化他们的产品和服务的形象及声誉，商标很自然地形成了这一过程的重要组成部分。

商标权是商标专用权的简称，是指商标主管机关依法授予商标所有人对其注册商标受国家法律保护的专有权。商标注册人拥有依法支配其注册商标并禁止他人侵害的权利，包括商标注册人对其注册商标的排他使用权、收益权、处分权、续展权和禁止他人侵害的权利。商标是用以区别商品和服务不同来源的商业性标志，由文字、图形、字母、数字、三维标志、颜色组合、声音或者上述要素的组合构成。

在过去，只有文字、标识或者两者的组合可以被注册为商标。但是国际上商标的形式在不断发生变化，商标登记的范围也在日益扩大。英国 1994 年的《商标登记法》是司法上的里程碑事件，它大大扩展了商标登记的范围。当时出现的不寻常的登记包括可口可乐瓶子、香奈儿香水瓶、巴赫 G 弦上的咏叹调、绿色、狗叫声、黄色和口号“极其好的蛋糕”。

这些新的注册案例是在 1994 法案下有资格注册为商标的新种类。现在能被注册的物品包括域名、LOGO、音乐、口号、颜色和形状。

2. 商标权的内容

商标权人的权利主要有注册商标的专有使用权、禁止权、转让权等内容。

1）专有使用权

专有使用权是商标权最重要的内容，是商标权中最基本的核心权利。它的法律特征为，商标权人可在核定的商品上独占性地使用核准的商标，并通过使用获得其他合法权益。

专有使用权具有相对性，只能在法律规定的范围内使用。我国《商标法》第 51 条规定：“注册商标的专用权以核准注册的商标和核定使用的商品为限。”即注册商标只能在注册时所核定的商品或者服务项目上使用，而不包括类似的商品或者服务项目；商标权人不得擅自改变构成注册商标的标志，也不能使用与注册商标近似的商标。

2）禁止权

禁止权是指注册商标所有人有权禁止他人未经其许可，在同一种或者类似商品或服务项目上使用与其注册商标相同或近似的商标。商标权具有与财产所有权相同的属性，即不受他人干涉的排他性，其具体表现为禁止他人非法使用、印制注册商标及其他侵权行为。

由此可见，专有使用权和禁止权是商标权的两个方面。

使用权和禁止权的区别在于两者之间有着不同的效力范围。使用权涉及的是注册人使用注册商标的问题，禁止权涉及的是对抗他人未经其许可擅自使用注册商标的问题。根据我国《商标法》的规定，注册人的专有使用权以核准的注册商标和核定使用的商品为限。这就是说，注册人行使使用权时要受到两方面的限制：第一，只限于商标主管机关核定使用的商品，而不能用于其他类似的商品；第二，只限于商标主管机关核准注册的文字、图形，而不能超出核准范围使用近似的文字、图形。但是，禁止权的效力范围则不同，注册人对他人未经许可在同一种商品或类似商品上使用与其注册商标相同或近似的商标，均享有禁止权。这就是说，禁止权的效力涉及以下四种情形：第一，在同一种商品上使用相同的商标；第二，在同一种商品上使用近似商标；第三，在类似商品上使用相同商标；第四，在类似商品上使用近似商标。

3）许可权

许可权是指注册商标所有人通过签订许可使用合同，许可他人使用其注册商标的权利。许可使用是商标权人行使其权利的一种方式。许可人是注册商标所有人，被许可人根据合同约定，支付商标使用费后在合同约定的范围和时间内有权使用该注册商标。实质上，使用商标使用许可制度，对于促进企业间发展横向联合，发挥优势，扩大名牌商品生产，活跃流通，满足消费者需要，提高社会经济效益，具有积极的意义。

4）转让权

转让是指注册商标所有人按照一定的条件，依法将其商标权转让给他人所有的行为。转让商标权是商标所有人行使其权利的一种方式。商标权转让后，受让人取得注册商标所有权，原来的商标权人丧失商标专用权，即商标权从一主体转移到另一主体。转让注册商标应由双方当事人签订合同，并应共同向商标局提出申请，经商标局核准公告后方为有效。

3. 商标权的获取

商标权的取得是指根据什么原则和采取什么方法来获得商标权。

商标权取得的原则有以下三种：

1）使用原则

使用原则即使用取得商标权原则，是指商标权因商标的使用而自然产生，根据商标使用事实而成立。

2）注册原则

注册原则即注册取得商标权原则，是指商标权因注册事实而成立。只有注册商标才能取得商标权。

3）混合原则

混合原则即折中原则，是指在确定商标权的成立时，应兼顾使用与注册两种事实。商标权既可因注册而产生，也可因使用而成立。

商标权取得的方式分为原始取得与继受取得两种。商标权的原始取得也称为商标权的直接取得，是指商标权由创设而来，其产生并非基于他人既存之商标权，也不以他人的意志为根据。商标权的继受取得也称为商标权的传来取得，是指以他人既存的商标权及他人意志为基础而取得商标权。

8.2.4　商业秘密

1. 商业秘密的定义

什么是商业秘密？商业秘密(Business Secret)是指形成公司专业化专有技术的秘密信息，能够帮助企业成功地生产产品或者开展服务，包括成分配方、化学公式、顾客名单、折扣率、信用评级、专有技术和生产技术。著名的商业秘密包括可口可乐的配方 Merchandise 7x(从 1886 年诞生后就一直是商业秘密)、麦当劳的秘密酱汁以及肯德基的 11 种草药和香料混合配方。一种信息要想成为商业秘密，必须从未向众多的人群公布或者披露。信息一旦进入公众领域，就不再属于机密信息，也就失去了商业秘密的保护。

按照我国《反不正当竞争法》的规定，商业秘密是指不为公众所知悉、能为权利人带来经济利益，具有实用性并经权利人采取保密措施的技术信息和经营信息。因此商业秘密包括技术信息和经营信息两部分，如管理方法、产销策略、客户名单、货源情报等经营信息以及生产配方、工艺流程、技术诀窍、设计图纸等技术信息。

2. 商业秘密的特征与构成要件

商业秘密和其他知识产权(专利权、商标权、著作权等)相比，有着以下特点：

· 非公开性

商业秘密的前提是不为公众所知悉，而其他知识产权都是公开的，对专利权甚至有公开到相当程度的要求。

· 非排他性

商业秘密是一项相对的权利。商业秘密的专有性不是绝对的，不具有排他性。如果其他人以合法方式取得了同一内容的商业秘密，他们就和第一个人有着同样的地位。商业秘密的拥有者既不能阻止在他之前已经开发掌握该信息的人使用、转让该信息，也不能阻止在他之后开发掌握该信息的人使用、转让该信息。

· 利益相关

利益相关是指能使经营者获得利益、获得竞争优势或具有潜在的商业利益。

什么样的信息才能成为商业秘密呢？商业秘密具有若干构成要件：

(1) 该信息不为公众所知悉，即该信息是不能从公开渠道直接获取的；

(2) 该信息能为权利人带来经济利益，具有实用性；

(3) 权利人对该信息采取了保密措施。

所以概括地说，不能从公开渠道直接获取的、能为权利人带来经济利益的具有实用性并经权利人采取保密措施的信息，即为《反不正当竞争法》所保护的商业秘密。商业秘密是企业的财产权利，它关乎企业的竞争力，对企业的发展至关重要，有的甚至直接影响到企业的生存。

3. 商业秘密的主要类型

根据我国《反不正当竞争法》的规定和国家工商行政管理局的《关于禁止侵犯商业秘密行为的若干规定》以及其他各国关于商业秘密的法律文件和各国学者的观点，一般可以将商业秘密划分为以下类型：

1) 技术信息

技术信息指生产者在实验、生产、装配、维修和操作等过程中所总结或发现的不享有一般知识产权保护，尤其是专利权保护的某种技术性成果，主要以图纸、资料、胶卷、软件等以载体。

2）经营信息

经营信息一般包括以下两类，即具有秘密性质的市场以及与市场密切相关的商业情报或信息，如原材料价格、销售市场、竞争公司的情报、招投标中的标底及标书内容以及供销渠道、贸易记录、客户名单、产销策略等。

经营管理方法和与经营管理方法相关的资料和信息一般是指合理有效地管理各部门各行业之间的相互合作与协作，使生产与经营有机运转的秘密，通常表现为管理的模式、方法、经验以及管理公关等。

8.2.5 集成电路布图设计权

集成电路布图设计权是一项独立的知识产权，是权利持有人对其布图设计进行复制和商业利用的专有权利。布图设计权的主体是指依法取得布图设计专有权的人，通常称为专有权人或权利持有人。

布图设计专有权的取得方式通常有登记制、有限的使用取得与登记制相结合的方式和自然取得制三种。关于布图设计权的保护期，各国法律一般都规定为10年。根据《关于集成电路的知识产权条约》的要求，布图设计权的保护期至少为8年，而《知识产权协议》所规定的保护期则为10年。我国《集成电路布图设计保护条例》（以下简称《条例》）第十二条规定，布图设计专有权的保护期为10年，自布图设计登记申请之日或者在世界任何地方首次投入商业利用之日起计算，以较前日期为准。但是，无论是否登记或者投入商业利用，布图设计自创作完成之日起15年后，不再受该条例保护。

集成电路布图设计专有权既不同于版权，也不同于专利或商标，但其保护制度既具有部分版权保护的特征，又具有部分工业产权，特别是专利权保护的特征，这一点从表8-1中即可以看出。

表8-1 集成电路布图设计权与著作权、发明专利权的区别

	著作权（2001年）	布图设计（2001年）	发明专利（2000年）
受保护的条件	独创性	独创性；非公认的常规性	新颖性、创造性和实用性
申请登记制	无须登记，自动产生	必须登记	必须申请
保护期限	署名权、修改权、保护作品完整权无期限；公民的作品发表权及财产权为终生之年加死后50年	10年，自登记申请或首次投入商业利用之日，以较前者为准；创作完成15年后，不受条例保护。	20年，自申请日起开始计算
何为侵权	未经许可发表、复制、发行、通过信息网络传播等	未经许可复制；为商业目的进口、销售或其他方式提供受保护的布图设计、集成电路及物品	未经许可实施专利，即生产经营目的制造、使用、许诺销售、销售、进口等
反向工程	没有规定	允许	不允许

续表

	著作权(2001 年)	布图设计(2001 年)	发明专利(2000 年)
无过错原则	不能证明其发行、出租的复制品有合法来源的，应当承担法律责任	不知情前无责任，知情后可以继续使用但须支付合理使用费	不知情，但能证明合法来源的，不承担赔偿责任
权利的限制	合理使用，可以不经允许，不付报酬	合理使用，可以不经许可，不付报酬	权利用尽等四种情形不视为侵犯专利权
强制性许可	没有规定	可以	可以
行政部门	版权局	知识产权局	知识产权局

从表 8-1 中可以看出，布图设计专有权与著作权相比更具有工业实用性，这是一般著作权作品不具有的；同时其独创性又是一般专利产品不具有的，而且又允许反向工程，具有其自身特征。从保护期限看，布图设计专有权的保护期仅有 10 年，且创作完成 15 年后将不受保护，符合其技术更新较快的特点。特别值得指出的是，《条例》允许“平行进口”。

根据《条例》第 24 条规定：“受保护的布图设计，由布图设计权利人或者经其许可投放市场后，他人再次商业利用的，可以不经布图设计权利人许可，并不向其支付报酬。”而按照《条例》第 2 条规定，商业利用是指“为商业目的进口、销售或者以其他方式提供受保护的布图设计的行为”。因此，按照《条例》的规定，只要布图设计合法投放市场后，权利在全世界用尽，可以不经再次许可而进口、销售等。

8.3 企业知识产权战略

8.3.1 企业知识产权战略及其内容

1. 企业知识产权战略的定义与特点

企业知识产权战略是指企业为获取与保持市场竞争优势，运用知识产权制度进行确权、保护与运用从而谋取最佳经济效益的策略和手段。

企业知识产权战略作为企业战略的重要组成部分，具有如下特点：

1）法律性

企业知识产权战略是依托于知识产权法律制度的。这包括两个方面的内容：① 它具有依法确认的特点。企业知识产权战略的每一步都必须置于法律规范特别是知识产权法律规范的制约下，法律规范是制定企业知识产权战略的行为规则；② 法律规范特别是知识产权法律规范对实现企业知识产权战略目标又具有可靠的保障作用。企业知识产权资源的开发利用与优化配置，是有效的知识产权法律保护和知识产权战略性运用的共同结果，两者缺一不可。

2）保密性

企业知识产权战略与企业经营战略直接相关，实际上也是企业整体发展战略的组成部分。企业知识产权战略的实施涉及企业经济和科技情报分析、市场预测、新产品动向以及经营者在某一阶段的经营战略意图；如果被企业竞争对手掌握，将对自己造成极为不利的影响。因此，企业知识产权战略中这些涉及带有商业秘密性质的内容宜加以保密，也因此企业知识产权战略具有保密性的特点。

3）时间性和地域性

企业知识产权战略的这一特点是由知识产权的时间性、地域性特点所决定的。以时间性而论，与某一知识产权战略相应的知识产权期限届满或因故提前终止，相关的知识产权战略就应及时调整。就地域性而论，企业在制定、实施知识产权战略时应考虑到知识产权的权利产生地。这一点对于企业实施国际知识产权战略、开拓国际市场是极为重要的。

4）整体上的非独立性

企业知识产权战略属于企业经营发展战略的一部分，其目标的实施与企业其他战略往往是相互包含、相互交错的，单纯地运用难以收到满意的效果。以企业知识产权战略中的商标战略为例，它与企业市场营销战略、广告宣传战略、市场竞争战略、企业形象战略紧密相关。不过，整体上的非独立性并不排斥企业知识产权战略的相对独立性，企业知识产权战略有其自身的发展规律。

2. 企业知识产权战略的内容

从知识产权的权利内容来看，企业知识产权战略包括企业专利战略、企业商标战略和企业商业秘密战略。

专利战略是指企业与其他主体专利竞争的策略、企业技术创新和进步中的专利战略、国外企业专利战略比较研究等。

商标战略是指企业商标战略的具体运用，包括企业创驰名商标战略、防止商标被抢注策略、商标保护性和防御性的注册申请等。

商业秘密战略是指企业商业秘密的管理与保护策略。

从对知识产权的运作分类，企业知识产权战略又可以分为企业知识产权管理战略、企业知识产权货币化战略、企业知识产权融资战略和企业知识产权保护战略等。

8.3.2 企业专利战略

对于企业知识产权战略的研究和实践而言，企业专利战略是其策源领域和相对较为成熟的组成部分。所谓企业专利战略，是指企业面对市场需求和竞争对手的技术动向，运用与专利相关的法律、制度，配合企业竞争战略，从总体上谋划专利工作的远景、目标，规范技术创新各个环节的活动和管理，以提高企业创新能力和核心竞争力，获得利益最大化的一种策略。

企业专利战略大致可分为进攻型专利战略和防御型专利战略两方面。

1. 企业进攻型专利战略

企业进攻型专利战略是指企业积极主动地将自主研发的技术在第一时间申请专利并取得专利权，然后利用专利权法律保护制度抢占和垄断市场，这是企业合理利用专利制度为自己跑马圈地扩大市场份额的有效手段。企业进攻型专利战略又包括基本专利战略、专利网战略、专利出售战略、专利回输战略和产品出口专利先行战略等。下面我们主要介绍基本专利战略和专利网战略。

1）基本专利战略

基本专利战略是企业进攻型专利战略的核心。该战略是指企业基于对本行业未来发展的趋势，有选择地将其拥有所有权的核心技术作为基本专利来保护，并随着行业的发展不断更新发展的战略。基本专利战略中的基本专利大多是企业所处领域内举足轻重的、引领行业发展的核心技术。换句话说，该技术就是整个行业的风向标，行业的发展与其息息相关。如果一个企业拥有行业的基本专利，那么他就可以有效利用法律赋予的垄断权，抢占市场的最高点，攫取高额的垄断利润，而其他企业只能被许可使用该基本专利，获取的利润也只能是别人的残羹剩饭。因此，基本专利战略是一个企业能否成为行业排头兵的关键所在。

2）专利网战略

专利网战略又称外围专利战略，是指企业以基本专利技术为靶子，开发与之相关配套的外围技术，并及时申请专利，获得专利权的战略。专利网战略又分为两种类型：一种是拥有基本专利的一方为了更好地保护自己的基本专利，在自己的基本专利周围设置许多相关的小专利组成专利网，如同是为自己设置了层层的栅栏，既可以抵御竞争对手的进攻，又可以获取更多的专利许可使用费。另外一种类型是自己不拥有基本专利，但为了抢得市场分得一杯羹，打破基本专利权利人的垄断地位，在他人的基本专利周围设置自己的专利网，犹如埋下了地雷阵，让基本专利权利人举步维艰，通过这种战略增加自己与基本专利权利人谈判的砝码，并搭上基本专利的快车，与基本专利组成专利池并许可他人使用，以获取相对不菲的利润。

从上可以看出，一个企业如果能把基本专利和外围专利结合起来综合运用，就能最大限度地保护自己，也能最大限度地获取垄断利润。但基本专利的创造需要企业拥有超强的科研实力，拥有顶尖的技术人才，这并非是一般企业可以做到的。但是这并不意味这些企业只能望其项背束手待毙。如果能够发现基本专利周围的空隙，积极开发属于自己的外围专利网，那么这些企业就可以在市场竞争中扭转自己被动挨打的地位，与基本专利权利人分庭抗争。

2．企业防御型专利战略

企业防御型专利战略是指企业在市场竞争中受到竞争对手专利战略的进攻，为了改变市场竞争不利的格局而采取的专利策略。企业防御型专利战略是一种把企业损失降到最低限度的战略，是以其人之道还其人之身的战略，也是把专利作为企业抵挡竞争对手的武器来运用的战略。企业防御型战略主要包括无效宣告对方专利权战略、文献公开战略、交叉许可战略和绕开专利技术战略等。下面我们主要介绍无效宣告对方专利权战略和文献公开战略。

1）无效宣告对方专利权战略

这是排除竞争对手对本企业构成威胁的最直接、最有效的方式，这是一种釜底抽薪的策略，也是难度最大的方法。要想该策略成功，最关键的就是抓住竞争对手的死穴，拿出竞争对手专利权无效的证据。例如，美国辉瑞公司状告国内公司侵犯其“伟哥”专利权的案件，最终就是以国内企业宣告其专利权无效的方式打赢了官司。国内公司通过调查美国辉瑞公司专利说明书，发现其对技术内容没有充分公开，而我国专利法明确规定说明书应对发明和实用新型专利作出清楚完整的说明，以所属技术领域的普通技术人员能够实现为准。以此为突破口，国内公司最终赢得了胜利。

2）文献公开战略

文献公开战略是一种以公开发明技术文献的方式来阻止对手申请专利、获得专利的战略。如果企业认为自己没有必要申请某些技术的专利权，那么就可以采取抢先公开技术内容的方式，使之丧失新颖性，从而使该项技术因不符合专利法所规定的“三性”而无法获得授权，也就使竞争对手企图获得该项技术专利权的愿望无法实现。

8.3.3 企业商标策略

企业商标策略是指企业将商标工作及商标手段运用于企业的经营活动之中，以带动和影响整个企业的经营活动。企业商标策略是企业经营战略的组成部分，并随企业经营战略的调整而调整。

企业商标策略主要包括个别商标策略、家族商标策略、同类商品使用同一商标策略和家族商标与产品商品双重使用策略。

1）个别商标策略

个别商标策略是指企业在其生产的各种商品上各自使用不同的商标。如英荷联合利华公司每推出一个新产品就采用一个新商标，号称是当今世界上拥有商标最多的公司。美国宝洁公司也是如此。采用这种商标策略主要是考虑到消费者的不同层次和目标市场的多样化需求，根据市场细分的原则，以不同的商标去适应不同的目标市场，以便于消费者通过不同商标所表达的消费诉求而去有针对性选择适合自己的商品。

2）家族商标策略

与前一种相对应的是家族商标策略，即企业以同一种商标用于所有商品的策略，如日本夏普、中国海尔。该策略的优点在于：其一，有利于拥有较高知名度或拥有驰名商标的企业借助商标的金字招牌推出新产品或形成企业规模经济；其二，从经济上可以节省大量广告费用，可以集中“优势兵力”重点打造一个商标，也利于企业商标的管理和维护，降低了产品销售成本，提高了产品的市场竞争力。

3）同类产品使用同一商标策略

这是介于个别商标策略和家族商标策略之间的一种商标策略，它可以避免二者的不足，而吸收二者的长处。其基本内容是企业在同类商品上使用相同的商标，如中国粮油食品进出口总公司在罐头上使用梅林商标，在调味品上使用红梅商标，在酒类上使用长城商标。

4）家族商标与产品商标双重使用策略

家族商标与产品商标双重使用策略即企业在一个产品上使用两个商标，其中一个是代表企业良好商誉的家族商标，另一个是专门根据某种产品的特定品质而设计的产品商标，该商标蕴涵了该种产品的特殊质量、特点。使用这一策略可以借助家族商标较高的美誉度去开发新产品，拓展新市场，同时可以避免由于个别商品出现问题而殃及池鱼。使用该策略的产品包括本田雅阁、本田思域，丰田佳美、丰田花冠等。

思考题

(1) 知识产权保护对创新有哪些好处？又有哪些弊端？

(2) 为什么计算机软件无法申请专利？有哪些可用的保护形式？
(3) 专利所涉及的“新颖性”意味着什么？为什么“新颖性”非常重要？
(4) 发明家在公开其发明之前要特别注意哪些问题？
(5) 为什么商标日益成为知识财产的重要组成部分？
(6) 常见的企业专利战略有哪些？
(7) 常见的企业商标战略有哪些？

案例分析

大企业如何绑架 UGG 靴子

托尼·莫泰尔家族七代人都是靴子制造商。在过去的 45 年里，他的家人一直在制作 UGG 靴子，现在他们在澳大利亚猎人谷的工厂一年可以生产 16 000 双 UGG 靴子。UGG 靴子曾经是穷人穿的羊皮靴，但是现在受到了格温妮丝·帕特洛和凯特·莫斯这样的社会名流的青睐，成为一款高档产品。

莫泰尔羊皮工厂的员工刚度完圣诞假期，事情却突然发生了变化，这一变化来自于遥远的太平洋彼岸的一家位于加利福尼亚州美国公司——德克斯(Deckers)户外运动公司。公司委托墨尔本律师向他们发来律师函，通知托尼·莫泰儿说德克斯公司全权拥有 UGG 的品牌，并且命令他们停止使用，否则将面临诉讼。除了莫泰尔工厂之外，其他 19 个澳大利亚公司也同时收到了类似的律师函。

“我放声大笑”，托尼·莫泰尔说，“我认为他们疯了，然后把信扔进了垃圾桶。”但是这并不是开玩笑。收到律师函不久，在德克斯公司的撺掇下，莫泰尔公司的产品就被 e-Bay 下架了，该网站是莫泰尔向美国消费者销售 UGG 靴的网上拍卖的地方。上周三，他被互联网监管机构 ICANN(互联网名称与数字地址分配机构)下令停止使用 UGG 这个域名。

这下托尼·莫泰尔彻底愤怒了。“他们认为自己是谁？告诉我们产品名字到底叫什么才好？简直是不想让我们活了。好吧，让他们在地狱里去坚持自己的要求吧！”。

二十几个澳大利亚的 UGG 靴子制造商为这样的司法结果感到震惊和怀疑。他们认为 UGG 靴子就是源自于澳大利亚，根据民间说法，这最早可以追溯到 20 世纪 20 年代，当时剪羊毛的工人在他们脚边围上羊皮，在棚屋内保持温暖。几十年来，UGG 靴子已经成为以澳大利亚羊皮为基础、蓬勃发展的家庭手工业的一部分。在澳大利亚，UGG 是 Ugly 的缩写，并且由于 UGG 是一个通用词，所以没有人把它注册为商标，也没有产生过什么争议。人人皆知，UGG 意味着舒适的高跟羊皮靴子。

但是，有人在美国用 UGG 注册商标，并引发了这场司法诉讼。在美国，冲浪爱好者经常在海滩上冻得瑟瑟发抖，而暖和舒适的靴子能够很好地解决这一问题。1971 年，一个当地冲浪冠军——谢恩·斯特德曼发现了这一商机，他决定向冲浪者爱好者推销 UGG 靴子，并注册 UGG 商标。接着在 1979 年，布瑞恩·斯密斯把 UGG 靴子带到了纽约，创立了 UGG 雪地靴控股公司，并在 25 个国家注册了 UGG 商标。1995 年，布瑞恩·斯密斯把 UGG 品牌又卖给了德克斯公司。

一边是制造 UGG 靴子的澳大利亚商人，一边是注册了 UGG 商标并开展产品销售的美国企业。起初双方倒也相安无事，尽管德克斯公司曾经在 5 年前发出了一连串的警告信，但是并没有下文。后来，由于国外对 UGG 靴子需求的急剧增长，澳大利亚的制造商开始在网上销售 UGG 靴子时，德克斯公司才开始了上述司法行动以打击这些澳大利亚的竞争对手。

然而，澳大利亚这些只雇佣了少量员工、家庭作坊式的 UGG 靴子制造商对德克斯的商标主张并不买账，他们认为这家美国公司不应该拥有这一商标，至少澳大利亚政府正在计划撤销它的商标权。托尼·莫泰尔也说，世界各地的人都知道他们在制造 UGG 靴子，“我的家人已经经营 UGG 45 年了，我们绝不会放弃！德克斯公司休想搞市场垄断！”

对于澳大利亚 UGG 靴子制造商而言，如果失去了 UGG 的名字，就不能再卖靴子，等待他们的将是失业和破产。于是他们在 UGG 靴协会的号召下团结起来，并成立了一个基金开展法律斗争。

同样如坐针毡的还有澳大利亚新南威尔士州的一个小城镇里的一家残疾人慈善机构，该机构也雇佣了 65 人生产 UGG 靴子。UGG 靴子是这家慈善机构中最盈利的产品，没有 UGG 靴子也就失去了资金来源。沃克尔·斯图尔特已经在澳大利亚当地的韦斯特黑文工厂制作靴子 30 年，每天行驶 60 英里来上班。“他是一个才华横溢的工人，并且很热爱自己的这份工作”，慈善机构的总经理戈登·廷德尔说，“这对我们的工人来说是一个毁灭性的结果，他们无法在别的地方找到制靴子的工作”。戈登坚持认为 UGG 正如肉馅饼和番茄酱一样是没有商标的，大家都有权利使用。他用一个澳大利亚的谚语来打比方：“如果它走起来像鸭子一样摇摇摆摆，叫起来像鸭子一样嘎嘎嘎嘎，那它就是一只鸭子而不是一只鸡。德克斯公司不能声称拥有 UGG 商标，就像正如福特汽车公司不能声称他们拥有‘轿车’这个品牌一样。”

韦斯特黑文收到律师信之后说，“我的第一个想法是‘该死的，我们不得不遵守’。然后我的想法是‘为什么我要这么做?’我们不能被这些美国家伙们欺负，我们将一如既往地生产 UGG 靴子，让德克斯公司不得不接受我们的存在”。

莫泰尔工厂坐落于悉尼北部大约 100 英里的梅特兰一个轻工业厂房里。最新生产的 UGG 靴有浅蓝色、淡粉色、淡紫色和牛仔色，都排列在印有“UGG 靴和拖鞋”巨大刻字装饰的商店里。当托尼·莫泰尔被要求从橱窗上移除“UGG”的字样时，他没有遵守。

在小工厂里，机械师正在讨论着戴安娜王妃死亡的阴谋，并定期检查工厂里的温度；如果它上升到 40 摄氏度以上，他们就可以早早下班回家了。温度恼人地在 39.9 摄氏度左右徘徊。在笑声和善意的调侃中，大家其实都处在焦虑的边缘。“如果我们再也不能制作 UGG 靴了，我必须得再找一份工作”，正在拼接一双棕色靴子的马尔韦·拉姆说。她和其他人一起操作着一条迷你生产线。托尼·莫泰尔(鞋匠工头)把晒黑的、染了色的羊皮裁剪成片，并传给被称为‘马’的马尔韦，他用鞋托支撑着缝上脚后跟。生产线下一个个岗位轮到了万达·海尔，他把鞋垫固定上去，接着是安德鲁·库克负责把鞋垫和鞋缝合到一块，然后是安吉拉·戴利负责绑定靴子和修整细节，最后达米安·兰伯特负责往鞋底粘胶水。他们认为如果不再把 UGG 叫做 UGG 的做法是愚蠢的。安吉拉说，“每个人都知道 UGG 靴，这是公认的，如果你改了名字，人们可能根本不知道你在谈论什么”。

弗兰克·莫泰尔是托尼·莫泰尔的父亲，今年 71 岁，尽管已经退休了，但是对事情的转变依旧非常愤怒。弗兰克在 1958 年从荷兰移民过来，带来了一些缝纫机，创办了一个小型羊皮厂。弗兰克是也是制鞋商的后裔，他的妻子丽塔想为脚保暖，他就给她做了第一双毛皮衬里的拖鞋，后来弗兰克就开始制作商用拖鞋和靴子。弗兰克说：“尽管在我的印象里这种靴子还有其他名字，比如‘羊毛料斗’，但我们从始至终还是叫它们 UGG。我确定这家美国公司只是想尽力赶走竞争对手。”

如果美国公司的目的真的是想赶走竞争对手，它的做法已经产生了效果。一些 UGG

制造商不得不从他们的产品名称和交易网站上删去了禁用的词汇，如韦斯特黑文也不再在他们的目录和价目表上使用“UGG”这个词。澳大利亚其他地方，如西部的一些厂商虽然立场坚定却但是却心存恐惧。祖传三代都在做 UGG 靴布莱恩·艾弗森也在抵制美国的行为，他说：“在澳大利亚 UGG 靴品牌就像我们的海港大桥一样绝不会动摇。”

德克斯的合作者托尼·沃森说，有人把德克斯公司描绘成喜欢欺压小公司、具有攻击性的美国大公司，这种做法是毫无根据的。他说：“我们不想提起诉讼，但有一点人们必须明白，德克斯公司在过去的十年里在市场推广上花费了 700 万美元，把靴子送给像奥普拉·温弗里这样的名人，把 UGG 转变成一个高级时装品牌。而现在其他人正在免费分享这一成果，既然我的客户(德克斯公司)已经开拓了市场，那么现在努力保护它也是合情合理的。”

在德克斯的竞争对手中，在网上销售的商家此次受到的影响最大。在他们的域名或网站交易名称中不能使用“UGG”，因此就不会被网络消费者搜集到。所有的搜索结果只会把人们引到德克斯公司品牌名下的澳大利亚 UGG 靴上，然后德克斯公司把靴子卖向了全世界。

德克斯公司似乎下定决心要保护它在美国及在欧洲消费者中的主导地位。然而，澳大利亚的商人表示他们几十年来一直向美国和其他地方出口 UGG 靴子。托尼·莫泰尔表示，“毫无疑问我们在营销上花费的资金远远超过德克斯”。

关于是否应该拥有 UGG 商标权利，托尼·沃森断然还援用了其他例子，他指出“Biro”(伯罗圆珠笔)和“Hoover”(真空吸尘器)品牌，尽管两者都是一般通用词，但是也受到了商标权的保护。托尼·莫泰尔则提出了发对意见，表示两者不具有可比性。“Biro”和“Hoover”之所以拥有商标权是因为品牌形成过程中，公司对产品进行了开发和发布，理所当然地可以注册商标。而在 UGG 雪地靴案例下，其他人付出了所有的辛勤劳作，然后德克斯公司过来注册了商标，这是无法让人接受的。“我们把全部身心投入到 UGG 上”，托尼·莫泰尔说，“它是我们的生计，是我们的文化遗产。”

托尼·沃森并没有回应这一观点。他说，“如果这起案件起诉到法院，我们将毫无疑问地奉陪到底。”他还补充道，澳大利亚的商人应该接受现实并开发别的品牌。“‘Surfer’羊皮靴如何?”他建议。

另一方面，托尼·莫泰尔则拒绝放弃。“我们会继续抗争。错的不是我们，我们很快就会取得胜利。一切只是时间问题。”

资料来源：英国《独立报》(2004)

问题

(1) 为什么托尼·莫泰尔被告知要从商店橱窗上删除“UGG”字样?

(2) 在这个案例下，知识产权是什么?

(3) 为什么“UGG”这一词的使用最近才成为问题?

(3) 德克斯公司是怎样命令澳大利亚商人停止使用“UGG”这一名字的?

(4) 互联网是以什么方式影响商标的?

(5) 为什么“UGG”这一名字，尤其是作为商标对澳大利亚的公司如此重要?

(6) 德克斯公司目前正在打击的是什么？为什么?

第9章　创新组织管理

学习目标

※ 提升组织创新意愿的方法
※ 领导者在创新过程中的角色以及参与方式
※ 为什么有机型组织结构有利于创新
※ 有效的团队工作方式
※ 创新氛围对创新绩效的影响

有关创新的研究描述了创新型组织的一些重要特征，比如消除僵化的官僚作风、无益的组织架构、阻碍信息交流的障碍以及其他阻塞创意的因素。但是，我们必须小心避免掉入极端主义的陷阱，毕竟不是所有的创新都产生在有机、松散和非正式的环境中或者“臭鼬工厂”中，这种类型的组织有时候是有损于成功创新的。我们必须采用最佳的组织方式，即特定环境中最合适的组织。过少的秩序和框架有时候和条条框框太多一样有害。同样，“创新型组织”包括但不局限于一种组织结构或者流程，它把各种要素整合在一起共同发挥作用，打造并不断强化一种有利于创新成长的环境。目前有关创新型组织的研究汗牛充栋，许多研究由于视野狭隘或者过于片面强调“团队工作”和“松散组织”等特征而遭遇批评。本章主要阐述如何创建和保持创新型组织环境。在该环境中，组织结构以及潜在的组织文化——价值观念和信仰模式——都是支持创新的。

9.1　创新意愿与领导力管理

9.1.1　创新意愿

1. 创新意愿的现状

创新的本质是学习和变革，充满了破坏性、风险性，往往代价也很高。因此，毫不奇怪很多组织和个人不愿意创新。相反，他们更愿意开发出不同的认知模式、行为方式或者组织模式不断强化现有状况。因此，要想开展创新，就必须克服人的这种惰性，下定决心改变现状。从克服重重困难的个人发明家身上、甘冒风险创业的企业家身上以及成功挑战既定游戏规则的企业中都能看到这一点。

现实当中，创新意愿不足的情况非常普遍，如“非我发明”(Not-invented-here)综合征问题。在这种情况下，组织无法看到新创意的潜力，或者认为新创意不适合企业现有商业模式。另外一些情况是，虽然组织感知到了创新的必要性，但是新技术能够带来的威胁被严重低估。比如，通用汽车很难理解或者解读与日本汽车竞争的相关信息，他们宁愿相信是不公平的国际贸易政策帮助日本汽车进入了美国市场，也不愿意承认工艺创新的必要性。事实上，日本首创的“精益制造”方法早已经进入了汽车产业。Christensen 对硬盘驱动器产业的研究、Tripsas 和 Gravetti 对宝丽来向数码成像转移中所面临的问题都提供了强有力的证据，表明现有企业在解读具有潜在破坏力新技术时存在许多困难。

小案例

错失良“机”

1875 年 3 月 10 日，电话发明者亚历山大·格雷厄姆·贝尔对他的助手喊道：“沃森先生，快过来，我需要你帮忙。”这句话听似平淡无奇，但是它的重要意义在于这是世界上第一次电话交谈。他们为自己的发明兴奋不已，并向西联公司(Western Union)的高级管理人员进行了演示。数日后，他们收到了来信答复，上面写道：“我们对您的发明进行了审慎考虑，这的确是一个有趣的玩意。但是，我们的结论是这东西没有商业化可能性……我们认为这只是一个电动玩具。”但是，不到四年，美国就有了 5 万部电话，不到 20 年就有了 500 万部。与此同时，贝尔成立的美国电话电报公司(ATT，American Telephone and Telegraph)成为美国最大的公司，每股价值 1000 美元。最初的那项电话专利(编号 174455)也成为历史上最有价值的单项专利。

2. 提高组织创新意愿的方法

要想提高创新意愿，理解“核心刚性”(Core Rigidity)的概念就变得至关重要。“核心刚性”是“核心竞争力”的另外一面。我们已经习惯地把核心竞争力作为竞争优势的来源，但是核心竞争力有时候也会有负面影响，特定行为方式带来的高度竞争力也会阻止思维模式变革。挑战企业现状的创意总是难以被接受，这正是创新所需要克服的障碍之一。成功的创新组织所要注意的问题就是找到一个合适的方法，确保有好的创意的个人在不脱离组织的前提下继续开展创新，比如现在被广泛采用的“内创业”(Intrapreneurship)。

改变思维模式以及调整组织努力方向需要表达清晰的组织愿景(Organization Vision)。在许多案例中，组织的领导力在开创新企业或者扭转新局面方面都发挥了重要作用，如微软公司的比尔·盖茨，苹果公司的史蒂夫·乔布斯以及英特尔公司的安迪·格鲁夫。谈及组织愿景，我们既要避免空洞的有关“组织使命”(Organization Mission)和组织愿景(Organization Vision)的表述，还必须清楚正是组织领导力产生了清晰的、成员共享的组织使命。

9.1.2 领导力

高层管理投入是成功创新的另外一剂良方。这一问题的真正挑战是寻找一种机制把高层关注的概念转化为现实，并能够证实和强化管理层对创新的参与、投入、热衷和支持。特别重要的是，需要对重大项目长期投入而不是追求短期回报。由于大多数创新都是不确定性的，收益不会很快出现，因此需要一些“耐心资本”(Patient Money)。这些资本往往是难以找寻的，尤其是需要协调股东短期收益要求和公司长期研发计划的时候。应对这一问题的办法之一就是不仅关注投资回报，同时还要关注未来市场渗透和成长或者战略利益等。

另外一个问题就是高层管理对风险的接受。创新的内在不确定性意味着不可避免地会出现失败。成功的创新管理要求组织有接受失败的心理准备，并把失败视作学习和发展的机会。当然，这并不是说可以承担那些不必要的风险。相反，正如 Robert Cooper 所言，通过信息搜集和研究可以减少创新内在的不确定性。

领导对于组织绩效的贡献是非常显著的。上层梯队理论认为高层管理的决策和选择通过环境评估、战略性决策和创新支持，可对组织绩效产生重大影响(正面或者负面)。研究的结果可能有差异，但是有一种观点认为领导对组织绩效能产生 15%的直接效果；同时通过战略选择还会额外产生 35%的间接效果。所以，很多跨行业组织绩效差异的产生都和领导的直接和间接作用关。对于更高层次的管理而言，需要解决的问题是对领导概念的认识和理解。

我们不能把创新领导与投入和直接动手开展创新混为一谈。在很多情况下，创新会无视公司内的管理而自发产生，许多成功创新是以"游击战"的形式出现的，而不是源于解决公司直面的问题。在 IBM 总裁路易·郭士纳的领导下，IBM 公司的命运发生了巨大转变，从一个身处危机的病怏怏的巨人企业再次成为 IT 信息服务领域的领导者，并被公认为电子商务的开拓者。但是，详细的研究才发现，进军电子商务是一名叫做戴夫·格罗斯曼的程序员所发起的一个底层团队倡议的结果。由于不满部门经理对他的提议无动于衷，他在公司内部成立了广泛的联盟，把电子商务的创意不断转变为实践，最终成就了 IBM 电子商务领军企业的地位。这个故事给高层管理带来的信息就是，领导者在公司内部为创新创造空间、支持创新和直接参与创新同等重要。

研究者总结了特定情形下一系列有效的领导特征，这些特征包括：

- 聪明，睿智；
- 有责任感；
- 在其主要业务领域行事干练；
- 具备良好的管理能力；
- 精力充沛、积极，适应能力强；
- 具备良好的沟通技能。

尽管上面描述了特定情况下的某些领导特征，但是这些特征与一个好的领导的关系是不一致的。简而言之，没有一个简单万能的领导特征组合是所有好的领导在任何情形下都要具备的。

不同环境下的研究发现，领导对团队绩效产生影响的因素不仅包括技术专长，还包括更加宽泛的认知能力(Cognitive Ability)，比如创造性解决问题的技能和信息处理技能。对一些面对新的、未加明确定义的问题的小组的研究表明，专业技能和认知处理技能是有创意的领导的两个核心要素，两者与小组创新绩效都存在很强的联系。另外，专业技能和认知能力的组合对于评价他人的创意非常重要。对科学家的一项研究表明，科学家们在两个时候最重视领导的意见：一个是新项目初始阶段形成创意和定义问题的时候，另外一个是稍后阶段他们需要工作意义的反馈和见解的时候。由此可见，创造性的领导的作用是提供反馈和评估，而不是简单地产生创意。这种评估作用是非常重要的，但是却被认为对创意和创新是没有意义的；同时，该研究也表明创意产生之后才有评价的线性观点可能是错误的，领导的评价可能先于创意和概念组合而产生。

人们发现，领导成员交换(Leader-Member Exchange，LMX)的质量和性质也会对下属的创造力产生影响。有人对高科技企业的 26 个项目团队中的 238 人进行了研究，认为 LMX 具有若干积极影响，如监控、分类和咨询作用；但是其负面影响出现的频率和正面影响一样高。所以，LMX 既能强化也能削弱下属的自我效能感和自我决定感。对调查对象感知到的正向和负向影响的分析表明，它们通常是关于怎么做事情的，而不是要做什么事情。

在不确定环境下，领导者的智力激发(Intellectual Stimulation)作用对组织绩效有强烈的影响。领导者的智力激发行为包括提高他人对问题的认识和兴趣，培养他人用新方法解决问题的倾向和能力等，同时也包括鼓励对组织的奉献。

小案例

领导创新

在一个关于领导能力与创新关系的实证研究中，研究者对领导能力何时及如何影响创新进行了调查，按照作者的说法就是调查领导者与创新关系的调节变量(Moderating Variable)和中介变量(Mediating Variable)。

调节变量(Moderating Variable)是有关何时领导者能够影响创新的因素。这些因素包括支持创新的组织文化、非正式化程度、集权水平等。其中一项结论表明，创新能力最高的是能处理复杂问题的异质性团队，这样的团队需要支持性而非控制性的领导，领导者应允许他们自主决策。另外，领导者应对那些自尊心和自我展现意识较低的员工的创新行为多加鼓励。

中介变量(Mediating Variable)是表明领导者如何促进创新的变量，包括通过影响创新自我效能感促进个人创新。除此之外，领导者还应引入一些思维规范，如辩论、开放式沟通、发散思维等，鼓励团队以创新方式思考问题。

最后，研究者对领导者提出了 6 点建议：

(1) 高层管理者要在全公司建立明确的创新政策，要让员工明白创新行为一定会受到奖励。

(2) 组建团队时，应考虑适度的异质性以促进创新。但是如果异质性太强，团队关系会出现紧张。当异质性较低时，团队需要更多的直接领导工作，通过鼓励讨论及倾听不同的声音促进团队认真反思。

(3) 领导应该保持团队的轻松、团结与愉悦的气氛，坚持情感支持和共同决策。

(4) 个人和团队应享有决策和创造性解决问题的自主权。

(5) 领导应当设定解决问题和产生创意的时间限制，尤其是在创新的执行阶段。

(6) 最后，拥有专业技能的领导者应该密切参与创新活动的评估工作。

资料来源：Denti，L. and Hemin，S. (2012) Leadership and innovation in organization：A systematic review of factors that mediate and moderate the relationship，International Journal of Innovation Management，16(3).

9.1.3 创新中的关键人物

创新成功的另外一个重要因素是关键创新人物的出现，这些关键人物在创新中发挥的作用总是和领导角色存在着密不可分的关系。许多著名的创新总是和这样一些创新人物或者创新推动者联系在一起，如苹果手机和史蒂夫·乔布斯、戴森吸尘器和詹姆斯·戴森等。

创新关键人物在很多方面都发挥着作用，影响着创新项目的结果。首先，关键人物往往是创新当中关键技术知识的来源，起着发明家或者发明团队领导的作用。他们对创新背后的技术有着较为深刻的理解，能够解决技术从实验室或者制图板走向全面生产的漫长过程中出现的种种难题。当然，他们的贡献不仅仅局限于提供技术知识，也会在出现无法解决的难题时起到鼓舞士气和激励团队作用。

尽管技术推动者对创新影响较大，但是有时候他们也无法对那些在组织内陷入无助境况的创新项目提供帮助。这是因为创新所遇到的问题并非全是技术问题，还存在诸如获取资源、说服怀疑者以及处理恶意批评等问题。此时，就需要关键人物发挥第二个作用——组织支持。通常关键人物要具有一定的权力和影响力，能够调动组织内的各种关系，一般属于董事会成员。在组织支持的帮助下，可以消除创新过程中的许多障碍，或者使创新道路更加顺畅。这种人物不一定要有技术知识(尽管技术知识无疑是一种有价值的资产)，但是他们必须相信创新的潜在价值。

创新关键人物不仅出现在技术和项目管理方面，还能作为“业务创新者”代表市场和用户方面的观点，对公司产生市场或者用户压力。

尽管创新成功的例子处处可见这种创新关键人物或者若干人物的组合，但是我们不能忘记这些关键人物有时候也会有负面影响。我们还需要识别出创新负向推动者或者项目杀手，他们对项目的影响也是显著的，但是是负面影响。例如，由于公司内部政治原因，部分人员不希望看到某类创新项目向前发展，或者更换项目小组领导，或者在董事会层面游说，或者设置种种障碍等来阻挠项目的进行。同样，有时候公司已经确定某个创意不符合公司的发展方向，可是创新推动者却仍旧不死心，想方设法动用公司资源继续开展项目，但是却与公司目标背道而驰，甚至走向了死胡同。

另外一种关键人物是所谓的“技术守门人”或者“技术桥梁人物”，即 Technological Gatekeeper。创新离不开信息，正如我们前面所看到的，成功的创新总是与良好的信息与交流密切联系在一起。研究表明，这种信息网络离不开组织内非正式结构中的“技术守门人”，他能从组织外部的各个渠道收集信息，传递给内部最佳或者最感兴趣的人员。在麻省理工学院工作的托马斯·阿兰对与阿波罗登月火箭有关的大规模研发活动中的工程师行为进行了详细研究。他的研究结果证实了成功的创新中非正式信息交流的重要性，并引发了人们对于“守门人”(Gatekeeper)的注意。他们不一定处于正式的信息管理职位，但是处于组织内非正式社会结构当中，同样在创新流程中发挥着关键作用。

“守门人”角色在知识管理领域中变得越来越重要，而且人们已经愈来愈认识到高价值知识的有效共享和交流不是高级的信息技术和智能的软件所能完成的，而是有很强的人际关系因素。技术守门人在分散性组织或者虚拟团队中变得更加重要，这对于管理知识空间、促进知识流动具有重要意义。

9.2 组织结构管理

9.2.1 常见的组织结构类型及其对创新的影响

加拿大学者亨利·明茨伯格对各种组织结构进行了研究并提出了分类模型，该模型为判断某个组织结构类型的归属提供了一个基本模板。他的分类方法以及对创新管理的启示总结如表 9－1。

表 9－1　明茨伯格的组织结构分类原型

结构类型	关键特点	创新启示
简单结构 Simple Structure	集权的有机组织：权利被集中控制，对环境变化反应迅速；组织规模通常很小，被一个人直接控制；拥有决策权的个人在头脑中设计并控制着组织。优点在于其快速的反应速度以及组织意志的清晰传达；缺点是容易受到个人误判或者成见的影响，而且成长资源有限	小型高科技初创企业如“车库公司”通常属于这种简单结构，其优点是灵活、创新能力强；缺点是缺乏长期的稳定性和成长性，对关键个人过度依赖，可能走上错误的业务方向
机械型官僚组织 Machine Bureaucracy	机械型官僚组织由体系集权控制。整个组织就像一台复杂机器，每个人都只是机器上的一个齿轮。组织设计强调组织的整体功能和部门的专业化职能以及部门之间彼此轻松、快速的交互。组织的成功之处在于能够形成有效的体系，简化任务和常规化行为。优点在于能够处理复杂的、集成化流程，如汽车组装；缺点在于个体之间缺乏交流以及组织容易僵化	机械型官僚组织依靠专家来实现创新，创新方式是整个运行体系的再设计。典型的例子包括快餐行业(麦当劳)、批量生产(福特汽车)以及大规模零售业(Tesco)。每个例子中都存在着大量创新，但是创新主要集中在专家身上，影响作用体现在系统层面。这种组织的优点在于稳定性以及对组织设计能力的专注；缺点是僵化和灵活性不足，难以应对快速的环境变化，以及对非专家创新具有一定限制
事业部型组织 Divisionalized Form	分权的有机组织形式，能够应对当地环境挑战。通常大型公司多采用这种组织形式，将公司划分为多个半独立的单元。典型的例子包括战略业务单元以及运行部门。优点在于能够占领特定的利基市场(Niche Market)，如不同区域市场、不同产品市场等，同时还能得到总部支持；缺点在于事业部之间以及事业部和总部之间可能会产生内部摩擦	这种类型组织中的创新通常遵循“中心外围”模式，核心利益的通用性研发一般在总部进行，而应用性质和具体的研发则在各事业部进行。这种组织类型的优点是能够在特定的细分市场上集中形成竞争力，同时还能够分享来自于公司其他部门的知识和经验；缺点包括中央部门研发对区域应用性研发具有“离心力”，设计部之间的摩擦与竞争抑制了知识的共享
专业官僚组织 Professional Bureaucracy	分权的机械型组织形式，权利归属于个人，彼此之间通过标准流程进行协作。这类组织的典型特征是高度的专业化技能，如咨询公司、医院以及法律事务所等专业化工作小组。控制主要通过对标准的流程来进行，个体拥有高度的自治。此类组织的优点在于高度的专业化技能，能够开展团队协作	这种组织结构是组织内外部设计与创新咨询活动的典型。正式的研发、IT 和工程小组是典型的例子，这种团队高度重视技术与专业才能。优点是较强的技术能力和严格的专业化标准；缺点是难以对拥有高度自治和知识能力的个人进行有效管理

续表

结构类型	关键特点	创新启示
灵活组织结构 Adhocracy Organization	组织的项目制结构类型，用以应对非稳定性和复杂性问题。灵活组织结构通常是临时性的，提供了高度的灵活性；基于团队的组织结构由拥有不同高度技能的个人组成，但是能够共同工作；很少有内部规则和结构，主要是为了完成工作。这种组织结构的优点是能够处理高度不确定的问题，并且有很强的创造性；缺点是无法解决内部冲突问题，无法高效低协同工作，而且由于没有正式的组织和标准，难以实现对组员的控制	这是创新项目团队最经常采用的组织形式，适用于新产品研发和主要流程变革。美国宇航局 NASA 曾经在登月计划中有效采用了这种灵活性组织，10 年当中几乎每年变革一次组织类型，以适应项目不断变化和不确定性的特点。这种结构的优点在于其创造性和灵活性，正是大多数文献所提倡的“臭鼬工厂”模式；缺点在于无法控制，以及过度关注所参与项目而忽视了更广泛的整个组织
任务导向结构 Task-oriented Structure	一种新兴的组织机构类型，通常由持有相同观念的队员组成，如志愿组织或者慈善组织等。优点是每个成员对组织整体目标抱有相同观点，具有较高的奉献精神，乐意接受组织安排；缺点是缺乏控制和正式的约束	任务驱动的创新有可能取得很好的创新效果，但是需要精力和明确传达的使命。全面质量管理以及价值驱动组织原则中许多方面与此相关，需要内部连续改善作为驱动力，而不是外部刺激。这种结构的优点在于明确的共同任务，而且个人也乐意接受倡议；缺点在于过度依赖关键有远见的个人提出的明确的使命

各式各样的组织结构有着不同的优点，同时也有着自身的局限性。因此，创新管理中的一个关键挑战就是“合适性”问题，即对当前所处的环境选择一个最合适的组织结构形式。创新的日益重要性以及组织所经历的内外部环境的高度变化，都为那些保持组织稳定性的结构形式提出了挑战。因此，传统的机械型组织结构，如汽车装配工厂模式，正在变得越来越混合化，向着“机械灵活性”的方向发展，这种结构更加鼓励创造性和灵活性。“精益生产”就是一个很好的例子，它强调团队工作、全员参与问题解决、灵活的工作单元和扁平化的组织层级结构，明显摒弃了原有的组织结构模型，呈现强化创新的倾向。

9.2.2 机械性与有机性组织的平衡

大量创新研究发现，组织结构会受到组织内开展的任务的性质的影响。大体上来说，任务的计划性越小，不确定性越强，组织结构就越需要灵活性。比如，生产活动、订单处理以及采购大多属于变数较少的活动，在某些情况下甚至可以被内嵌决策规则的信息系统自动化处理。相比之下，另外一些活动则需要判断和审视，因为它们几乎每天都在变化，不幸的是创新相关的决策活动往往就属于这种。这种活动很少属于常规化、结构化与正式化的活动，相反，它们需要高度的灵活性以及大量互动。研究者们强调了“程式化决策”与“非程式化决策”的区别，并且认为决策的非程式化决策水平越高，组织就越需要松散和灵活的结构。

20 世纪 50 年代晚期，美国学者汤姆·伯恩和乔治·斯托克对这一问题进行了大量研究，并总结了有机性组织和机械性组织两类组织的特征。前者适应于快速变化的组织环境，而后者则适用于相对稳定的环境。尽管这两种组织类型代表了理想状态下的两个极端，但是为高效创新组织设计提供了有用的框架。

近年来，越来越多的组织进行了结构重建，变得越来越"有机化"，这有力地反映了汤姆·伯恩和乔治·斯托克的模型的价值。比如美国通用电气公司，曾经历了痛苦但是最终成功的转型，从僵化的机械性结构转向了松散的、分散化的结构。ABB 公司是一家瑞士—瑞典集团，也开发出了一种独有的全球业务管理模式，把自己打造成了小公司联盟，并且每个小公司都保持了有机的特征。但是，我们需要再次注意，在某种特定环境下有效的组织机构在另外一种环境下可能毫无价值。比如前面提到的 ABB 公司的组织结构在当时是有效的，但是后来的发展证明这一模式是不合适的，无法应对公司外部出现的新挑战。

与此相关的另外一种观点也是关于组织环境与组织结构关系的。该观点认为环境不确定性与复杂性越高，就越需要灵活的组织结构和业务流程。这解释了为什么一些快速增长的行业，如电子产业和生物科技产业，往往与有机的组织结构形式联系在一起，而那些成熟产业则总是与机械性制度联系在一起。

在组织结构与产业性质关系的研究中，Lawrence 和 Lorsch 的开创性研究是比较重要的。他们的研究表明，在成熟产业比如食品包装产业以及快速发展的产业比如塑料产业中，成功的创新首先取决于能够有效分工的组织结构(形成内部专业化小组)，以满足多样化的市场需求；同时还取决于将这些专业化小组连接在一起的能力，以快速对市场信号做出反应。

9.2.3　团队工作方式

实验表明，团队比个人无论在创意的产生还是问题解决方案的灵活性方面都要强。为了充分挖掘团队在创新方面的潜能，很多组织都会组建团队，如项目小组、跨职能部门的组织内部问题解决小组、工作单元以及工作组等，旨在开展渐进的、改良性质的创新。

许多人把团体(Group)和团队(Team)不加区别地使用。从一般意义上来讲，团体指的是彼此接近的一群人的集合，它可以是某些实体的成员，也可以是因为某种相似性而被划分成的某个类别。相比之下，团队则是多个个体的组合，他们主动聚集在一起或者被安排在一起，是因为有着共同的目的或者目标。另外，团队成员还必须在组织范围内或者为了完成某一任务而开展专业协作，为了取得特定的结果而共同承担责任。区分团体和团队的方法有许多种，比如，团体是由没有共同目标个体组成的，如只有相同邮政编码的一群人；但是团队则不然，他们拥有共同的愿景。

人们对表现优异的创新项目团队进行了相当多的研究，其中一个重要发现是团队很少是偶然出现的。团队是精挑细选的组合结果，其构建过程也需要投资；团队成员既各司其职，又紧密合作，有人专注于管理，有人专门完成工作。

尽管人们对团队已经相当重视，但是团队并不是万能的。尤其是，把一群人放进名义的团队里是有一定的危险性的，没有解决的冲突、难以调和的成员个性、缺乏有效的工作流程以及其他因素都会降低团队工作的效率。Tranfield 等人对不同环境下的若干团队进行了研究，发现针对特定任务和特定环境打造合适的团队相当重要。

团队越来越被视作跨越组织边界的桥梁，能够有效解决组织内部的问题。跨职能的团队能够带来产品研发、流程改善等任务所需要的不同知识；同时，团队也是对话平台，许多根深蒂固的观点分歧能够借助此得到解决。Lawrence 和 Lorsch 曾经对分化与整合问题进行了开创性研究，发现部门冲突是摩擦、工作延误和工作进展困难的主要来源。成功的组织往往注重多渠道投资，整合公司内部的不同职能部门，如跨职能团队是解决问题的最有价值的方法。但是，正如我们前面所言，打造有效的工作团队是一项战略任务，他们不会凭空而得，需要付出额外努力，确保潜在价值观念冲突得到有效解决。

在事先确定的自治权力范围内的自管理团队效率是非常高的，比如，美国 Honeywell 国防航空电子工厂由于采用自管理团队工作方式，准时交货率从 20 世纪 80 年代的 40%提升到了 1996 年的 99%。在荷兰，为降低运行成本并提高顾客满意率，公交公司 Vancom Zuid-Limburg 也采用了自管理团队方式。现在，该公司每位经理管理 40 名司机，而行业平均水平是 1 名经理管理 8 名司机。同时，司机的工作热情也很高，会主动参与汽车维修、顾客服务、线路规划等工作，积极发现问题并寻找解决办法。

高效的团队工作主要包括以下特征：

- 明确的任务和目标；
- 有效的团队领导；
- 平衡的团队角色，并且与个人行为风格相匹配；
- 有效的团队内冲突解决机制；
- 与组织外部的紧密联系。

团队在发展过程中通常会经历形成阶段(forming)、风暴阶段(storming)、规范阶段(norming)以及运行阶段(performing)四个阶段。具体来讲，也就是首先把团队成员放入团队，然后解决围绕领导权、目标等问题的分歧和冲突，形成共享的价值观和规范的团队工作方式，此后，团队才能进入高效运行、完成任务的阶段。一般的团队组建方法能够组建创新团队，但是这并不够，需要其他一些方法帮助组建和运行一个成功的创新团队，如贝尔宾(Belbin)团队角色方法。

影响团队绩效的核心因素是团队自身的构成以及团队所需角色与成员行为偏好的匹配程度。对此，贝尔宾提出了颇有影响力的团队角色匹配方法。他把人划分为若干角色类型，如“工厂”(Plant，新创意的来源)、“资源调查者”(Resource Investigator)、“形成者”(Shaper)以及“执行者”(Completer/finisher)等。研究也表明，最有效率的团队是那些由背景、能力和行为方式存在多样性的队员组成的团队。一个著名的实验研究表明，一个由很有才能但是彼此相似的队员组成的团队，还不如一个由能力一般、但是多样化成员组成的团队的工作绩效。

随着对跨边界团队和分布式团队的重视，一系列新的挑战也在不断出现。举一个极端的例子，一个在伦敦工作的产品研发团队可以在结束一天工作的时候，把工作传递给在美国工作的同事；美国同事在下班后再传递给远东的同事，由此即可以开展 24 小时不间断的研发活动，提高研发效率。但是，一些潜在的问题也必须得到解决，比如分散式团队和虚拟团队的管理问题等。同样，要想知识共享的概念发挥作用，也必须解决组织机构和机制问题。

许多公司都尝试使用团队方式解决问题，但是使用团队的经历并不总是轻松、愉快和有效的。有效的团队管理工作还面临着不少挑战，有不少团队明显“变质走样”。在对许多工作团队进行仔细研究后他发现，有些因素貌似不起眼，但是如果在团队管理中忽视了这些因素，它们就会产生巨大影响，妨碍团队功能的发挥。这些因素包括：

· 群体与团队

团队管理中一个经常犯的错误是把群体称为团队。群体实际上是一个松散的个体组合，并不是一个真正的团队。它之所以被称为团队，是因为人们主观认为它是个团队。团队管理中有一点必须明确，即团队应具有共同的目标和对应的奖励机制。人们经常被要求按团队去完成任务，但是绩效评价却是基于个人层面的，这就会对团队绩效带来负面影响。

· 目的与手段

团队的权力需要精心管理，保持很好的平衡。到底赋予团队多大的权利去完成任务和克服挑战呢？团队的创建者经常对团队过度管理，不仅明确规定团队所要达到的目标，还对实现目标的手段加以限制。良好的团队管理是应该明确团队的结果、方向或者外部限制条件，但是实现目标的手段应该属于团队内部的权力和责任。

· 结构与自由

团队管理过程中，一个重大的错误就是简单地把一群人放在一起，只是大致上告诉他们要做什么而没有明确的任务目标，然后让他们自行其是。人们经常会认为，要想让组织变得有创造力，就不要对其施加任何管束。实际上大多数团队管理人在运行中发现，稍微有点组织，机构会更加有效，这种方式似乎是最正确的做法。也就是说，团队需要明确指示的任务；团队人数要适度少，以便便于管理，但是还必须大到能够保持一定的多样性；团队需要一定的权威和责任加以限制，但是还需要足够的自由度，并有效利用团队的多样性。组建团建实际上就是在结构和权威、边界和自由、自治和自由之间寻找平衡。

· 结构与体系支持

通常，组织为团队已经设定了颇具挑战性的任务，但是却没能提供相应的支持。绩效卓越的团队需要相对应的奖励体系，以识别并强化优秀的团队表现；优秀的团队必须能够获取合适的优质信息，也必须接受团队相关工具和技能的培训；优秀的团队绩效还依赖必需的管理和财务资源以完成任务。把一个群体称之为团队，并不能自动赋予团队完成任务所需要的支持，这一切还必须由企业层面专门来提供。

· 团队成员胜任力

通常认为，技术能力、与主营业务相关的技能、经验和能力有助于解释一个人为什么被纳入到团队当中来，但是这并不是优秀的团队对成员唯一的胜任要求。成员无疑还必须具备适合在一个团队内工作的其他技能。

9.3　创新氛围管理

9.3.1　创新型氛围的作用

历史上许多发明都是幸运的意外发明的结果，比如“方便贴”后面的黏合剂以及浮法工艺玻璃的原理。但是正如法国微生物学家路易斯·巴斯德所说：“机会总是垂青有准备的人。”我们可以有效利用我们对创新过程的理解，营造合适的环境，使那些“幸运的意外”能够在组织内发生。

为了做到这一点，我们必须理解"创造力"(Creativity)的两种重要形式。每个人都具有创造力，只是表现形式存在很大差异。有些人乐于提出挑战我们常识的创意，有些人则偏好提出逐步改进工作方式或者改善工作环境的渐进性创意。(这在部分上也解释了那些"创造力"很强的人，比如艺术家、作曲家和科学家往往很难甚至无法在我们既定的行为规则下生活。)创造力的上述两种形式对于我们管理组织的创造力具有很大的启示。创新是一个把新生事物投入广泛应用的过程，而不是仅仅发明该新生事物。初始的灵光乍现需要重大的创造性思维跳跃，剩下的就是大量不断发现与解决问题的工作，每一个问题都需要投入渐进性的创造性工作。前者需要某个特定任务的技能和灵感，而后者则需要大量人力长期的创造性投入。

组织结构可以被看做创新型文化一种有形的人为努力的结果，创新能够在具备创造性文化的组织中蓬勃发展。文化是一个相当复杂的概念，但是它基本上可以被认为是成员共享的价值观、信仰和共同规范，它们一起指导着人们的行为。换句话说，文化可以被看做任何组织内的"行为方式"。Schein 的研究表明，组织文化包含由深层到浅层的三个相互联系的层面。其中最深层次，也就是人们无法直接接触的层面，是关于人们对世界的信仰，即理所当然的假设；再向外一层是个人行为方式或者集体与社会沟通方式，它们受到深层信仰的影响，并形成了整个群体的行为规范和价值观念；最后，行为规范指导下的行为产生了一套人为产物，如组织结构、组织流程、组织符号等，它们反过来又会强化行为方式和信仰。

在 Schein 的模型中，管理阶层无法直接改变组织文化，但是他们可以在外在层面上加以干预，通过改变组织结构或者组织流程以及示范作用来强化某种行为方式。这种组织文化变革方式已经被广泛采用，以推广全面质量管理以及其他一些鼓励员工参与创新的组织模式。

还有许多研究者对促进创新或者压抑创新的环境进行了审视。Kanter 指出压制创新的因素包括约束性的纵向关系、横向交流不畅通、有限的工具和资源、自上而下的行政命令、不断强化的自卑感文化和对创新活动的不重视。

以上种种行为的结果是不断产生和强化阻碍创新的行为规范，最终形成缺乏创新的组织文化。由此可见，创新氛围的打造不是一件简单的事情，它囊括极其复杂的行为和事物。组织文化的变革也不可能很快发生，同时也不是一个单一的计划就能带来效果的(如结构重组或者新技术的集体培训等)。

相反，打造创新型的文化氛围涉及诸多要素，包括组织结构的系统开发、交流沟通规则与程序、奖励和识别系统、培训政策、评价系统以及相配套的组织战略等。

9.3.2 创新氛围与创新文化

氛围是指组织内行为、态度和情感的重复模式，这是组织生命的重要特征，也是人们对既定工作部门或者整个组织的客观感受。而文化则是组织内部层次更深、更加持久的价值观念、行为规范和信仰。

氛围和文化更多时候被研究者和实践者不加区别地使用。实际上，认真区分这两个概念对于那些关心组织文化变革的人还是很有帮助的，两者具有以下不同点：

· 分析的层面不同

文化是一个相当宽泛而概括性的概念，氛围则可以被视作一般文化概念的一个细化。如果你想了解公司文化，那么你必须把整个组织作为一个分析单元。如果你专注于氛围，你就可以把个人以及群体、部门等作为研究对象。

· 涉及不同学科

文化属于人类学的范畴，而氛围则属于社会心理学范围。两个概念属于不同学科，需要不同的方法和工具进行研究。

· 规范性与描述性

文化相对而言描述性更多，这意味着一套价值观或者潜在假设没有优劣之分，因为没有一套关于最好的社会的统一的标准、观念和定义。氛围则经常更具有规范性，因为我们总是在寻找适合某类事物的最佳环境，而不是简单地描述不同的环境。比如，我们经常会审视不同的氛围，用来和其他一些测度或者结果进行比较，如创新、动机和成长等。

· 观测与影响难易程度

相对于文化而言，氛围属于组织表层现象，更加容易观测到，也更加容易通过努力加以改变。

我们所需要的是一套通用的杠杠工具，以帮助领导者对组织文化进行引导和施加影响。氛围和文化是有所区别的，传统的组织文化研究更多地属于定性研究，而组织氛围研究则偏向于定量研究，但是多维度的研究方法有助于把两者的优点整合在一起。研究表明，相对于价值观念而言，组织在具体实践上的差异更大，如风险规避水平。

表 9－2 对影响创新的组织氛围进行了总结，尽管此类因素很多，但是我们这里只给出了相对比较重要的 6 种因素的探讨。

表 9－2　影响创新组织的氛围因素

组织氛围因素	最有创新性的组织得分	创新性最差组织得分	差距
信任与公开	253	88	165
挑战与参与	260	100	160
创意支持与空间	218	70	148
冲突与争议	231	83	148
风险承担	210	65	145
自由度	202	110	92

9.3.3　信任与公开

信任与公开反映了人际关系中情感安全的程度。群体之间如果认为彼此是信任的，且共享相同的一套价值观念，这种人际关系被认为是安全的。在存在很强的信任感的情况下，组织内的每个人都愿意提出自己的观点和创意；一些提议也容易被接受，而无需担心失败后的报复和嘲笑；此时沟通和交流是公开的和坦诚的。而在信任缺失的情况下，错误带来的代价则是高昂的；同时人们也害怕自己好的创意被别人利用和掠夺。

当信任与公开程度太低时，人们会隐藏自己的资源，如信息、软件和材料等。同时，由于害怕概念被剽窃，也缺乏对新的创意的反馈，管理层也无法把资源在个人或者部门之间进行公平的分配。但是，有时候信任也会产生负面影响，过度的信任和公开情形下，虽然人际关系一时比较密切，但是很多工作资源被浪费到了人际关系上。另外，和谐的人际关系还容易导致彼此不愿质疑，导致错误的产生和积累，且难以产生创造性的结果。另外，高度信任的一群人还可能会形成派系。此时，开展跨部门或者跨团队的信息和创意交流则是非常有益的。

信任部分上是个人自身性格和经历的结果，但是也会被组织氛围所影响。例如，奖励的性质会对信任程度产生影响，鼓励个人竞争的奖励会减少信息共享并提高彼此的猜忌程度，而团队性奖励则会促进信息共享，减少对彼此动机的猜疑。另外据研究，信任和员工的角色自治水平存在着一定的关系。角色自治是指员工在理解和执行工作时自行决策权的大小，定义过于狭窄的角色会影响其决策自由度。角色自治水平受到组织鼓励其员工内部化集体目标和价值观程度的影响。例如，有一种所谓的“宗族文化”鼓励组织成员之间形成共享的价值观、信仰和目标，强化并奖励与此相关的适当行为，而不是强调和某个任务相关的具体行为和结果。当任务结果难以预料和编码以及个人绩效难以评价时，这种管理方法非常合适。个人特征也会影响角色自治水平，如个人经历、胜任力以及长期在组织内积累的权威。

9.3.4 挑战与参与

挑战与参与是指人们在日常工作、长期目标和组织愿景形成中的参与水平。较高的挑战与参与水平意味着员工的内在激励，并致力于为组织获取成功做出贡献。这是因为人们一旦发现自己所从事的工作比较有乐趣并且有意义，就会为之付出精力。相反，如果人们没有参与组织工作，就会感觉到疏远和冷漠感。

当挑战和参与感太低时，人们对工作就会比较懈怠，对职业发展没有兴趣，对组织未来也会充满挫折感。改善这种境况的一个方法就是动员员工结合自身和所在工作团队来理解组织愿景、使命、意图和目标。

相反，如果挑战和参与感过高，员工就会显得筋疲力尽，无法完成项目目标，或者在工作上花费过多的时间。造成这一问题的原因是工作目标被过度延伸。改善这种境况的方式是检查并宣布战略优先任务。

专注于挑战和参与而不是正式权威的领导能够创造良好的组织氛围，这种氛围具有很强的创新性，能够产生良好的绩效。研究表明，结果控制性管理方法，如明确的任务、考核和奖励，对创新具有负面影响。因此在管理过程中，需要在下属感受到支持和授权以及提供明确的目标、方向和日程中保持一定的平衡。

智力激励(Intellectual Stimulation)是管理当中一个很大程度上未被充分开发的领域，这包括提高下属对问题感知和兴趣的行为，以及开发下属解决问题新方法的能力的行为。领导者的智力激励行为能够在感知不确定性的情况下对组织绩效产生深远影响，同时也能够提高员工对组织的奉献精神。

9.3.5 创意支持与空间

创意时间(Idea Time)是指员工可以用来精心构思创意的时间。创意时间多的情形下，人们可以对即兴或者新鲜的建议进行讨论和测试，这些活动不包含在既定的分配任务范围之内。而当创意时间少的时候，每一分钟的工作时间都已经被事先明确规定，这种时间压力使得人们无法思考工作指令和计划任务之外的事情。研究证实，处于时间压力下的个人明显缺乏创造性。

当形成创意的时间和空间严重不足时，人们就会只关心当前的项目和任务。这会形成一种不健康的压力，会让人们把职业开发与培训视为一种影响完成日常工作和项目能力的障碍。同时，我们也可以看到一些管理者会尽力避免新的创意产生，因为新创新会从完成日常项目和工作计划上抢占部分时间。相反，当创意时间和空间过多时，人们就会显得焦躁，这主要是管理者需要漫长的过程来对这些创意进行评估，同时新创意的管理会挤占日常任务，使团队无法完成短期的任务和项目。

上述情况表明，存在着一个促进创造和创新的最优的时间和空间安排。人们使用"组织冗余"(Organization Slack)的概念来衡量组织当前所需资源与组织全部可用资源之间的差异。当组织所处环境稳定或者无需变革时，组织主要关注的是生产效率，过多的组织冗余意味着静态效率的不足。但是，当组织需要创新和变革时，组织冗余则会发挥动态冲击吸收器的作用，为组织提供尝试的空间。

由于组织和环境之间的正向反馈的存在，这一过程呈现出自我强化的趋势。当一个组织获得一时成功之后，就会产生更多的组织冗余，在人力、时间和资金上为长期的重大创新提供资源；反之，当组织表现差强人意或者绩效下跌时，管理者往往会查找直接而明确的问题并加以解决，这会降低组织冗余，不利于组织长期的创新和成长。

研究证实，适度水平的组织冗余与组织长期的卓越绩效存在密切联系。对于绩效较好的组织，组织冗余与绩效之间呈现一种倒"U"型关系：过少的组织冗余，例如过于精益和专注，无法为创新提供充足的时间和资源；过多的组织冗余则无法为组织创新提供激励和方向。但是，对于绩效不佳的企业而言，任何组织冗余都会被吸收掉，因此只能带来效率的不足，而不是为创新和成长提供机遇。管理者经常把时间看做一种约束或者产出测度，而不是一种施加影响的变量。实际上时间能够触发和推动创新与变革。提供有限的时间和资源，不仅能够降低个人和团队工作过度负荷所产生的僵化，也会减少过度冗余所产生的工作无效率。

对于高级管理人员而言，在组织内部提供创新空间和支持与直接参与创新具有同等重要的作用。

9.3.6　冲突与争议

组织内冲突是指组织内部存在的个人、人际或者情感关系的紧张状况。尽管冲突是一种负面现象，但是所有的组织当中都存在某种水平的个人关系紧张。

冲突可能因为任务、流程或者关系原因而产生。任务型冲突是指围绕工作目标和工作内容产生的分歧，即"干什么"和"为什么"的问题；流程型冲突是指围绕"如何"完成任务的方法和手段产生的冲突；而关系冲突则更多地源于情感因素，如恶意和愤怒等。一般来说，任务和流程冲突具有一定的建设性，可以避免"群体思维"(Group Thinking)，可以集思广益，有助于形成替代性战略。但是，任务型和流程型冲突只有在开放和集体沟通的氛围内才能产生积极影响，否则可能会退化为关系型冲突。关系型冲突一般属于精力内耗和破坏性的冲突，情感分歧会产生焦虑和敌意。

如果冲突水平过高，团体和个人彼此不喜欢对方甚至仇视，组织氛围就会形如战争，组织生活中充斥着阴谋和陷阱，流言蜚语和背后坏话盛行，同时还存在着工作之余的闲言碎语、信息隐藏、公开指责、谎言漫天以及真正需求的夸大等问题。在这种情况下，我们就需要采取相应措施，以促进关键个人和部门之间的交流和合作。

如果冲突水平过低，个人就会显得毫无斗志或者对自身工作失去兴趣。例如，会议更多的是在告知，而不是达成协议；任务期限无法实现；过度毫无建树的人在组织层级内高高在上。此时需要重建组织机构，识别出真正具有组织所需要能力的领导者。

因此，冲突管理的目标不是最小化冲突或者最大化妥协，而是保持一定水平的建设性冲突，以满足组织在个人偏好和创造性解决问题风格上的多样化需求。如果团队成员在创造性解决问题的偏好和风格上比较相似，团队将会过于和谐，其工作效率将会低于那些混合偏好风格的团队。所以，如果冲突水平是建设性的，人们将会以更加成熟的方式行事，对冲动和情感也会更多地加以控制。

争议更多地发生在问题和想法上，与冲突更多发生在人际关系上形成了对比。争议更具有建设性作用，能够为视角和观点的多样化提供可能性；争议涉及观点、创意、经验和知识的交锋、交流和碰撞；在争议中能听到各种不同的声音，人们会争先恐后地提出自己的观点。而在争议消失的时候，人们则会按照权威主义方式行事，凡事均不加质疑。在争议较低时，会发现人们持续不断地抱怨千篇一律的现状，却很少有人尝试改善现状；没有人公开争辩，但是可以发现人们时常在过道一对一地悄悄交流。

但是，如果争议过多就会发现人们更多地空谈而没有实干。每个人都毫无顾忌地发表自己的言论，交谈和争议的关注点都放在了自身目标的实现上，而不是形成合作性和妥协性的一致行动。形成这种结果的一个重要原因就是团队过于多样化或者人们持有不同的价值观体系。在这种情况下，开展有组织的讨论和肯定相同的价值观是比较有意义的。

9.3.7 风险承担

对不确定性和模糊性的容忍程度被称为风险承担水平。在高度风险承担的氛围内，大胆的新提议即使结果不甚明了也有可能会被接受，人们认为他们可以对一些新的创意“赌上一把”。此时，人们经常愿意冒风险，争先提出创意。

而在风险回避的氛围中则存在着审慎和犹豫不决的思维模式。人们总是试图站在安全的一边，在形成决策之前就成立许多委员会，通过各种方式把自己隐藏起来。如果风险承担水平过低，员工很少会提出新的创意，或者很少提出那些超越常规底线的创意。在风险规避性的组织中，人们总是在抱怨枯燥、乏味的工作，因为创意冗长、乏味的批准实施过程而产生挫折感。

相反，如果过度鼓励风险承担，人们就会感到困惑和迷茫。此时，四处充斥着各种创意，但是很少得到执行，人们也会因为一事无成而备受挫折；组织内有许多独行侠自行其是，丝毫没有团队工作的存在。造成这一境况的原因是，个人感觉不到部门或者组织内其他成员对自身工作达成共识或者帮助的必要性。对于这种情况的补救措施之一就是构建或者完善新的团队奖励体系，鼓励彼此合作而不是个人主义或者竞争。

新产品和新服务开发的相关研究已经识别出了诸多风险应对策略。无论是个人性格还是组织氛围都会影响对风险的看法以及风险规避、风险承担和风险追求的倾向。一些正式的风险管理技术，如故障模式与影响分析技术（Failure Mode and Effect Analysis, FMEA）、潜在问题分析技术（Potential Problem Analysis, PPA）以及故障树分析技术（Fault Tree Analysis, FTA）等都能够在创新风险管理中发挥一定的作用，但是更为宽容的组织氛围所释放出来的信号和组织支持远比这些具体的工具更为重要。

9.3.8　自由度

自由度是指组织内个人能够独立开展行动的程度。在自由度较高的氛围内，人们是高度自治的，可以自主制定自己的行动内容，自主决定自己的日常活动；他们自主获取和分享信息，自我制订计划和做出决策。而在自由度较低的氛围内，人们会遵循严格的规则，按照事先定义的方式开展工作，几乎没有自我制定工作任务的空间。

如果没有足够的工作自由度，人们会缺乏提出新的和更好的工作方式的积极性。相反，他们会把大量时间和精力花费在获取组织内外部工作上或者忙于照章办事，过于专注于他们被交办的工作。造成这一现象的原因可能是领导方式过于权威主义或者是过于官僚主义。比较好的解决方式是开展相关培训，如 360 度反馈法、管理技能提升等。

相反，如果工作自由度过高，人们则会按照自己的既定方向开展工作，在自己所关心的事务上和组织或者团队的工作任务上无法保持平衡；人们对重大政策和程序毫不关心，也没有统一的工作方法。其中一个很重要的原因是员工的考核指标没有很好地与组织发展目标结合起来，从而导致员工各行其是。解决办法是可以在员工考核中把组织目标逐层分解落实到每个员工，从而确保所有员工围绕共同的目标开展工作。

思考题

(1) 创新领导者需要具备什么样的品质？
(2) 有利于创新的组织结构应该具备什么样的特征？
(3) 创新团队需要哪些类型的成员？
(4) 创新氛围与创新文化有什么区别与联系？
(5) 创新氛围管理中有哪些需要注意的维度？

案例分析

戈尔特斯®与戈尔公司：一家创新型公司及其当代企业文化

本案例旨在探讨组织管理和文化在戈尔公司中的作用。该公司推出了很多人都熟悉的产品，如戈尔特斯运动面料，但是人们对表现出色的戈尔公司（W. L. Gore & Associates）却知之甚少。这家公司以合作社制的简单方式运行，类似于英国的 John Lewis 百货商店合伙人运行方式，在这里雇员同时也是雇主。此外，该公司通过强调行动及创造来尽可能消减管理工作。目前这个高效率的公司在全球 45 家工厂及销售点雇佣了将近 7000 名员工，制造部门分布在美国、德国、苏格兰、日本及中国。其专有技术多功能高分子材料聚四氟乙烯（PTFE）广泛应用于电子信号传输、布料层压、医学移植以及薄膜、过滤、密封剂和不同工业的纤维技术中。如今该公司的业务分为医疗产品、布料产品、电子产品及工业产品四大部分。戈尔在美国拥有将近650项专利，在全球则拥有几千项专利。

引言

戈尔公司在欧洲地区最知名的就是戈尔特斯布料(这是一种可以保持干燥并使身体透气的材料)，然而很少人了解这个私人拥有且相对神秘的公司，更少有人知道这家公司管理上的创新模式——“不管理模式”。戈尔公司年度收入高达10亿美元，在2002年福布斯私企500强中排名第200。事实上，就其利润、市场价值及股票价值而言，戈尔公司是应该进入2002年的财富500强公司的。但由于该公司是一家私有企业，所以公司运营和战略的许多细节都鲜为人知。不像公开的上市公司那样，它不需要在一些类似市场战略、制造过程或技术发展等问题上公开信息。

戈尔公司于1958年创立于特拉华州的纽瓦克，是威尔伯特·比尔·戈尔为了探索碳氟高分子化合物尤其是聚四氟乙烯(PTFE)而创立的。PTFE一开始是比尔·戈尔在杜邦公司任职工程师时研发的，由于未能在杜邦公司找到愿意投资他新想法的人，所以他买下了这个专利并且将其应用于商业。在第一个十年中，戈尔公司的电线和绳索登上了月球(公司向1969年的登月代表团提供绳索)，在苏格兰和德国设立了分公司，公司的风险投资事业也在日本生了根。

戈尔公司将自己的特有技术能力应用于上百种不同产品。它重新定义了工作服和运动服(戈尔特斯)的新标准，推动了由于疾病和外伤造成的组织再生技术的发展，促进了印刷电路板和纤维光学技术的新一代材料的产生，并发现了阻止和控制环境污染的新方法。

戈尔特斯：会呼吸的纤维

1969年，比尔·戈尔发现快速延伸的PTFE会变成一种很强韧的高分子材料(这就是众所周知的膨体PTFE)，由此诞生了一系列新的、有潜力的专利。防水纤维材料就是其中之一。它能有效防止外部的水分进入内部，在狂风暴雨等恶劣的条件下以及坐、跪在潮湿的地面时可以防止水分的渗透。但是这时又会产生另一个问题：出汗。一旦汗水渗透进入衣服并冷凝为液态时，就会引起潮湿状态下热量的挥发，这是干燥状态下的23倍。因此，必须解决内部水分的蒸发问题。然而，能够同时满足挥发内部水分并防止外部水分进入似乎是不可实现的，但当时这正是戈尔特斯布料所专注的。含有戈尔特斯布料的雨衣第一次使用是在1976年，故这种会呼吸的布料专利有效期截止到1996年。然而，戈尔公司不断产生新的专利，现在市场上会呼吸的布料有很多种分子类型。由于20世纪90年代户外活动变得很流行，因此这种产品得到了广泛的关注。这也使得戈尔特斯的相关产品得到了快速的发展，如外套、单肩包、鞋子和裤子。一些将戈尔特斯布料用于他们衣服的制造商，如Berghaus、Karrimor和North Face将这种曾经机密的特质材料变成了主流材料。

戈尔公司内部的工作方式

戈尔公司与其竞争者最大的不同就是独特的组织架构和管理方式。而且有证据表明，美国戈尔公司所宣称的高度创造性和创新使其在1998—2003连续六年名列财富杂志“100个最适合员工工作的公司”，它的英国分公司也被列入“英国最适合工作的100个地方”(McCall，2002)；意大利戈尔公司被誉为“意大利最适合工作的35个公司”，德国戈尔公司则被列入“德国最适合工作的50个公司”。戈尔公司有效的创新管理模式经常为人所称道，公司也为自己的传统和工作方式自豪。

戈尔公司在一般工作领域实行雇佣合伙人制度。合伙人在保荐人的引导下，在对公司项目和组织目标深刻理解的基础上，专注于与自身能力相匹配的项目类型。每个人都可以在机会识别及项目推动的过程中赢得大家的信任。保荐人会帮助新加入的合伙人制定努力方向，从而实现合伙人个人价值并对公司最大化地做出贡献。团队领导者有的是被任命的，但是本质上是由“追随力”所决定的。更常见的情况是，团队领导者是由于掌握特有的知识、技能或经历而自然产生的，他们可以带领团队实现公司目标。

合伙人很认同比尔·戈尔先生的四条基本领导准则：一是公司提供充分的自由空间，鼓励、帮助并允许员工们提升知识、技能；二是责任感；三是有能力承诺并且兑现承诺；四是在开展可能影响公司声誉的业务前，要和其他合伙人进行协商。

非等级制度的公司文化

戈尔公司独特的组织结构源于比尔·戈尔先生在大型官僚组织中所受到的挫折，戈尔公司试图消除传统等级制度所造成的创新阻力。团队是围绕着机遇产生的，领导是根据需要选出的。为了避免传统的由老板和经理构成的金字塔结构，比尔创立了一种网格状的组织结构，也就是没有控制链以及决策信息传递链的结构。在新的结构下，员工们直接交流并对跨学科团队的其他成员负责。公司的商业信条准则是：在合适的环境下，人们完成任务的潜力是不可限量的。

这个方案似乎已经奏效。在 40 年的商业活动中，戈尔公司已经开发了上百种与含氟聚合物技术相关的产品。公司对于创新充满了激情并且建立了一个独特的组织文化来鼓励创造力、原创性及开发能力，正如戈尔所说：

在这里你不会发现传统组织的弊端，这里没有僵化的层级制度，没有老板，也没有可预见的职业生涯阶梯。相反你会发现直接的交流、团队导向的氛围以及主题合作的共识。这是一种与众不同的公司文化，能够鼓励创造力和发掘机会，直接促进了公司的成功。

最后一条准则是为了避免公司遭受到不必要的损失。尽管雇员们有很大的自由去追求创业机会，但在没有得到其他合伙人授权的情况下，没人可以开展项目。

公司为每个进入戈尔公司的新人都分配了三个保荐人。一个是创始保荐人，帮助合伙人熟悉戈尔公司；一个是计划保荐人，确保合伙人获得工作所需的资质和认可；一个是薪酬保荐人，确保合伙人获得公平的报酬。合伙人薪酬由委员会确定，但是主要取决于其他合伙人以及薪酬保荐人的评价。

雇员所有权结构

戈尔公司实施高弹性与高竞争性的利益计划，其目的是使每个合伙人获取最大化的自由和公平。利益计划包括核心利益及弹性利益，核心利益是指戈尔公司为每个有资质的合伙人提供的最基础的保障福利和服务。这些服务包括员工持股计划、度假、旅行、利润分成、医疗保险、基本生活保险、旅游事故险和领养救助。

合伙人持股计划(Associate Stock Ownership Plan，ASOP)是最具价值的经济福利，它的目标是提供股权所有权，这种所有权可以为未来退休的员工提供经济保障。通过获取所有权的方式，所有员工都有机会参与到公司的成长中。戈尔公司每年都会将最高 15%的合伙人薪酬划拨到一个账户中，用于购买戈尔公司的股权；同时戈尔公司还为每个参与该计划的合伙人支付同样的比例。工作满一年后，每个参与人都有资格获取该项福利，并在工作满五年后对自己的资产全权负责。戈尔公司的股票是私人持有，每季度评估一次，不能在公开市场上交易。ASOP 计划尽管没有包含戈尔公司的全部股份，但占据了大部分比例，其他部分由戈尔家族控制。

当公司利润目标达成时，员工将会有现金分红。这种利润共享方案一般两年执行一次。除此之外，公司会给员工提供税前红利，用来支付“弹性福利”，包括医疗计划、牙齿计划、长期的医疗保险、补充性个人寿险、家庭寿险以及健康看护或者瘫痪看护支付等。

独特的所有权文化特征

戈尔公司坚信在合适的环境下，人们完成任务的潜力是不可限量的。这就是戈尔公司得以运行的信念基础。它给了员工机会去自己判断、筛选自己的项目以及直接获取他们成功所需要的资源。这种网格系统的另一个特殊之处在于，为保持每个工作小组内的熟悉和信息交流畅通，公司坚持单个运作部门不能超过 200 人。一旦部门扩张，就会被分成几个小部门来维持企业文化。

讨论

这个案例阐述了一些开展创新所需要的组织特点。这种独特的组织模式适用于戈尔公司。毫无疑问，这种组织特点具有当代特色，并且能够释放组织的创造力，促进创业环境下的团队工作，为每一个员工提供最大化的自由和支持。然而，许多组织特点并不是戈尔公司所独有的，同样可以在其他公司中找到，如 3M 公司、惠普公司、康宁、戴森、BP 和壳牌。这充分说明，希望开展创新的企业必须采纳这样的组织特征。

有些关键组织特征使戈尔公司不仅成为经济上最成功企业，也成为最有吸引力的工作场所。首先，公司具备高质量的技术以及优良传统，鼓励员工研发卓越的产品。第二，小团队的运用有助于员工面对面的直接交流，做出及时的、非正式的决策，加快产品走向市场的速度。第三，沟通渠道非常开放，所有员工都可以自由地会面讨论、开会或与大家进行协商。第四，戈尔公司坚信为自己的雇员提供合理的薪酬会帮助员工建立主人翁意识并增加信任感。公司的 ASOP 项目占公司内部的大多数股份。第五，戈尔公司提供了良好的员工福利并且一直在继续提升这种福利。最后，确保每个工作团队不能过大，以使公司文化在合适的环境下有效运作。戈尔公司的这种方式营造了一种亲切感，并简化了工作团队内部的交流。

尽管雇员共享股份制听起来很有吸引力，但是任何的业绩下滑及股价下跌都会使员工觉得自己利益受损，都会造成他们的不满。和公开持股的公司不同，股份所有者并不能更换公司的管理者。戈尔公司竞争对手众多，但是没有一个公司能在所有领域都与戈尔公司为敌，比如拜耳公司在医疗行业是其对手，赫斯特公司在染料界是其对手，康宁公司在工业行业是其对手，杜邦公司在电子设备行业是其对手。

戈尔公司采用的商业战略至今为止都非常成功。然而现在，市场中开始出现了一些竞争。戈尔公司必须在以打价格战获取市场或者提供更优异的产品两者间进行抉择；或者依据传统开发新的产品，从而进入新的市场，成为提供某些产品的独家厂商。如果想要维持其在自己领域中的技术领先位置，戈尔也许需要评估自己在特定市场和市场化新技术中的研发能力。除了允许合伙人个人组建并控制团队外，戈尔公司更应该把重点放在战略性研发项目上，找到新的成长机会并创造新的事业。

问题

(1) 预测当专利期满之后，戈尔特斯品牌将会遇到什么样的问题？在专利保护期间，公司可以采取何种措施去维持优势？

(2) 列举一些戈尔特斯布料应用的场合。

(3) 戈尔公司似乎将重心放在了技术上，这样过多地关注技术有哪些危害？

(4) 合作制及股份制有很大的吸引力以及优势，但是仍有很多的不足，试对此进行讨论。

(5) 戈尔公司的战略在现有的市场中取得了哪些成绩？哪些战略现在遭到了挑战？

第10章 创新集群

学习目标

※ 集群的概念与本质
※ 产业集群对企业竞争力的影响
※ 产业集群的形成条件
※ 产业集群的主要类型
※ 产业集群对创新的影响
※ 产业集群对创新影响的机制

“硅谷”的真实名称为圣克拉拉县，坐落于美国加利福尼亚州旧金山海湾南侧，已经成为创新和高科技的同义词，是世界上高科技企业最为密集的地区。曾经人口稀少的农业区，现在拥有8000多家公司，大多数公司雇员不足50人，大概提供了约24万个就业岗位。该地区特别能够孕育高度成功和富有创新的高科技企业，如惠普、苹果、英特尔、甲骨文和eBay等。硅谷非同凡响的成功吸引了世界各国政治家、决策者和企业家的兴趣，都希望通过政府的直接行动建立高科技企业集中区域来再现硅谷效应。本章将会讲述创新集群的相关问题，包括集群的概念、本质与特征，集群的类型，以及集群为什么有利于创新等。

10.1 产业集群

10.1.1 产业集群的概念与本质

1. 产业集群的概念

集群的概念最早由英国新古典学派经济学家阿尔弗雷德·马歇尔提出。他曾用“产业区”(Industrial Strict)来描述小型专业化企业在某些地区集聚的现象，并援用了兰卡郡的棉纺产业和谢菲尔德的餐具贸易的例子。他用外部规模经济解释了这些产业集聚成功的原因：大量小企业空间互临，形成了快速增长的专业化服务市场。

1990年，美国哈佛大学商学院教授迈克·波特在《国家竞争优势》一书首先正式提出用产业集群(Industrial Cluster)一词对集群现象进行分析。通过对10个工业化国家的考察，波特发现区域的竞争力对企业的竞争力有很大的影响，产业集群是工业化过程中的普遍现象。在所有发达的经济体中，都可以明显看到各种产业集群。

那么什么是产业集群呢？

产业集群是指在特定区域中，具有竞争与合作关系，且在地理上集中、有交互关联性的企业、专业化供应商、服务供应商、金融机构及其他相关机构等组成的群体。许多产业集群还包括产业延伸而涉及的销售渠道、顾客、辅助产品制造商、专业化基础设施供应商，政府和其他提供专业化培训、信息、研究开发、标准制定等的机构，以及同业公会和其他相关的民间团体。

小案例

戈尔韦的信息通信技术集群

过去30年爱尔兰经济增长迅速，主要原因是吸引了大量国外直接投资(Foreign Direct Investment，FDI)。在戈尔韦(Galway，爱尔兰一西部城市)，吸收FDI的过程在20世纪70年代就已经开始了，最早是美国的计算机公司Digital投资设立了制造工厂。就当时而言，戈尔韦可以说是处女地，没有任何计算机产业经验。但是，Digital公司的工厂扩展迅速，通过FDI又引入了其他的一些著名品牌公司，如计算机领域的康柏、医疗领域的波士顿科技等。起初，这些公司与当地经济联系极其有限，但随着时间推移，这些工厂渐渐成为戈尔韦当地经济的支柱。Digital公司为当地工人提供了大量的高级培训服务，同时还成为联合研发的重要承担者，与康柏等公司联合开展了计算机集成制造重大研究项目。同时，由于缺乏经验丰富的信息通讯产业员工，原本内向型的投资企业彼此之间只能在技术、基础设施以及市场机遇方面进行合作，而不是一味地进行竞争。

由于FDI与当地经济联系过于密切，因此当1993年Digital关闭在戈尔韦的工厂时，对当地经济造成了巨大震荡。幸亏在当地商会以及国家和地方政府的努力下，Digital公司员工的技能和专业水平并未丧失。在当地商会的支持下，政府提供了大量培训，再加上完善的孵化器设施和Digital公司前员工的网络关系，戈尔韦产业集群逐渐形成了。有些Digital公司的前员工进入了本地其他一些ICT(Information Communications Technology，信息与通信技术)企业的分支工厂，有些员工则开始单干。其结果是，在一些早期的成功公司的帮助下，戈尔韦当地小型新创企业的数量大大增加。尽管分支工厂继续占有支配地位，但是随着过去十几年当地计算机领域小型企业数量的显著增加，集群已经变得更加多样化。

2. 集群的本质

产业集群超越了一般产业范围，形成了特定地理范围内多个产业相互融合、众多类型机构相互联结的共生体，构成了区域特色的竞争优势。产业集群发展状况已经成为考察一个经济体或其中某个区域和地区发展水平的重要指标。

从产业结构和产品结构的角度看，产业集群实际上是某种产品的加工深度和产业链的延伸；在一定意义上讲，产业集群是产业结构的调整和优化升级。

从产业组织的角度看，产业集群实际上是在一定区域内某个企业或大公司、大企业集团的纵向一体化发展的结果。

如果将产业结构和产业组织二者结合起来看，产业集群实际上是指产业成群、围成一圈集聚发展的意思。也就是说，在一定的地区内或地区间形成的某种产业链或某些产业链。

产业集群的核心是在一定空间范围内产业的高集中度，代表着介于市场和等级制之间的一种新的空间经济组织形式，有利于降低企业的制造成本(包括生产成本、交换成本)，提高规模经济效益和范围经济效益，提高产业和企业的市场竞争力。

从产业集群的微观层次分析，即从单个企业或产业组织的角度分析，企业通过纵向一体化，可以用费用较低的企业内交易替代费用较高的市场交易，达到降低交易成本的目的；通过纵向一体化，可以增强企业生产和销售的稳定性；通过纵向一体化，可以在生产成本、原材料供应、产品销售渠道和价格等方面形成一定的竞争优势，提高企业进入壁垒；通过纵向一体化，可以提高企业对市场信息的灵敏度；通过纵向一体化，可以推动企业进入高新技术产业和高利润产业等。

3. 产业集群的主要特征

产业集群不是众多企业的简单堆积，企业间的有机联系是产业集群产生和发展的关键。概括起来，产业集群一般具有以下特征：

· 特定区域空间上的集聚

产业集群是对应于一定的区域而言的，是经济活动的一种空间集聚现象。地理上的邻近不仅带来了运输成本的节约，还有企业间直接的交流、竞争以及实时信息的传递。如德国的钢铁生产集中在多特蒙德，刀具生产集中在佐林根，工具车床则集中在雷姆萨伊德。

· 生产专门的产品

产业集群聚集在一起要生产具体的产品，且地方优势明显，如诸暨大唐的袜业、河北清河的羊绒业、浙江嵊州的领带业等，不仅有专业的产品，而且形成了规模化的产业优势。

· 企业间分工

集群企业内部的一体化程度很低，大量的企业在集群中只做产品作业链条上的某一个环节。如在浙江苍南县金乡镇标牌产业集群中，设计、熔铝、写字、刻模、晒版、打捶、钻孔、镀黄、点漆、制针、打号、装配以及包装等十几道工序全部由当地独立的企业或加工专业户来完成，而且每道工序产生的半成品都通过市场来交易，共有800多家独立企业参与分工协作。

· 产业链的相对完整性。

产业集群是一个包含了某一产业从投入、产出到流通的各种相关行为、主体完备的经济组织系统，它们处于相同或是相近的产业链上，具有纵向或横向的产业联系。企业和机构之间的分工协作关系是决定集群效应和本质的主要特征，集群经济使同一产业内部分工更为精细化，使一家企业可以集中于该产业的某一道工序或某一种中间产品的生产。此外，在产业集群中，不但有生产性的企业，还有大量为生产提供辅助性服务的机构，如大学、研发机构、咨询公司等，它们紧密地联系在一起，形成利益共生体。

· 众多企业形成复杂的网络关系

在产业集群中，企业数量足够多，竞争与合作并存。集群所在地存在着复杂稠密的社会网络关系，人与人、企业与企业之间发生着频繁的互动活动和知识交流，人们通过正式和非正式的交流渠道共享知识和创新。产业集群内部综合了市场和政府的功能，综合了技术创新和组织设计的因素，但是在整合力、竞争力、影响力上又超过了市场和政府。

10.1.2 产业集群对产业竞争力的影响

产业竞争力是指一个国家或地区产业对该国或该地区资源禀赋结构（比较优势）和市场环境的反映和调整能力。同一产业相关的企业群聚集在一起相互竞争和协作，对提高产业的竞争力有很强的促进作用。现代组织理论认为，产业集群是创新因素的集群和竞争能力的放大。波特教授认为，产业在地理上的集聚能够对产业的竞争优势产生广泛而积极的影响。从世界市场的竞争来看，那些具有国际竞争力的产品，其产业内的企业往往是群居在一起而不是分散的。

具体来说，产业集群对产业竞争力的影响主要有以下四方面：

1．产业集群提高了产业的整体竞争能力

一般说来，产业集群形成后，可以通过多种途径，如降低成本、刺激创新、提高效率、加剧竞争等，提升整个区域的竞争能力，并形成一种集群竞争力。这种新的竞争力是非集群和集群外企业所无法拥有的。也就是说，在其他条件相同的条件下，集群企业将比非集群企业更具有竞争力。集群加剧了竞争，而竞争是产业获得核心竞争力的重要动力。竞争不仅仅表现在对市场的争夺，还表现在合作上。

产业集群最重要的特点之一就是其地理集中性，即大量的相关产业相互集中在特定的地域范围内。由于地理位置接近，产业集群内部的竞争自强化机制将在集群内形成“优胜劣汰”的自然选择机制，刺激企业创新和企业衍生。在产业集群内，大量企业相互集中在一起，既展开激烈的市场竞争，又进行多种形式的合作，如联合开发新产品，开拓新市场，建立生产供应链，由此形成一种既有竞争又有合作的竞和机制。这种合作机制的根本特征是互动互助、集体行动。通过这种合作方式，中小企业可以在培训、金融、技术开发、产品设计、市场营销、出口、分配等方面，实现高效的、网络化的互动和合作，克服其内部规模经济的劣势，从而与比自己强大的竞争对手相抗衡。在产业集群内部，许多单个的、与大企业相比毫无竞争力的小企业一旦用发达的区域网络联系起来，其表现出来的竞争能力就不再是单个企业的竞争力，而是一种比所有单个企业竞争力简单叠加起来更加具有优势的全新的集群竞争力。集群使得许多本来不具有市场生存能力的中小企业不但生存了下来，而且还增强了集群的整体竞争力。

2．产业集群加强了集群内企业间的有效合作

在绝大部分市场经济国家中，企业都是创新体系的主体。因此，企业之间的技术合作和其他的非正式互动关系就成了知识转移最直接、最重要的形式。企业间合作的基础是信任而不是契约。没有企业之间和企业领导人之间的深刻信任，任何形式的契约都难达到合作的预期目标。集群的发展正好符合了这方面的要求，因为集群运行机制的基础便是信任和承诺等人文因素。集群内的企业因为地域的接近和领导人之间的密切联系，形成共同的正式或非正式的行为规范和惯例，彼此之间容易建立密切的合作关系，从而减少机会主义倾向，降低合作的风险和成本，因此其合作的机会和成功的可能性无疑会大大增加。企业之间的合作能够创造的力量大于单个企业力量的简单总和。但是，并不是所有的企业都能进行有效的合作，因为他们不一定能搜寻到合作伙伴；即使搜寻到了，也要进行一番严格的考证。而产业集群内的企业之间要进行合作却有独特的优势。现代组织理论预言，产业内企业联合的形式很可能是未来的潮流，它将取代公司之间一对一的竞争，供应商、客户甚至竞争者将走到一起，共同分享技能、资源，共担成本。

3．产业集群增加了企业的创新能力和促进企业增长。

集群不仅有利于提高生产率，也有利于促进企业的创新。这种创新具体体现在观念、管理、技术、制度和环境等许多方面。产业集群对创新的促进作用在本章第三节将会详细阐述。

4. 产业集群发挥了资源共享效应，有利于形成“区位品牌”。

产业集群具有地理集聚的特征，因此，产业关联企业及其支撑企业、相应辅助机构，如地方政府、行业协会、金融部门与教育培训机构都会在空间上相应集聚，形成一种柔性生产综合体，构成区域的核心竞争力。此外，集群的形成使政府更愿意投资于相关的教育、培训、检测和鉴定等公用设施，而这些设施的设立又会明显地促进集群内企业的发展。随着产业集群的成功，集群所依托的产业和产品不断走向世界，自然就会形成一种世界性的区位品牌。“区位品牌”即产业区位是品牌的象征，如法国的香水、意大利的时装、瑞士的手表等。单个企业要建立自己的品牌需要庞大的资金投入，然而企业通过集群和集群内企业的整体力量，加大广告宣传的投入力度，利用群体效应，就会很容易形成“区位品牌”，从而使每个企业都受益。区位品牌与单个企业品牌相比更形象、更直接，是众多企业品牌精华的浓缩和提炼，更具有广泛的、持续的品牌效应，它是一种珍贵的无形资产，可大大增强集群内企业的比较竞争优势。这种区位品牌是由企业共同的生产区位产生的，一旦形成之后，就可以为区内的所有企业所享受。因此，区位品牌同样具有外部效应。这种区位品牌效应不仅有利于企业对外交往，开拓国内外市场，确定合适的销售价格，也有利于提升整个区域的形象，为招商引资和未来发展创造有利条件。

10.1.3 产业集群的形成条件

关于产业集群形成条件的研究有很多，这里我们采用浙江大学许庆瑞教授等的观点。在对国内外十几个典型集群进行分析后，许庆瑞等提出了产业集群形成应具备产品或服务有较长的价值链、全球化的市场和知识导向的区域三个核心条件以及完善的辅助性机构和良好的社会资本两个辅助条件，如图 10－1 所示。

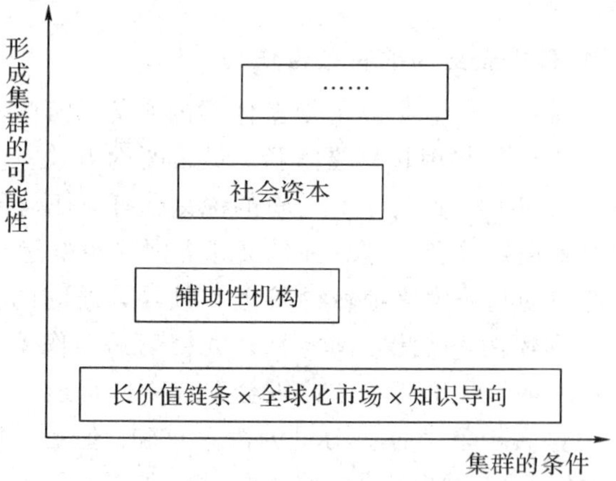

图 10－1 产业集群形成的条件

1. 产品或服务必须具有较长的价值链

温州的纽扣在 20 世纪 80 年代就已具有很大规模，居温州十大产业前茅。但先进入者的优势及温州人特有的商业文化似乎并不能给温州的纽扣业带来多少优势。在全国各地生产商的激烈竞争下，温州的纽扣业逐渐萎缩。这是因为，集群的优势在很大程度上来自于内部的分工合作而形成的外在规模经济和范围经济，而纽扣作为一种较为简单的小商品，其整个生产流程并不复杂，整个价值链上所需的参与者不是很多。因此，原有的产业规模带来的并不是分工合作而是异常激烈的竞争。微软总部所在地西雅图没有形成软件业集群也是这个道理，操作系统的特性决定了其研究过程需要高度的纵向一体化，外在参与者是很难进入这个产业核心的。

而较长的价值链则为分工合作提供了基础，也为新企业的进人创造了很大的空间，因为这给新的弱小的企业找到了一个利益基础市场，创造了良好的外部条件。新企业的进入是一个集群获取持续性竞争优势的关键，因为它是保持产业集群旺盛生命力的关键。有的学者甚至把产业集群称之为新企业的栖息地。硅谷和128公路在信息产业上的竞争结果就很好地说明了这个问题。硅谷和128公路存在着许多相似的地方，这两个地区都有美国最好的研究型大学，当地的企业家精神也都很优秀。今天这两个地区还有全球最优秀的人才库、充足的风险资本供应及促进新公司创立的良好的基础条件。但128公路以小型机为主导产业，其发展途径在很大程度上决定了它无法同以半导体为核心的硅谷进行竞争。半导体是信息产业的核心部件，应用领域极广。同时摩尔定律表明半导体行业的技术变化很快，它能持续不断地产生新的机会，促进新的公司的产生。而小型机行业仅是整个计算机产业的一部分。从长远的角度看，小型机仅是把计算机提供给每个人的过程中的一部分。因此从20世纪60年代开始，硅谷就一直保持快速增长，而128公路却在很长时间内步履迟缓。

2. 全球化的市场

意大利的产业集群因其历史久远、文化深厚而闻名于世，因此许多学者一直想把此因素归因于产业集群形成的主要条件，但想想历史文化同样长远深厚的水泥、制砖和啤酒等行业。为什么这些行业没有形成良好的产业集群呢？产业集群是企业在某个特定区域内高密度的聚集，它所产生的供给必然会远大于当地的需求，这自然要求其产品销往其他的地区，水泥、制砖和啤酒的运输成本都很昂贵，这就使得这些行业内的企业大多成为一个区域性企业。而在某一个特定区域内由于市场规模的限制，必然无法形成大量同类企业集聚的现象。实际上某些产品销售范围是非常广的。一个产业集群甚至可以在全球垄断相关产业，比如温州打火机产业集群生产的打火机约占世界金属外壳打火机市场份额的70%，在国内市场更是占到了95%的份额。

对于全球化市场来说，绝不能把它理解为产业集群形成的外在的、辅助性的条件，它是核心条件，有时甚至是最重要的条件。以义乌小商品业集群的发展过程为例，鸡毛换糖的文化及当地宽松的政策环境，使义乌的小商品业集群在20世纪80年代迅速崛起，但其很快面临各地小商品市场的挑战。小商品作为一种价值链较短的产品，无法支持义乌的持久竞争优势。在这种情况下，义乌及时对其价值链进行了调整，首先是联托运市场得到了很快的发展，形成了“买全国货，卖全国货”的局面，把产业集群的核心从小商品制造本身转移开来，避开了小商品制造价值链较短的缺陷。到了20世纪90年代末，义乌更是向信息化迅速进军，电子商务初具雏形，同全球市场的联系更加紧密，从而保证义乌模式不易被其他地区模仿。不在全球市场中竞争的产业群是很难形成成熟的产业集群的，墨西哥曾经有很强大的制鞋产业群，但随着其严密保护市场的开放，原先的产业受到了极大的冲击，进口额在短短几年内增加了10倍。

3. 知识导向的区域

波特在其《国家竞争优势》一文中指出自然禀赋、需求状况和相关及辅助产业的带动都能给一个区域带来竞争优势，但这种优势到底能不能长久呢？新英格兰地区优质的木材使得其生产的高尔夫器材称雄一时，纤维材料的兴起却使其迅速衰落。20 世纪八九十年代，由于国人对信息产业产品的巨大需求而带起来的中关村贸易一族，如今生存状况又如何呢？作为世界信息产业心脏的硅谷和 128 公路，能生产个人计算机所需的最好的部件，为什么在个人计算机整机方面却没有什么大的作为呢？知识是所有问题的关键。没有知识的创造、传播和应用，就不可能有持续性的竞争优势。如果对自然禀赋过分依赖，那么在受到其他具有更好自然禀赋的地区的挑战或大的技术变迁面前就只能是束手无策；而对需求过分依赖，在这个需求多变的年代更加不可靠；相关及辅助产业的优势也不一定能给某个产业带来必然的竞争优势，如果不能像戴尔一样创新，硅谷和 128 公路就无法称雄个人计算机产业。

所以，一些历史文化悠久、社会资本雄厚的产业集群也不得不向知识低头。意大利的艾米利亚、罗马涅地区以弹性专精见长的产业集群，在 20 世纪 80 年代以后，面对大企业也广泛采用弹性专精的生产方式的挑战，不得不在产品、生产工艺和生产组织方面大量创新；无独有偶，英国斯多克地区的瓷器集群面对国外大量标准化、廉价进口瓷器的冲击，也不得不把其白坯生产转移到印度尼西亚等国，从而把精力集中在知识含量较高的后期生产上。

价值链较长的产品或服务为产业集群的存在打下了基础，全球化的市场打开了其生存的空间，知识导向又可以使集群获取持续性竞争优势，这三者相互支持构成了产业集群诞生的核心条件。当然仅有这三者并不能保证集群能够诞生，因为这三个条件的形成也需要其他因素的支持，虽然在很多时候并不是必需的。一般而言，产业集群的形成还需要以下两个辅助条件：

1. 完善的辅助性机构

正如上面所讲的，产业集群作为一个系统，需要辅助性机构来实现制度规范，并对企业的经营活动进行支持。硅谷作为一个完善的集群，其辅助性机构也是很完善的，这里集聚了全球主要的风险投资企业，同时还有完善的商业银行、律师事务所、会计师事务所、经理人市场和职业咨询机构。这些辅助机构甚至本身还形成了自己的集群，比如在斯坦福大学附近就集聚着硅谷的主要风险投资企业。其他产业集群的成功也是同辅助性机构分不开的，比如台湾的工业技术研究院、128 公路的 MIT(Massachusetts Institute of Technology，麻省理工学院)、英国的剑桥大学、意大利的商会等。

虽然辅助性机构有助于集群内的企业公平高效地开展合作与竞争，并进一步促进企业进行创新，但它并不能对产业集群的形成构成关键影响。有很多文献都把某个区域的大学或研究机构的知识外溢及衍生看做是集群形成的重要条件，其实同世界上难以计数的大学和研究机构比起来，这只能解释为偶然现象。大学及一些国有研究机构的目标同企业是有根本差别的，他们很少涉足到高度依赖于市场需求的、从上游到下游的完整的技术创新过程。这也就是为什么 128 公路在二战前，在大学及金融机构方面都比硅谷有着绝对优势，却还是不能同硅谷竞争的原因。

2. 良好的社会资本

良好的社会资本也是学者们所强调的重点，因为它可以促进企业之间的信任，增强企业合作的意愿，减少企业间的交易成本，加快集群内知识的扩散和应用。采用社会资本理论来解释区域经济发展的最有影响的经济学家是美国经济学家布鲁福德·普特南。在其著作《让民主运作》一书中，普特南用社会资本理论解释了意大利传统工业如制鞋业的社会资本发展程度与经济发展的关系。普特南把社会资本看做是类似于道德的一种经济资源。他认为社会资本诞生并且体现于民众交往网络之中，由于长期以来民众对本地社会经济和政治生活的参与，社会资本逐渐演进成一种能够使人们互相信赖并恩恩相报的经济资源，人们为了共同的利益而相互合作。在意大利的产业集群中，供应商、制造商和经销商之间以亲缘、地缘等关系形成了紧密联系的纽带，促进了当地经济的发展。同样，浙江温州人特有的文化所形成的大营销网络也为当地的产业集群走向市场做出了重要贡献；硅谷由惠普公司所带来的自由、平等、鼓励创新和容忍失败的文化也被认为是其成功的一大要素。

产业集群形成的辅助条件其实并不止这两个，比如有时政府的政策也可以起到一定的推动作用。但辅助性机构和社会资本是两个带有普遍性的辅助条件，对产业集群的形成影响也较大。它们是产业集群诞生大环境中最重要的组成部分。

10.2　产业集群的类型

经过大量学者的研究，在传统的马歇尔产业区基础上，产业集群产生了多种划分类型，其中 Markusen 将产业集群划分为新马歇尔工业区集群、中心辐射式集群、卫星平台式集群和国家主导式集群四种类型，如图 10－2 所示。

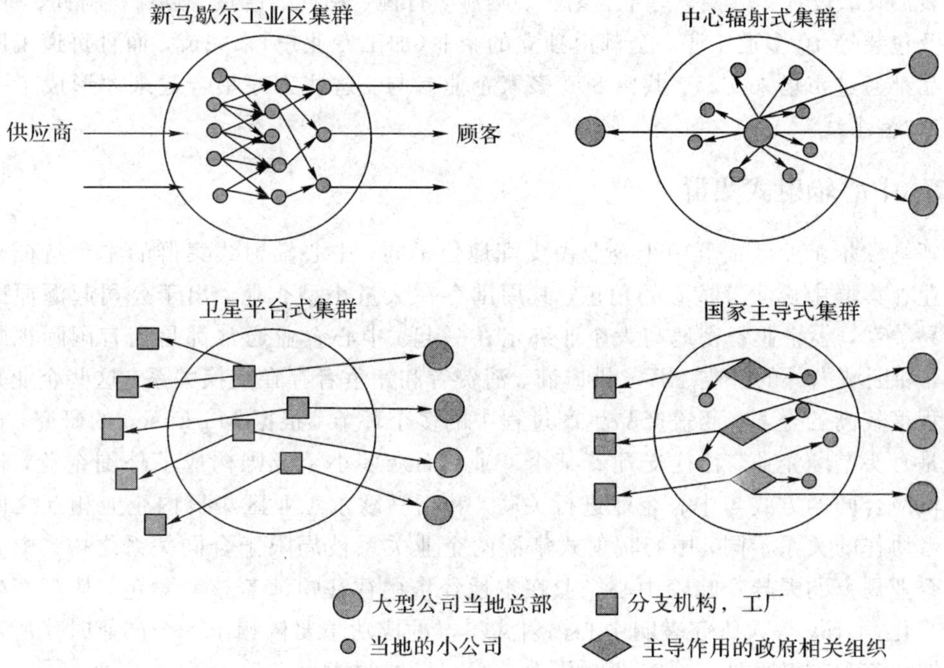

图 10－2　集群的类型

10.2.1　新马歇尔工业区集群

创新集群的第一种类型是由英国著名经济学家阿尔弗雷德·马歇尔所划分的传统工业区集群扩展而来，它主要是指意大利模式的工业区。这种工业区的主要特点是存在大量小型本土企业；企业产权归本地所有，投资和生产决策都在本区域内完成；区域内部具有相当数量的交易额，企业产出大多为本地企业购买，由此集群内部企业间联系紧密。另一方面，部分产出也会被出口到区域外，这反映了本地区域参与专业化分工的特点；劳动力也是由本地招聘而来，很少引入外部劳动力，也很少有劳动力向外部输出。根据 Markusen 的研究，在马歇尔工业区集群内，从事设计和开发类型活动的员工占比很高，因此集群是“创新的温床”。

加利福尼亚州的硅谷在某种程度上也是一种技术导向的新马歇尔工业区集群的典型代表，其主要特征包括创新纪录、彼此关联的大量小企业、本土化的专业技术人员和本地资金等。在英国，牛津郡的汽车运动谷是另外一个此类范例。在以牛津市为中心半径 50 英里的范围内，集聚了大量世界领先水平的中小企业，区域内至少有 600 家企业进行赛车及其零部件的设计、开发和制造活动。汽车运动谷之所以能成为类似硅谷这样的新马歇尔工业区集群，不仅因为区域内聚集了大量世界领先的赛车组装商、专业零部件供应商、熟练技术工人以及“知识社区”，还因为区域内企业的密切联系加速了知识的产生和扩散，所以创新水平较高。

这种类型的产业集群在浙江地区广为流行。那里产业分工精细，一个完整的生产流程常常被分解成几个独立的生产环节，每个环节由几家甚至几十家企业参与竞争，大大降低了产品制造成本并促进了技术创新。如浙江省苍南金乡镇的标牌产业集群就是其中的一个典型代表。徽章设计、熔铝、写字、刻膜、晒版、打锤、钻孔、镀黄、点漆、制针、打号码、装配以及包装等 10 多道工序，全都由独立的企业(加工专业户)来完成，而且每道工序生产的半成品都通过市场来交易，共由 800 多家企业参与，这些工序集合起来才形成了一条完整的生产“流水线”。

10.2.2 中心辐射式集群

与新马歇尔工业区集群中小企业占支配地位不同，中心辐射式集群的主要特征是若干大型企业在集群中扮演着核心的角色，其周围存在大量小型企业。出于公司起源原因或者现有交易关系，小企业紧密地与大企业绑定在一起。中心企业通常都是拥有国际视野的大型企业，和区域内外的分支工厂、供应商、消费者和竞争者存在交换关系。这些企业是纵向一体化程度较高的企业，涵盖产品生产过程中的多个环节。根据 Markusen 的研究，他们还有可能是寡头垄断企业，往往支配着某个产业。而众多小企业则构成了外围企业，他们通常采用供应合同的方式与中心企业进行关联。和新马歇尔工业区集群内企业相互之间平等合作或者协作的关系不同，中心辐射式集群的企业关系被局限于合同关系之内。中心企业与其他企业规模的差异意味着中心企业在本地经济中往往扮演着核心角色，从而产生独特的区域文化。Gray 等人研究表明中心辐射式集群的成功主要依赖于一个产业时代所产生的中心能够包容和鼓励另外一个产业时代中心组织发展的能力。

以美国西雅图为例，在这里，世界上最大的航空公司波音公司起着中心企业的作用，主导商用飞机市场多年。波音公司的国际导向性使得其与当地公司关系微妙，即单纯地通过合同方式与其供应商保持联系。事实上，波音公司的供应商中只有一少部分是本土企业。除此之外，波音公司在形成西雅图区域经济和本地劳动力市场方面起到了强有力的作用。波音公司的影响力有多大，可以通过其裁员引起的反应来衡量。20 世纪 70 年代早期，民用航空市场不景气，波音公司在西雅图裁员 2/3，员工从 150 000 人降到了 50 000 人。1971 年 4 月两个西雅图居民在路边竖起了一个巨大的标语："烦请最后一个离开西雅图的人关灯！"

波音公司在把西雅图打造为高技术集群中的角色具有显著的包容性，它允许另外的中心企业出现。尤其是在计算领域，西雅图已经成为包括微软公司在内的 500 家软件公司的发源地。

10.2.3　卫星平台式集群

第三类创新集群是卫星平台式集群，其主要特征是集中了大量外部企业的分支工厂以及总部机构。卫星平台式集群的企业范围较广，从常规的流水线活动到相对复杂的研究活动都涵盖在内。但是，其最突出的一个特点是 Markusen 所描述的"孤立"性，企业设施在空间上彼此分离，集群内企业联系较少，因此对当地供应商依赖性很小。企业之间如果有联系的话，也是通过母体机构或者其他区域内的分支工厂来进行。卫星平台式集群内的企业一般为不在本地的跨国公司所拥有，因此他们的命运，尤其是诸如投资等这样的关键决策等，通常取决于区域外部，主要资金来源、技术技能和商业服务也倾向于由区域外供应。与资金主要来源于区域外部形成鲜明对比的是，当地政府或者当地发展部门在基础设施供应、税收激励和一般性支持政策上发挥重要作用。尽管缺乏一些促进创新的集群特征，依旧可以证明卫星平台式集群在高技术活动中心方面发挥着重要作用。

法国的索菲亚安提波利斯的经济结构主要由大型高级科技公司的分支工厂主导，集群内的公司主要有 IBM、Digital、Thomson、Rockwell 和 Dow Corning 等。索菲亚也试图通过孵化器计划鼓励中小企业的成长，但成效有限，因此，现状就是大型公司和小型公司两种截然不同类型的企业共存于集群之内。但是，Longhi 后来的研究表明，索菲亚集群的内部增长已初具规模，20 世纪 90 年代末，集群内的小企业开始兴旺起来，并与外国公司建立了联系。

另外一个卫星平台式集群的例子是印度南部的班加罗尔软件集群。这是又一家政府支持的集群，集群内拥有 60 多家跨国公司，包括摩托罗拉、德州仪器、惠普、甲骨文和西门子等，还有许多其他本土软件公司。但是，大型外国公司和小型本地公司之间的联系是形成该集群的重要特征，其主要原因是因为软件具有满足特定客户需求的定制生产特征，这就形成了企业之间高度的合作。

10.2.4　国家主导式集群

Markusen 对产业集群分类的第四种类型是国家主导式集群。这种创新集群主要出现在某种类型的公共部门或者非盈利组织在某区域内扮演"锚定租户"的时候。能够起到这种主导作用的组织包括军事基地、大型国防工厂、公共实验室和政府办公室。

国家主导式集群的结构可能类似中心辐射型集群，一个或者几个组织在经济中起着主导作用。由于这些核心企业不是传统的商业组织，因此不会受到企业经营失败或者商业周期下滑等突然冲击带来的威胁。与新马歇尔工业区集群和中心辐射式集群相比较，这种集群中的本土企业作用较小，尽管这些本土企业通过一段时间的成长后能够满足这些核心组织的需求。在大学、军事或者科研设施扮演核心组织的情况下，劳动力市场一般反映着国家甚至是国际市场状况。

在英国，剑桥和所谓的“M4走廊”是国家主导式集群的典型代表。这是一片高科技企业云集的区域，从伦敦西部沿着高速公路向布雷斯托延伸，涵盖了伯克郡、汉普郡以及威尔特郡。“M4走廊”之所以被称之为国家主导式集群，是因为有数家大型政府研究机构坐落于伦敦以西的地区。这些实验室主要成立于二战之前。冷战时期，这些实验室与高科技产业联系密切，实验室规模也得以迅速扩张。该地区坐落的公共资助实验室包括汉普郡法恩伯勒的皇家航空研究中心、伯克郡的原子武器研究中心以及汉普郡米德塞斯郡的国家物理实验室等。同样，“M4走廊”还坐落有许多军事实验室，如奥尔德肖特的军事基地等。战后军事工业的快速发展，使政府实验室成了复杂国防采购网络中的节点。在该网络中，政府研究实验室和高科技集群每天都进行着密切的交往和联系。

剑桥之所以归类为国家主导式集群的原因是其大学的身份。剑桥大学的历史可以追溯到中世纪时期。从建校起剑桥大学就一直对当地经济发展有着深远的影响。从20世纪60年代起，剑桥大学就因为研究活动而誉满全球，并在剑桥周边孕育了高科技型中小企业集群。当地聚集的高科技企业从20世纪60年代的30多家发展到了20世纪90年代的700多家，成就了著名的“剑桥现象”。新增加的企业要么是由剑桥大学衍生而来，要么是对剑桥大学慕名而来。剑桥创新集群内的技术具有多样性的特征，主要包括计算机、电子和生物技术。生物技术主要和剑桥大学在基因工程领域的开创性工作有关。作为一种国家主导式集群，剑桥大学“研发合作、知识共享”的开明态度，对形成当地经济社区的开放态度起到了很大作用。这种态度对创新有很大帮助。

10.3 集群对创新的影响及其机制

10.3.1 集群对创新的影响

那么，集群和创新到底存在怎样的关系？集群又是如何促进创新的呢？一般地讲，集群对创新的影响主要集中在四个方面：

1. 集群能够为企业提供一种良好的创新氛围

集群是培育企业学习与创新能力的温床。企业彼此接近时会受到竞争的隐形压力，迫使企业不断进行技术创新和组织管理创新。由于存在着竞争压力和挑战，集群内企业需要在产品设计、开发、包装、技术和管理等方面，不断进行创新和改进，以适应迅速变化的市场需要。一家企业的知识创新很容易外溢到区内的其他企业，因为这些企业通过实地参观访问和经常性的面对面交流，能够较快地学习到新的知识和技术。在产业集群中，由于地理位置接近，企业间可以密切合作，可以面对面打交道，有利于各种新思想、新观念、新技术和新知识的传播，由此形成知识的溢出效应，获取“学习经济”(Learning Economies)，增强企业的研究和创新能力。

2. 集群有利于促进知识和技术的转移扩散

产业集群与知识和技术扩散之间存在着相互促进的自增强关系。在新经济时代，产业布局不再像工业经济时代各行各业简单地聚集在一起，而是相互关联、高度专业化的产业有规律地聚集在一个区域，形成各具特色的产业集群。集群内由于空间接近性和共同的产业文化背景，不仅可以加强显性知识的传播与扩散，而且更重要的是可以加强隐性知识的传播与扩散，并通过隐性知识的快速流动进一步促进显性知识的流动与扩散。在产业集群内，由于同类企业较多，竞争压力激励着企业的技术创新，也迫使员工相互攀比，不断学习；企业间的邻近带来了现场参观、面对面交流的机会，这种学习、竞争的区域环境促进了企业的技术创新；集群内领先的企业会主导产业技术发展方向，一旦某项核心技术获得创新性突破，集群区内各专业细分的企业很快就会协同创新，相互支持，共同参与这种网络化的创新模式。事实也已经证明，产业集群内知识和技术的扩散要明显快于非集群化的企业。

3. 集群可以降低企业创新的成本

由于地理位置接近，相互之间进行频繁的交流就成为可能，这为企业进行创新提供了较多的学习机会。尤其是隐性知识的交流，更能激发新思维、新方法的产生。由于存在着"学习曲线"(Learning Curve)，因此集群内的专业化小企业要想学习新技术，不仅方便，而且成本低。同时，建立在相互信任基础上的竞争合作机制，也有助于加强企业间进行技术创新的合作，从而降低新产品开发和技术创新的成本。

4. 集群对新企业的进入和企业成长也都有着重要的影响

一方面，良好的创新氛围、激烈的竞争环境以及完善的地方配套体系，使集群在吸引新企业进入方面具有竞争优势；另一方面，地理集中性和良好的外部环境，不仅有利于产业新手的出现，也有利于现有企业的成长和规模扩张。在产业集群形成后，不仅吸引来的工厂会根植于本地，还会有很多新企业在本地繁殖和成长。因为集群内长期形成的完整产业链体系会促使企业在集群内"落地生根"，除非整个产业链出现转移，企业才会考虑迁移到其他地区。

10.3.2 集群对创新影响的作用机制

1. 网络特征

罗斯韦尔在1992年的研究突出强调了网络的重要性。他认为创新绝对不是一件完全局限于企业内部的事情，而是一个多角色参与的过程，因此需要较高水平的企业间协作。该模型指出了企业在很大程度上不是孤立运行，而是需要依靠其他企业，以获得创意、知识和服务。集群内部包括了很多密切联系的群体，他们工作领域相同，但是分散在区位临近的不同企业内，因而集群有助于网络的形成。空间临近导致了"实践社区"(Community of Practice)的出现，通过与竞争对手企业中同行的密切交往分享实践经验，推动知识的交流，从而使企业能够在更加广阔的基础上吸收知识。Henry 和 Pinch(2000)对英国牛津郡汽车运动谷的研究充分展示了"知识社区"(Knowledge Community)在该集群保持国际知名创新中心中的重要作用。网络能帮助企业获取知识，而"实践社区"的存在则能确保企业了解其他企业，尤其是其他企业正在开展的工作。这样一来，每一家公司擅长解决什么问题就会成为集群内的常识。因此，借助于"集体标杆"(Collective Benchmarking)效应，每家企业都在观望竞争对手在做什么，从而推动他们不断创新。

2. 专业化

集群推动和激励创新的第二个方面是集群所可能提供的专业化空间。集群内存在从事同一产业或者相似行业的大量企业，并且彼此空间临近，使得企业能够专门从事他们所擅长的活动，并为其他企业提供专业化的产品或者服务。由此，集群内的企业可以依赖一系列专业化供应商完成创新。这些供应商包括承包商和加工商等，他们可以帮助企业开展创新过程中至关重要的生产活动，比如原型开发。另外，专业化还导致了“附属业务”(Subsidiary Trade)的出现，有些企业就专门为企业创新和新企业发展提供专业化支持，如风险资本和专利代理等。所以，通过专业化集群能够提供支持和成就创新的基础设施。

3. 进出便利

很多高技术集群的一个重要特征就是存在数量众多的小型新生企业，这主要是由集群小企业进出便利的特点所导致的。这也使得企业内的员工可以很轻松地脱离雇主，开始进行“单干”。过去人们相信大企业更有利于创新，因为大企业拥有足够多的资源来支持研发，获得发现和创新。而现在大量证据指出，小企业更有利于创新。为什么这样说呢？首先，他们不受老技术的制约；其次，小企业决策迅速，具有较深管理层次的大企业则难以应对这一问题；第三，知识在小企业内部扩展迅速。所以，集群的新兴企业传统加之成立新企业的便利，使其成为创新兴盛的最有利环境。

4. 资源流动

资源的流动性，尤其人力资源的流动性，是许多高科技集群的重要特征。许多针对集群的研究都指出了集群中劳动力的高水平流动性。这种流动性在许多方面有助于创新。首先，人员的流动就意味着创意的流动。其次，人员的高水平流动意味着一个积极和反应迅速的人力技能市场的存在。在这种情况下，报酬就是技能需求的精确反应，个人尤其是拥有高技术的个人就能够拿到准确反映他们能力的报酬。第三，劳动力的流动也意味着企业将会非常清楚他们的同行在做什么，能够鞭策企业更好地开展创新。

思考题

(1) 解释集群这一术语的含义。

(2) 阐述产业集群是如何提高集群内企业的竞争力的。

(3) 试描述你对产业集群形成条件的理解。

(4) 结合国内外实际，举例分析产业集群的类型。

(5) 分析产业集群对企业创新具有什么样的影响。

(6) 产业集群影响企业创新的关键特性有哪些？

案例分析

英国高保真音响设备(Hi-Fi)产业集群

高保真集群

英国的音响设备市场和世界上其他地区一样，充斥着来自远东，尤其是日本的著名品牌，比如索尼、先锋、三洋和松下。尽管如此，英国生产商不仅生存了下来，而且走向了繁荣。他们相对成功的一个主要特征是在全球音响设备市场中占领了一个细分市场，即致力于提供最好音质的高保真设备。在市场细分中，重点是质量而不是成本，为了追求最好音质并保持他们市场中的地位，英国生产商积极推行创新。

英国的高保真设备产业在很多方面都与众不同。首先，该产业由非常多的生产商构成。最近一项研究表明，英国有不少于 65 个高保真设备生产商。其次，他们大部分规模都相对较小，员工不多于 25 人，这比他们的日本竞争对手小很多。第三，他们多半集中于英国东南部，聚集在一个从剑桥经伦敦到肯特，一直延伸到苏塞克斯和汉普郡的弧形上。与他们的日本同行大量生产电子消费产品不同，英国高保真制造商只生产高保真产品，并在以下产品的设计和制造上形成细分：紧凑音响系统、扩音器、专业音频产品、CD 播放器和扬声器系统。

最近，不少制造商已经进入以扩音器和扬声器为主的新兴市场。英国 Hi-Fi 生产商专注于音频设备市场的高质量市场，这一点从他们的产品一般不使用现代显示设备就能看出。大多数生产商会放弃这样分心的设计噱头，而宁可依靠他们产品所提供的声音质量取胜。

尽管规模很小，英国的高保真制造商在创新方面非常活跃。近些年，他们一些主要技术突破改变了音频设备领域，如视频和光盘格式。虽然这些技术突破由全球电子消费品公司，如飞利浦和索尼等推出，但是梅等人在他们的研究中表明，英国小型高保真公司仍然拥有许多重大的产品创新，包括立体声音响、小型书架扬声器和平板扬声器。这些公司的高度创新性体现在最近几年他们获得的国际大奖上。据 1992/1993 和 1996/1997 欧洲成像和声音协会统计，英国得到的奖项数量排名世界第二，仅次于日本。在美国电子消费产品展示会上，英国的小公司数量紧随美国、日本之后，在该活动中占据主导地位。英国的高保真公司在 1994/1995 和 1995/1996 得到的奖项，和所有欧洲同行的奖项加起来一样多。

此外，许多英国公司经常被日本的一些大型公司当做咨询公司，如索尼、佳能与先锋。英国公司 NXT 处于平板扬声器技术的最前沿，该技术正在被日本公司使用；Meridian 公司研发了家庭影院扬声器系统，该系统后来被佳能公司使用。英国小型公司在创新方面记录频繁，因此梅等人说道：“其他国家也有许多重要的专业音响公司(如美国的在线收听广播、西洛、奇力、马克莱文森、普诗和锐威)，但无疑英国生产商在该领域的表现最卓越。”

集群是如何出现的?

从某些方面而言，在英国看到高保真产业是令人惊讶的，因为大多数早期的创新都没有发生在英国。例如，留声机是 1877 年由美国人托马斯·爱迪生发明的。后来的诸多改进，如唱片播放器的前身盘式留声机也来自美国。然而，自从无线电的先驱古列尔莫·马可尼在 20 世纪初移居到英国后，英国对音频技术的兴趣便水涨船高。他在伦敦附近的切姆斯福德成立了无线电报公司。尽管起步晚，但近几年来英国在音频技术领域仍有一些重大创新。例如，A. D. Blumlein 在单唱片双声道产生立体声效果技术上做出了开创性工作，D. T. N Williamson 和 Harold 推动了扩音器的发展。

值得一提的是，英国音频技术的创新离不开自两次世界大战时期就开始的政府支持，但是这种支持往往是间接的而不是直接的。例如，20 世纪 20 年代，英国广播公司成立后，不仅强化了人们了对无线电的兴趣，而且还提供了训练有素的工程师。1926 年，英国政府设置了国家电网，通过增加英国各个部分的电力供应，帮助打开了无线电设备市场。这两个公共资助计划共同促进了二战期间以及其后时期英国业余无线电群体的繁荣和发展。根据梅等人所说，业余爱好者对产业的贡献与赛车运动有相似之处，而后者创新集群现象很明显。

虽然部分英国音响制造商成立较早，如 Wharfdal 成立于 20 世纪 30 年代，但是大部分音响设备厂商都出现得较晚。直到 20 世纪 60 年代，英格兰东南部才出现了第一批小型专业高保真生产商，并形成了集群。第二次世界大战期间，政府在研究广播和相关的电子技术上投入了很多。这些研究工作大部分与雷达的发展相关，当时的目的是为了对付德国潜艇和空军轰炸的威胁。这就产生了一代训练有素的军事工程师，他们在战争以后的时间里继续开发民用音频产品。其中最典型的是约翰·鲍尔斯和罗伊·威尔金斯。他们之前在军事部队接受过无线电技术的训练，然后于 20 世纪 60 年代创办了 B&W 扬声器公司。该公司在扬声器设计领域进行了一系列创新。

成立新公司的浪潮在 20 世纪 70 年代达到了巅峰。此时，英国主流大众市场的消费电子公司如 Thorn、EMI、GEC 和 Rank 在伦敦地区均有自己的研发实验室。他们也开始合理规划行动，以应对来自于日本公司的激烈竞争。在此过程中，部分技能高超的工程师离开原来的公司，创立了自己的公司，开始开拓音频设备专业领域。20 世纪 80 年代和 90 年代，衍生企业的诞生仍在持续。现有公司员工发现新产品和服务的专业市场后，往往会成立自己的公司。如扩音器和调谐器生产商 Myriad 公司，就是从 NAD 电子公司衍生出出来的。两个公司有着相似的产品，但是后者更专注于高端细分市场。正如柯伦和布莱克本所指出，新的衍生企业在早期对原来的雇主有着很高的依赖性，主要体现在社会关系和市场两个方面。

就市场和行业知识方面而言，那些建立新公司的人也能从每年在英国举行的众多的 Hi-Fi高科技展览中受益。这些展览为那些新公司会见老朋友、保持联系以及建立新的关系提供了机会。同所有贸易博览会一样，小道消息也能够传播关于市场趋势和技术创新方面的信息。然而应该指出的是，从创新的角度来看，高保真行业公司属于“内部化和自给自足的企业”，他们主要利用自己的研发部门进行创新。这主要是因为在高保真设备领域中，对技术卓越的追求为不同方法的采用创造了可能。

问题：

(1) 有什么证据表明英国的高保真产业已构成产业集群？

(2) 英国的产业集群是如何产生的？

(3) 什么是衍生企业？他们在英国的高保真集群的发展中扮演着什么角色？

(4) 就公共机构在集群的发展中扮演的角色而言，美国硅谷和英国的 Hi-Fi 产业集群有什么相似之处？

(5) 在你看来，Markusen 的四种集群中哪一种最适合英国的音响行业？为什么？

(6) 有什么证据表明创新是这个集群的一个特征？

(7) 有什么证据表明，高保真集群的成功是基于马歇尔所提出来的“聚集经济”？

(8) 如果英国的高保真产业集群从剑桥延伸到汉普郡(120 英里)，将此形容为一个产业集聚可行吗？

第 11 章　国家创新体系

学习目标

※ 理解创新的公共性本质

※ 理解创新中的“市场失灵”及政府干预的必要性

※ 国家创新体系的概念及其构成

※ 国家创新体系中的治理机构

世界上，有些国家的创新表现优于其他国家。在 18 世纪末期和 19 世纪早期，英国是创新国家中公认的佼佼者。但是，英国创新成功的表现，正如 Freeman 所指出：“不仅体现为纺织和钢铁产业一系列超凡的发明，更要归因于全国经济空间内彼此交互的社会、经济和技术变革独特的组合。”当时的英国创新频繁，原因诸多，其中主要包括：科学家和企业家之间存在强有力的联系；组织结构(如合伙制)能够帮助发明家募集资本；全国和区域层面高效的资本市场能够使资本应用于创新；放松管制的经济政策减少了贸易限制；中世纪行会权限减少，降低了劳动力移动的限制。所有这些因素都有助于创新的实现。这些因素在支持和促进创新的同时，也形成了当时独特的英国。今天我们依旧可以看到这些因素，它们已经形成了国家创新体系(National Innovation System)的一部分。本章主要介绍什么是国家创新体系，以及国家创新体系如何促进或者限制特定国家的创新水平。

11.1　政府干预创新的原因

11.1.1　创新的公共本质

人们的普遍印象中，创新是属于个人开展的私人活动。许多知名创新的成因分析，尤其是大众比较熟悉的领域，如家用产品，似乎更加支持这一观点。戴森和他的真空吸尘器、罗恩·希克曼和他的 Workmate 工作台是个人创新的典范，创新者似乎与世隔绝地开展工作，直到创新成功。即使就企业创新而言，个人因素也是创新成功的首要因素。3M 公司便利贴创新的成功，也在很大程度上被归功于 Art Fry 本人。他是 3M 公司的产品设计师，是他实现了多年前公司同事的一项可粘贴物的研发项目。当时产品就有潜在商业化价值，只是由于粘贴质量较差而未能成功。

但是，无论是个人创新还是公司创新都具有非常重要的公共维度。之所以具有公共维度，是因为创新的许多投入和产出都具有公共性。一项成功的创新在经济领域中被扩散，创新产出便具有了公共性。接下来，创新便会创造新的工作岗位，催生新的企业，更高的收入、经济的繁荣、税收的增加、技术的积累等就会接踵而来。创新的投入要素包括教育、培训、知识和知识产权等，这些要素往往具有公共属性。例如，许多知识都具有公共可得性。

即使某些知识是个人或者某些组织开发出来的，它也会进入公共领域变成公共知识。在知识经济当中，专业知识往往被日益增多的研发机构所拥有，许多此类机构在本质上就是公共的。这一趋势意味着，个人和公司能够更加容易地获取各类来源的知识，并把这些知识应用自身需求，以获得创新的成功。

1997 年，经济合作与发展组织(Organization for Economic Co-operation and Development，OECD)的一份报告进一步拓展了这种公共维度。该报告认为，整体经济绩效不仅取决于每类组织机构(如企业、研发机构、高校)的自身运行效率，而且还取决于各类机构作为集体系统(Collective System)中单个要素的彼此交互状况，这些交互包括知识的创新、使用以及和社会制度(如价值观、道德规范和司法框架等)的交互。

集体系统概念认为，尽管创新经常由个人或者私人企业引入，但它最终是由经济和社会关系紧密联系在一起的组织系统的产物。创新体系一词描述的就是创新系统中组织机构状况以及由此产生的知识流。创新体系可以在国家、区域或者产业层面上运行，分为以下三种：

· 国家创新体系

国家创新体系是指依据国家而定的创新体系，如英国国家创新体系或者美国国家创新体系。

· 区域创新体系

区域创新体系是指依据区位而定的创新体系，如美国加州硅谷创新体系和英国牛津郡汽车运动谷创新体系。

· 产业创新体系

产业创新体系是指依据产业而定的创新体系，如医药产业创新体系、航空产业创新体系等。

11.1.2 创新的“市场失灵”

市场经济体制下，创新应该属于企业自主行为，企业家应自行支付和承担创新行为的成本，享受创新成功带来的收益，当然也要承担创新失败所带来的不良后果。但是，从世界各国的创新实践来看，世界主要发达国家无不出台鼓励创新的政府政策，不遗余力地支持本国企业开展创新活动，完全违背了西方社会“自由市场经济”的信条。这种政府干预创新行为背后的经济学逻辑是什么呢？

“市场失灵”是政府干预企业创新行为的根本原因。经济学鼻祖亚当·斯密的“看不见的手”理论认为，自发的市场调节在经济资源的配置过程中可以达到实现均衡的效果，即生产者可以以最低的成本生产社会最需要的产品，同时能够达到最优产量；与此同时，消费者能够以等于生产成本的价格购买到商品，即商品价格等于边际成本。爱德华·哈斯丁·张伯伦、琼·罗宾逊夫人、阿瑟·塞西尔·庇吉、维弗雷多、帕累托和保罗·萨谬尔森等一批经济学家认为市场经济在资源配置时存在“市场失灵”现象，即市场在发挥资源配置作用时出现低效率或无效率的情况。市场失灵的主要几个表现为：① 市场存在着垄断或不完全竞争，使其并不总是产生最有效的结果；② 市场行为的外部性可能产生负面的外溢效果；③ 市场机制不能保证公共物品的供给；④ 市场信息的不完全性或不对称性导致的经济出现不确定性；⑤ 市场所导致的收入分配结果在政治上或道义上无法接受。

如果把“创新”视为一种有用的产品供给，则其在该市场上也存在着失灵问题，其突出表现是“创新”产品供给不足，即单纯的市场手段无法动员足够的创新资源投入到创新的过程中。单就创新的研发阶段而言，就存在着很大程度上的“市场失灵”。首先，R&D 具有不确定性和风险。在 R&D 初始阶段，其投资回报率很难确定，这种不确定性会阻碍决策的制定。当不确定性很高时，私人部门会明显减少总的 R&D 投入，或者抛弃长期 R&D 项目，转而投向短期 R&D 项目。其次，R&D 产出品具有专用性。在基础技术的开发上，由于所需的专业技术不同，不同产业或者不同私人部门的开发方式、开发程度是不同的，从而导致私人部门资助的基础技术通常在数量、质量和一致性上是不同的。如果社会中有许多单位使用某种基础技术，就会产生一个标准。这样，单个私人部门的基础技术就变得没有价值，或者必须与其他企业分享它所开发的基础技术。又由于技术的专用性非常强，同一技术很难被其他行业部门顺利使用。为了使用某项关键基础技术，其他行业部门将不得不重新进行 R&D，这种重复研究浪费了 R&D 资源。第三，R&D 利益会产生外溢。根据内生增长理论，R&D 产出的知识品与一般的私人商品具有极不相同的性质。它具有使用的非竞争性，也就是说当知识品创造出来以后，任何相关使用人都可以对其进行应用。如果没有专利保护制度和知识产权保护，复制、使用和传播知识品的成本与生产成本相比极其微小，甚至可以忽略不计。知识品高度的外溢性使其排他性很低。知识产权与专利制度的确立使知识品部分地具有了私人产权，排他成本大大降低，可在一定程度上解决“免费搭车”问题。然而知识品的私有产权并不能通过专利与知识产权完全解决，知识品的利益外溢难以阻止，如专利过期及他人模仿创新等。总而言之，R&D 产出品的利益外溢无法完全解决。利益的外溢使私人部门生产这类产品没有足够的利益刺激，对整个社会来说将产生福利损失。

Markku 和 Gordon(2003)认为，对此政府可采取适当的干预手段，这些干预手段分为直接干预和间接干预两种。直接干预就是政府通过直接为高潜力的早期创业公司提供融资；间接干预就是以引导基金的形式参与私人投资，并引导私人资本对创新企业进行投资。这些政策的目的是刺激私人投资公司进行投资，即发挥引导基金的杠杆作用，引导私人资本进入他们不愿意进入的投资领域。

在创新市场中，政府干预是十分必要的。各国的实践也表明，建设国家创新体系，更多地为创新企业提供“公共投入”，是纠正创新投资市场失灵的有效方法。

11.2　国家创新体系的概念与构成

11.2.1　国家创新体系的概念

1987 年，英国著名技术创新研究专家克里斯多夫·弗里曼首次提出了“国家创新体系”这个全新的概念。他在研究日本的产业政策以及通产省对日本创新效率和经济发展的重要作用时发现，日本在技术落后的情况下，以技术创新为主导，辅以组织创新和制度创新，只用了几十年的时间，就使国家的经济出现了强劲的发展势头，成为工业化大国。在对日本考察分析的基础上，弗里曼提出了国家创新体系的概念。

国家创新体系是指由公共、私有部门与机构组成的网络系统，强调系统中各行为主体的制度安排及相互作用，目的是为了经济地创造、引入、改进和扩散新的知识和技术，使一国的技术创新取得更好的效果。它是政府、企业、大学、研究院所、中介机构之间寻求一系列共同的社会和经济目标而建设性地相互作用，并将创新作为变革和发展的关键动力的系统。国家创新体系的主要功能是优化创新资源配置，协调国家的创新活动。

弗里曼对政府政策的作用、企业及其研究与发展努力的作用、教育与培训的作用以及产业结构的作用特别重视，并强调在剧烈的技术变革的情况下，将技术创新、组织创新和社会创新结合起来的必要性。创新的成败取决于国家调整其社会经济范式以适应技术经济范式的要求和可能性的能力。

Dahleman 对国家创新体系进行了定义："国家创新体系是指由政府机构、成套的政策和制度组成的网络，它能够影响新技术在经济中的引入……包括国外直接投资政策、独立技术转移政策、知识产权政策以及资本品进口政策等。该网络还包括各类公共和私有的机构和部门，它们支持或者开展各类科学与技术活动，包括研究与开发、技术扩散以及技术型人力资本的生产。"

国家创新体系理念主要描述了特定国家内占支配地位的与创新相关的制度安排。"国家"一词意味着我们所要研究的问题能够受到国家政府的影响。所以，我们在这里主要指国家政府所设立的机构。在全球化的今天，国家政府依旧能够对创新活动施加高度的影响。国家与国家之间的创新表现存在着重大差异，这种差异日益被认为与国家创新体系的特征有关。在这里，创新是指企业把产品设计投入市场的过程，或者生产一种全新产品的过程。就知识而言，创新既涉及新知识的产生，也会用到现有知识。不管哪种类型的知识，均来自于企业内部或者外部。如果源于外部，那么知识主要存在于企业所依托的国家之内。

"体系"一词则是指一系列的组织机构，它们的活动以及彼此的交互将会对全国的企业创新效果产生影响。该体系包括金融体系、教育体系、企业体系以及政府部门。

Simonetti(2001)认为创新体系的概念意味着隐性知识在创新过程中起着重要作用。如果知识都是显性且能够进行编码的，企业就可以像其他生产要素一样购买知识。但是，隐性知识的存在则意味着企业必须和其他企业以及不同的组织进行互动，才能获取必要的知识并有效使用。

专家见解

吴敬琏谈新常态与国家创新体系

技术创新的主体一定是企业。虽然企业试验成功的概率很低，但是只要参与竞争的个体数量足够多，就一定能够有一部分取得成功。

政府并没有能力确定哪一个产业、哪一种技术路线能够取得成功，只能顺势而为，因势利导。最重要的就是提供一个统一、开放、竞争、有序的市场体系。

我把新常态的内容和特征归结为两点：第一，中国经济正在从高速增长降温，进入一个下行通道，从高速增长转向中高速增长，这个趋势今后可能还会继续，可能还会进一步发展到中速增长；第二，中国经济的发展正在从规模速度型粗放增长转向质量效应型集约增长。

如果我们只实现了第一点，而没有实现第二点，那么我们至少存在两个问题。首先，经济增长的动力如果发生了衰减，如果不能用效率的提高去做补充的话，那么原来由于数量扩张所掩盖的各种经济、社会矛盾都会暴露出来，会造成很大的社会问题。其次，如果原有的驱动经济发展动力出现衰减而效率没有提高，经济下行的趋势就会不断加剧，会出现所谓的失速现象。

因此，在承认经济下行是一个客观因素的同时，我们一定要想办法实现第二个特征。只有同时具备这两个特点，才会出现我们所希望见到的新常态。

现在我们要努力实现经济发展方式的转型，就是要优化结构，总体来说就是要转变经济发展的方式。关键问题就是消除体制性障碍，建立一个好的体制。核心问题就是要建立和优化、改善国家创新体系。

改革开放以来，应该说我们的创新活动是越来越活跃，特别是近年来，技术发明像雨后春笋一般，尤其是跟移动互联网相关的各产业，技术创新确实是活跃起来了，但是回头来看，这些创造发明的产业化状态很不理想。问题的症结，就是我们这一套对于创新的体制和政策系统的一个基本特点就是政府主导。政府决定科学研究闯关，然后有了技术发明以后指定产品的方向、技术路线，再由政府来组织人力、物力资源进行转化。这么一套办法抑制了创新和创业的积极性、创造性。那么，我们就需要对这一套创新体系加以改造。

用什么新的办法来建立新体系？十八届三中全会有两句话说到了这个问题，一句话就是说要使市场在资源配置中起决定性作用，另外一句话就是更好发挥政府的作用。这是两个基本原则，用这两个基本原则来指导我们建立和完善国家创新体系。

要使市场在资源配置中起决定性作用，关键要建立能够使市场在资源配置中起基础性作用的体制基础，这个体制基础是什么？要建立起一个统一开放竞争有序的市场体系。由它来配置资源，这样市场就能在资源配置中起决定性作用。从技术的创新到它的产品化、产业化再到市场销售、售后服务，都需要贯彻一件事情，就是把违背了这个原则的东西去掉。

另外一个方面，是要更好发挥政府的作用。市场管市场的事，政府管政府的事，这两者管的事情是不一样的。

去年在一次电动车论坛上，我就提出来，一定要把握一个原则，技术创新的主体一定是企业，因为原始性创新在经济上取得成功具有很大的不确定性，只能发动千军万马的企业去闯、去试才行。虽然企业试验成功的概率很低，但是只要参与竞争的个体数量足够多，就一定能够有一部分取得成功。

政府并没有这个能力确定哪一个产业，哪一种技术路线能够取得成功，只能顺势而为，因势利导，最终主要是建设一个好的环境。

总体来说，政府要做的，首先就是要提供一个好的生活环境、创新环境、经营环境，最重要的就是提供一个统一、开放、竞争、有序的市场体系。

其次，建立良好的教育系统和基础性的科研系统、研究系统。创新体系中往往把科学和技术放在一起，其实这两者性质是很不同的，科学奖励应该由社会来承担，包括政府。而技术奖励应该主要由市场来负责。

有两种情况是需要政府提供补贴，一是弥补正外部性；二是在产业刚发展起来的时候，使它快速达到最低的经济规模。但是政府补贴应该主要补需方，而不要去补供方，尤其不能够在市场竞争后对生产者、供给者进行补贴。

最后，政府应该做规划。这种规划是在现有发展趋势上的一个全局性、长远的规划，具有引导性，而不是指引性的。我认为，应该利用这些年发展新兴产业、支持技术创新所取得的经验和教训，逐步把国家创新体系的整套制度和政策系统建立起来。

来源：《经济日报》，吴敬琏

11.2.2 国家创新体系的构成

国家创新体系的构成要素是指那些参与、影响创新活动的要素主体，它们通过不同方式对国家创新体系的运转产生作用。创新体系究竟由哪些要素构成，一直没有一个统一的见解。

OECD认为国家创新体系是以国内创新活动为目标一个大的系统，其构成要素包括：① 创新活动的行为主体(包括企业、大学、科研机构、中介服务机构及政府部门)；② 创新活动行为主体的内部机制；③ 创新活动行为主体间的联系与互动；④ 创新政策，即影响创新的各项政策与法规；⑤ 市场环境，包括产品及要素市场的配置功能。

国内学者吴贵生和谢伟也提出国家创新体系的构成要素既包括硬件，即系统活动的行为主体(如企业、科研机构、教育培训机构、政府等)以及它们的活动和相互之间的联系，也包括软件，即联系各行为主体、引导行为主体的环境、政策，比如创新政策等。连燕华认为国家创新体系由六种要素构成：① 创新行为主体，包括企业、科研机构、教育培训机构、政府等；② 各行业主体的内部运行机制；③ 行为主体间的联系；④ 创新政策；⑤ 市场环境；⑥ 国际联系等。

中科院研究生院管理学院柳卸林认为构成国家创新体系的主体是政府、企业、大学和科研机构以及支撑服务等四个要素以及它们之间的相互作用。

台湾学者徐作圣认为国家创新体系的功能是加速技术发展与扩散，其构成要素包括政府的产业创新政策、国家整体的科技系统及国家环境三个部分。

综合上述观点，国家创新体系包括创新行为主体和创新环境要素两大类。

创新行为主体包括政府、企业、大学和科研机构、中介服务机构，各主体在国家创新体系中的地位和作用不尽相同：

1. 创新主体要素

1）政府

政府是国家创新系统中的制度创新主体，负责国家整体发展战略、政策、法律和法规的制定。政府通过直接投资、政策引导、激励机制和行政干预调节国家创新系统，并协调其他创新主体彼此之间的利益关系，促进产学研合作，引导创新资源的合理配置。

2）企业

企业是国家创新体系中的主体，其创新能力直接影响着一个国家的创新水平。在国家创新体系中，企业不仅致力于技术创新和知识应用，还是研究和开发资金的主要投资人。企业始终走在市场的前沿，把握技术创新的最新趋势，影响国家创新系统的运行方向。世界各国的发展经验表明，所有发达国家都依靠技术创新得以发展起来。因此，要提高国家创新系统的效率，必须充分发挥企业的主体作用。

3）科研机构

科研机构是国家创新体系中的基础知识生产者，是重要的知识创新主体，包括国有科研机构、地方政府部门的研究机构和非营利性科研机构。科研机构的主要职能是发展具有较强公共性的知识资源，以推动知识创新，促进科技进步。同时，科研机构还承担着知识转移的任务。

4）大学

大学是培养具有专业知识、技术能力和创造能力的人才的摇篮，同时也承担了大量的基础研究工作，为技术创新提供智力支持。高校不仅在知识创新中起着主导作用，而且在知识转化为生产力的各个过程也发挥着孵化器和辐射源的作用。

5）中介机构

中介机构在创新体系中起着连接作用，其主要功能是提供技术咨询、科技成果转化、管理咨询、各类评估、信息咨询、法律咨询、财务管理等服务，是促进主体之间互动、交流与合作的桥梁和纽带，在国家创新发展中发挥重要作用。

2. 创新环境要素

创新环境要素是国家创新体系能否顺利实施、能否取得成效的制约因素，主要包括创新资源、创新机制、创新政策、创新公共基础设施等。

1）创新资源

创新资源主要指人才、知识、专利、信息、自然资源和资金等，它们是创新活动的基础与源泉。

2）创新机制

创新机制是指保证国家创新体系有效运行的一系列权力、规则、程序和制度，其主要作用是协调创新主体之间的复杂关系，促进创新活动的开展，包括技术创新项目的设计、融资和投资运行机制；集中各种力量，共同制定创新活动的监管合作机制，协调利益收入分配矛盾；有效配置信息资源，确保成功地实施创新活动的信息保障机制；国家创新系统的运行绩效评估机制。

从国家整体利益出发，创新机制是以促进创新主体的协同工作为目标建立的机制，其主要作用是建立创新的机制，保证国家创新活动公正、有序和高效进行。

3）创新政策

创新政策是对国家创新体系的建设和运行具有潜在影响的外部因素。创新政策对整个创新体系的建设和运作都起着决定性的作用。

4）创新基础设施

创新基础设施是国家创新体系的基石与必要条件，包括创新硬件基础和创新软件基础。硬件基础包括公共基础设施建设、通信基础设施、国家实验室、大学与公共科研机构等；软件既包括基础人才和科技人才的培养，也包括为企业的应用研究和开发研究奠定基础的基础性研究及成果。创新基础设施是企业创新的载体，是保障创新活动开展和创新体系有效运转、提升企业创新能力的重要基础。经济的发展离不开能源、交通等基础设施的保障，企业创新能力的提升也离不开研究与实验体系、科技支撑体系、企业技术创新体系、技术创新服务体系等创新基础设施的支撑。创新基础设施直接影响着技术创新的全过程，为企业创新能力的形成提供必要的基础和保障。

综上所述，创新各要素借助于信息、资源、中介服务等支撑性因素相互作用形成知识生产、传播、应用的循环，如图 11－1 所示。

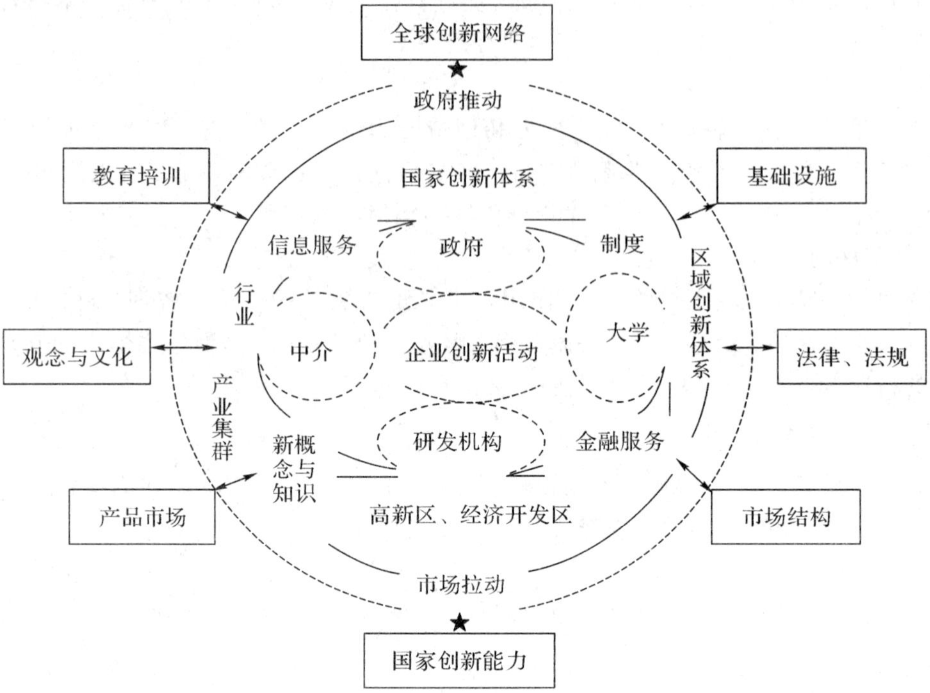

图 11-1 国家创新体系构成要素

11.3 国家创新体系的运行

11.3.1 国家创新体系中的治理机制

创新体系内交互与关联的需求产生了治理机制问题，也就是整个体系自身是如何治理的。国家创新体系通常有企业治理机制、政治治理机制和网络治理机制三种类型的治理机制。

1. 企业治理机制

企业治理机制是指公司产权实施和控制的相关机制。在资本主义经济中，它主要通过市场机制来运行。企业治理模式主要分为盎格鲁-撒克逊模式和日本-莱茵兰模式两种。盎格鲁-撒克逊模式主要存在于英国和美国。在该模式下，企业所有权与控制权是明显分开的，企业所有权掌握在相关利益者手中，其中不乏养老基金等机构投资者；控制权则交由职业经理人队伍。两者关系通过股票市场进行调节，持股人对他们所投资的公司的内部运营状况知之甚少。在有效率的股票市场中，投资人可以快速而容易地转换投资。投资人持有某个股票的动机是获得股息分红，并且通常是基于短期利益考虑的。职业经理人则是通过接受诸如美国 MBA 教育或者英国会计职业教育等专门培训，为公司产生利润。这种治理模式通常有利于积极的业务组合管理，能够在短期内获得最大的资产收益。但是，有人提出这种治理模式是不利于创新的，因为收益的短期眼光可能意味着无法提供创新所需要的“有耐心的资本”。

日本-莱茵兰模式正如其名字所示，主要存在于日本和德国。该模式下也有所有权与控制权的明显划分，但是其中存在多重利益相关者，也就是说银行、供应商甚至是员工都有可能参与公司的管理。比如说在德国，由于银行是公司资本的主要来源，所以银行经常密切地参与公司的日常管理活动。这些利益相关者群体对公司的运营了解非常详细，对公司内部各方面也非常感兴趣，其中就包括公司的技术能力。这一点对于创新来说非常重要，因为在该模式下相关利益者能很好地评价相关研发活动的潜在商业价值。这一点从受日本-莱茵兰模式影响较多的国家研发活动投资水平高于英国和美国的企业就能看出。

但是，正如 Tidd 和 Brocklehurst 所指出，现在人们也开始逐步怀疑日本-莱茵兰在研发活动支持上的优越性，尤其是英国再次在信息技术和生物技术方面获得领先地位。

2. 政治治理机制

政治治理机制是指政府在促进创新中所起的作用。政府的作用集中体现在政策功能和管制功能两个方面。

管制功能包括知识产权保护和环境保护。知识产权保护对创新至关重要，其制度应围绕促进创新进行设计。没有知识产权制度，企业就难以从创新中获取收益，模仿、复制甚至是假冒就会大行其道。很明显，如果对于创新奖励力度太低，就无法鼓励创新，一个国家的整体创新绩效就会较差。

尽管政府环境保护问题不在国家创新体系范围之内，但是它也会对创新产生影响，因为有时满足环境标准也会成为推动创新的有利因素。

小案例

英国全国读写素养战略

1998 年，英国政府开始在英格兰的小学中推行全国读写素养战略（The National Literacy Strategy）。该战略采用新西兰和澳大利亚开发的教育理念和方法，是英格兰第一个读写教育的规定计划。该战略引入了读写能力的三个目标，即文字水平（读和写）、语句水平（语法）和词语水平（拼写和词汇）。

由此形成了涵盖不同年级、不同年龄组的全面的目标计划体系，从入学（4～5 岁）一直到 6 年级（10～11 岁）。该战略还引入了“识字时间”，即每天一小时的课程，包括全班教学、独立学习以及全体大会等环节。

作为一项教育提案，这是英格兰第一个全国规模的读写素养全面计划。一直以来，英格兰的教育体系都是区域性的，由各个学校自行制定课程安排。

该战略有配套资源支持，并把教育上升到了全国水平。这些配套资源包括高质量的教育和学习资源，如无法达到同龄期望水平的儿童的干预计划、课程计划以及各领域的支持资料，如写作语法、拼写词库等。

支持措施还包括在各地区配备教育顾问，为战略实施提供指导，并帮助开展常规培训。

一年以后，英国又推出了全国数学能力战略（National Numeracy Strategy）。

3. 网络治理机制

创新越来越多地发生在企业与其他组织的通力合作之中。这些组织包括那些在国家创新体系当中起到重要作用的公共机构，如大学、教育机构、研究所和金融机构。在该网络中，它们之间的关系并非由市场机制来治理。尽管网络中的有些服务可以进行出售和购买，但是其他一些服务，尤其是和建议、指导相关的服务，则是在非市场的基础上提供的，以共同利益和相互信任为基础，并且通过相同文化背景的形式不断强化。

以企业和大学之间的相互关系为例，这些关系具有多样性。企业和大学可以共同合作开展政府资助的研究项目；企业内的科学家可以与其母校保持非正式联系，也可以参加学术会议，接触高校中的同行。种种关系均为知识转移提供了机会，尤其是那些在创新过程中发挥着重要作用的隐性知识。这种联系并不局限于研发设计等技术活动，市场营销和产品生产活动也能通过与大学的关联而获益。

上述组织安排往往是自我组织和自我治理的。有时候，网络中的各方出现共同利益时，一些共同利益体，比如贸易协会和职业团体将会在关系治理中发挥作用。这些团体可能会汇集信息，识别共同利益并达成促进合作的战略，有时候还会制定标准。这些活动在一个新的技术范式出现时相当重要，因为在技术范式出现的早期往往存在多个彼此竞争的产品结构。这种竞争会带来用户和消费者的兼容性问题，从而降低创新的扩散速度。此时就需要贸易协会来制定标准，进一步推动创新的开展。

11.3.2 产业组织在国家创新体系中的作用

创新体系的核心在于弗里曼所描述的“由公共和私人部门所组成的机构网络，它们自身的活动以及彼此之间的交互能够产生技术的发起、引进、修改和扩散”。

由于该组织网络包括了所有影响技术产生和使用的组织机构，因此它所涵盖的机构范围极其广泛。如图 11－2 所示，这些组织机构大致可以划分为：

- 产业组织，如企业和产业部门；
- 金融机构，如银行和风险投资机构；
- 科技机构，如大学和公共研究实验室；
- 教育机构，如学校和其他培训机构。

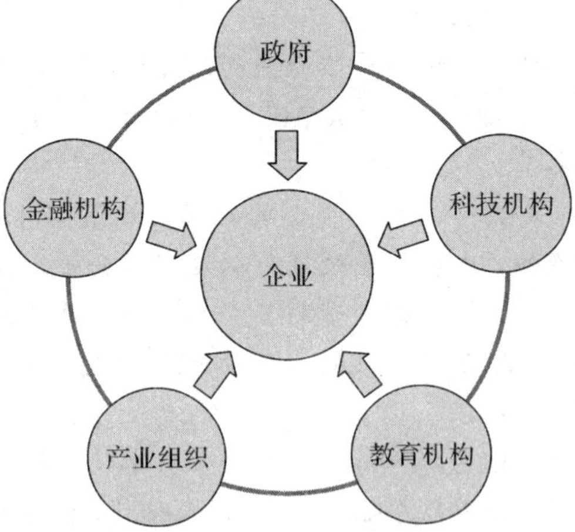

图 11－2　国家创新体系

产业组织不仅包括经济运行当中范围广泛的各类产业结构，也包括企业的竞争对手、零部件和原材料供应商。产业结构指经济当中出现的各类产业组合，尤其是高科技产业的比例以及规模分布。这两个维度都会影响创新的水平。

就竞争而言，产业组织中的一个关键因素就是经济当中的整体竞争水平。尽管熊彼特认为垄断情形对创新有利，因为垄断利润有可能为高水平研发提供资金支持。但是一般情形下，竞争总是与经济活力联系在一起，从而有助于创新的扩散。

相似地，供应状况同样对创新起着重要作用。价格合适的高质量零部件的可得性，同样能够有力地促进创新。例如，如果没有早已发展完备的微处理器、磁盘驱动器和其他一些计算机配件，美国 20 世纪 70 年代个人计算机产业的发展就要缓慢得多。

当国家创新体系要素较少时，产业组织的重要性就显而易见了。表 11－1 比较了 20 世纪 70 年代日本和(前)苏联的国家创新体系。尽管苏联花费了大量研发费用，但是创新纪录仍乏善可陈，其中的一个关键因素就是其产业体系发育不良。

表 11－1　国家创新体系对比：日本和(前)苏联

日本	(前)苏联
R&D/GNP 比例(2.5%)较高	R&D/GNP 比例(4%)很高
军事/太空研发比例(＜2%)较低	军事/太空研发比例(＞70%)很高
企业层面研发比例(＞60%)较高	企业层面研发比例(＜10%)较低
研发、进口技术被整合进生产过程	研发、进口技术与生产整合度低，关联不大
用户与厂商以及分包商联系较紧密	营销、生产以及采购无关联或关联较弱
企业层面创新激励较强	主要是依据政府政策目标自上而下创新
国际市场上竞争经验丰富	较少面临国际竞争

小案例

欧洲粒子物理实验室与万维网

欧洲粒子物理实验室英文名称为 European Particle Physics Laboratory，简称 CERN，是一个致力于基础物理研究的公共研究实验室。实验室坐落于瑞士日内瓦白朗峰附近，雇佣了来自全欧洲的科学家。1980 年，一位刚从牛津大学物理专业毕业不久的年轻的软件工程师来到 CERN，他就是蒂姆·博纳斯·李(Tim Berners Lee)。

博纳斯·李很快注意到他的科学家同事们在加入 CERN 时总是携带自己的电脑和软件。由于他们来自于欧洲各地，所以很难追踪他们在干什么。博纳斯·李于是开始考虑创建一个工作平台，让 CERN 的每一台电脑都可以让他以及实验室的同事们使用。1984 年，作为一个全职研究者再次进入 CERN 时，他便开始深入探索他的这一想法。

1990 年，他开发出了这一软件。软件运行在计算机网络设备构成的互联网基础之上，共包含三大要素：

- 格式化超文本文件计算机语言：超文本标记语言(HTML)。
- 文件交换协议：超文本传输协议(HTTP)。
- 唯一地址代码：统一资源定位器(URL)。

1990 年底，软件开始成功地运行在 CERN 的计算机之上，所缺的是一个合适的名字。

早期名字为"The Information Mine"，但是博纳斯·李并不满意。最终名字定为"World Wide Web"，即万维网。由于博纳斯·李是CERN的员工，万维网软件的知识产权属于实验室所有。实验室老板最终同意了博纳斯·李本人的意见，即作为一个公共研究机构，他们应该放弃他们的产权，让公众无偿使用万维网软件。

11.3.3 科技组织在国家创新体系中的作用

创新具有"公共物品"的许多属性，不仅能够为个人带来收益，还能为周围社会带来收益。这就带来了研发的融资问题。如果个人或者企业感到无法独占创新的收益，他们就可能不愿意出资支持研发。为了解决这一问题，政府就需要出面资助研发。

这种类型的公共资助研发活动不仅能够解决研发活动的收益占用问题，还能为创新所需要的技能培训劳动力，促进私人企业向相关创新投资，获得研发的规模经济效应，降低企业进入新市场的成本。

一些大型公共资助研究项目需要对大量的科学家和技术人员进行某些特定技能的培训。例如，美国国防部高级研究计划局(Defense Advanced Research Projects Agency, DARPA)曾针对计算机网络研究集中培养了一批具有专业技能的人才。因此，当互联网产业开始起步时，企业很容易就能招到合适的人才。再如，在硅谷政府也对私人创新进行了资助。硅谷早期的研发是建立在政府20世纪50年代和60年代在航空航天领域电子技术方面研发资助的基础之上的，这些资助于70年代在计算机领域产生了一系列创新。又如，欧洲宇航局资助的研究项目如果让单个欧洲国家或单个企业来实施，造价都是难以承担的。美国亦如此，其波音707客机相关的研发费用基本上都是由为美国空军开发的KC－135加油机的研发经费来支付的。

政府会对公共研究实验室、大学、企业和联合体的研发项目提供资助。

在英国，公共研究实验室包括哈德福郡的国家物理实验室、牛津郡的原子能研究实验室以及汉普郡的皇家航空实验室等。它们都是由英国政府资助，从事基础和应用研究的。政府资助公共实验室进行研究的典型项目是20世纪60年代由皇家航空实验室开展研究的碳纤维项目。该项目不仅让人们深入了解了碳纤维的生产过程，还在1968年获得了专利，并且成功地向三家商业化制造商——考陶尔兹、摩根坩埚公司和劳斯莱斯——进行了专利许可。

大学也可以承担政府资助的研究项目。就英国而言，大学承担的科研项目形式众多，其中最常见的就是直接为政府部门开展的研发项目，以及为政府资助的委员会所开展的项目，如工程与物理科学研究委员会以及医学研究委员会。和政府研究实验室一样，这些研究可以是基础研究也可以是应用研究。例如，剑桥大学的Watson和Crick与伦敦国王学院的Wilkes和Franklin合作发现了DNA的双螺旋结构。

政府也会资助企业的研发项目。这种项目往往不是基础型研究，而是针对特定产品开发的应用研究。英国航空航天产业的"发布资助"就是这种类型的资助项目，主要资助新型航空器和引擎的研发。

第四类政府资助项目是对联合研发的资助。联合开发的主体通常包括政府研究实验室、大学、产业组织或者三者的某种组合。

得益于政府资助的创新包括很多高科技产品，如因特网、UNIX、计算机、半导体、

RISC 技术以及喷气式飞机等。

11.3.4 金融机构在国家创新体系中的作用

我们在前面章节已经提到，创新需要资金。在市场经济条件下，资本市场是创新资金的主要来源。资本市场的主要功能是为储户和投资者提供一个桥梁。在这种情形下，投资者主要是指从事创新的企业或者个人。资本市场由许多金融组织机构组成，它们在资本市场上扮演着中介角色。这些金融机构主要包括商业银行、投资银行和风险资本家。

银行在创新中起着一定作用，但其提供的支持往往是银行服务而不是资本。这反映了商业银行的一般本质，它们为整个产业部门提供服务，而不是为创新者提供专门服务。商业银行的一般本质特征也意味着他们无法为创新提供直接资金支持，大多数银行甚至无法评价创新的风险，包括市场风险和技术风险。

投资银行是专业化的金融机构。它们专门从事企业融资，尤其是通过股票市场(比如 IPO)以及合并、并购等开展股权融资。此类融资对创新作用重大。但是，从历史上来看，此类融资主要发生在创新生命周期的稍后阶段，也就是说创新已经获得了一定程度上的市场成功。这主要是因为，要想获得股权融资，企业必须在销售额和利润等方面具有一定的良好记录。

最后一种是风险投资组织。这是一类专业化金融机构，它们为支持企业重大发展，比如创新，而对公司进行持股。在英国，顶级的风险投资机构就是 3i，它已经达到了相当大的规模。像 3i 这样的风险资本机构，通常投资额在 10 万英镑或者更多。只有较大规模企业的创新才能得到风险资本的支持。

11.3.5 教育机构在国家创新体系中的作用

人力资本对创新至关重要，它是知识和技能的源泉。能够帮助提供人力资本的机构包括学校、学院和大学。

学校提供创新所需要的一般技能，这些技能包括识字能力和数学能力以及其他一些一般性技能，如学习技能、问题解决技能和创造性技能。

学院一般提供技术型和专业性培训，使劳动者具有工作技能。从历史上看，英国此类培训一直都是零散化的。也曾经尝试重新组织和重新架构该体系，比如 20 世纪 70 年代技术人员培训委员会(Technician Education Council，TEC)的成立以及 20 世纪 90 年代全国职业资质(National Vocational Qualifications，NVQs)制度的推行。尽管受到高度结构化、高效的德国技术培训模式的影响，但是上述改革依旧未能显著改善英国相对较低技术水平的现状。正如 Howells(2005)所言“在这一点上，英国的改革延续了英国老套的、自发的非正式学徒制度。”

教育机构的第三层是大学，它们提供学位课程以及研究生课程。就大学对创新的贡献而言，大学教育主要体现在两个方面。首先是上过大学的人群占总人口比例，第二个方面是上过大学的人群中修过科学、工程和技术课程人数的比例。在英国，大学一直奉行精英教育，上过大学的人不到 10%。这使得英国在科学突破方面硕果累累，但是同样也因为创新成果乏善可陈而备受指责。

11.3.6 社会组织在国家创新体系中的作用

社会组织是由自然人或法人自发形成的非营利性组织，不隶属于任何政府机构，它的主要活动空间在政府和市场之外，也因此被称作“第三部门”。不同国家对于活跃在这一领域内机构的称呼不尽相同，比较常见的有非营利组织、非政府组织、公民社会组织等。社会组织的自发性、非营利性、非政府性等特点意味着它不受政府层级化管理的束缚，同时也不像企业一样需要不断追求利润，这使得社会组织能够在国家创新体系内发挥独特作用。

社会组织能够促进创新主体间的互动，强化主体间的合作质量。科技中介虽然是构成国家创新体系的主体之一，但科技中介的概念是按照线性传递的逻辑给出的，强调为科技成果向经济价值转化“搭桥”，还不能解决促进创新体系内主体间互动的所有问题。如2005年2月，几家中关村企业和科研机构自发成立了下一代互联网产业联盟，就是在这一领域为实现关键技术产业化而产生的产学研合作需求。该联盟自成立以来，充分调动企业和科研机构的研究力量，共同承担了“互联设备国家工程实验室”建设项目，并成功申请国际标准一项。以该产业联盟形成的产学研协作创新机制为依托，中关村进一步巩固了自己在全球移动互联网产业内的领先地位。

社会组织能够完善创新资源配置机制，弥补市场和政府“双失灵”。创新是一个复杂的过程，无论是知识创新、技术创新还是产业创新，都存在“市场失灵”现象，这也是政府介入创新资源配置的原因，比如对基础研究的投入大都由政府完成。但是，创新活动的复杂性、不确定性意味着“政府调控”加“市场机制”难以满足国家创新体系内资源配置的全部需求。由于存在着市场和政府“双失灵”的情况，社会成员本身具有的自治能力可以完善创新体系内的资源配置机制。社会组织一方面可以跟随在市场和政府后面，为其“查漏补缺”；另一方面可以通过疏通政府和其他主体间的信息渠道，提高政府配置资源的效率；最后，社会组织还能在政府配置资源的过程中发挥监督职能，最大限度地减少寻租行为的发生。

社会组织是国家创新体系内社会资本积累和经营的主体。社会资本表现为社会成员间的信任、规范和网络。国家创新体系强调主体间的联系和互动，社会资本可以通过降低创新主体间的交易成本来提高创新体系运行的效率。社会组织不是政府，也不需要营利，因此它们把社会成员对于社会资本的投资——会费、捐赠等——用于举办活动、资助公益，这促进了创新体系内机构之间以及人与人之间的信任，促进了规范和网络的形成，是社会资本积累和经营的主体。

思考题

(1) 如果创新主要由个人或者企业来完成，为什么说创新具有公共属性？

(2) 国家创新体系主要由哪些要素构成？

(3) 企业治理机制中，盎格鲁-撒克逊模式和日本一莱茵兰模式有什么区别？

(4) 教育机构在国家创新体系当中起着什么作用？

(5) 金融机构在国家创新体系当中起着什么作用？

(6) 科技组织在国家创新体系当中起着什么作用？

案例分析

马来西亚的多媒体超级走廊

在一代人的时间里，马来西亚已经从一个出口初级产品的发展中国家转向工业经济型国家。在 20 世纪 70 年代，政府制定了一系列产业政策，试图促使经济多样化，以减少对初级产品(如橡胶、棕榈油和锡)的依赖，并鼓励制造业发展。20 世纪 80 年代起，政府开始越来越多地干预经济，并启动了产业战略，以优先发展某些产业。工业制成品出口比例从 1950 年的 19%上升到了 1995 年的 77.4%。

20 世纪 90 年代，马来西亚迎来了发展过程中的重要时刻。马来西亚制造业的增长，一度主要发生在劳动密集型的制造业领域。由于行业间联系薄弱以及资本市场欠发达，该国的产业结构相对高度不够。大部分产业属于被低工资和廉价资源吸引过来的外国直接投资(FDI)。一部分决策者越来越认识到，为了经济的发展，国家必须朝着高附加值、技术密集型产品的产业结构发展。1991 年，马来西亚总理马哈蒂尔·穆罕默德对全国发表了雄心勃勃的计划——2020 愿景，强调了科技发展的重要性。该计划强调马来西亚需要通过本土技术的发展，超越简单的组装和生产，提高其产品的技术附加值。

在《工业总体规划(1986—1995)》(Industrial Master Plan，IMP)中，政府认为薄弱的技术能力是未来马来西亚发展的威胁。它指出，科技能力基础大多为外国所拥有，国家在很大程度上依赖于外部技术的输入。《工业总体规划》建议在重点行业领域进行积极的战略投资，以提高本土发展能力。

1996 年，马来西亚总理马哈蒂尔宣布该国的工业目的是建立多媒体超级走廊(Multimedia Super Corridor)。

马来西亚多媒体超级走廊方圆 50 平方公里，从首都吉隆坡一直到吉隆坡国际机场所在地雪邦。它包括多个“集群”，区域空间涵盖普特拉贾亚(新建的联邦政府所在地)、赛柏再也(一个新的高科技城市，驻有多媒体产业、研究中心和马来西亚多媒体大学)和马来西亚科技园——一个为企业家和工业组织提供工程及 IT 设施的产业园。

政府在马来西亚多媒体走廊项目中处于绝对中心地位。首先，政府保证了一流的环境。例如，普特拉贾亚是政府新联邦所在地，已建成一个花园城市和电子政务工程枢纽。赛城不仅提供先进的多媒体设施，还提供住宅和市政设施。作为多媒体超级走廊的北部门户，在双子塔建筑内，商业、娱乐、消遣和零售设施非常完善，营造了公园般的环境。

多媒体超级走廊的南端是耗资超过 35 亿美元建造的吉隆坡国际机场。作为区域物流枢纽，它能够满足每年 2500 万～5000 万乘客的需要。

马拉西亚政府不仅为多媒体超级走廊提供了必需的基础设施，还为其提供了一系列财政激励措施，旨在吸引符合高技术标准的外国公司投资。这些财政激励措施包括：

· 五年免收在马来西亚所得税。这种税收减免可以延长至 10 年或者相当于投资额 100%的免税额

· 免税进口多媒体设备

· 授予马来西亚所有的多媒体超级走廊公司获取政府研究资助的资格

· 制定专门的外币交易和贷款政策

为了促进企业创新，马来西亚政府不仅制定了财政激励政策，而且还制定了对多媒体

超级走廊公司的监管措施，这些措施包括：

- 不限制雇佣外国脑力工作者
- 在多媒体超级走廊内享有自由的所有权(即免除对本地马来人加入的限制)
- 广泛的知识产权保护

另外，马来西亚政府推行大量的“旗舰应用”(Flagship Application)项目，旨在促进新技术的应用，旗舰应用共有七种，分别是电子政府、智能学校、智能卡、远程医疗、研发集群、无边界营销中心和协同制造。

旗舰应用计划的主要目的是改造马来西亚的技术基础设施和社会系统的核心要素，所选择的领域主要是公共部门。负责这七个旗舰应用项目开发部门可直接向由总理主持的执行委员会报告。这些部门与国际领先的本地公司在概念规划和项目实施工作方面密切合作。试点方案由项目团队成员通过概念提案申请机制共同确定的，它为承接 MSC 多媒体项目的财团提供指导方针。

智能卡是典型的旗舰应用项目，其目的是提供一种多功能卡。该卡可作为年满 12 周岁的马来西亚公民的身份证，因此该项目的主管部门是国家登记部(National Registration Department)。涉及的其他公共机构包括道路运输部、移民局、卫生部和马来西亚皇家警察局。智能卡的另外一个应用领域是支付，可提供广泛的金融服务，并可作为信用卡使用。

问题：

(1) 为什么马来西亚政府对创新感兴趣？

(2) 为什么直到 20 世纪 90 年代，马来西亚的产业发展依旧和国家创新能力无关？

(3) 什么是外商直接投资？

(4) 多媒体超级走廊的目的是什么？

(5) 马来西亚多媒体超级走廊所仿效的地点是哪一个？(提示：该地以期创新能力而闻名世界。)

(6) 建立多媒体超级走廊的是为了实现马来西亚政府哪一个创新政策目标？

(7) 多媒体超级走廊案例中，马来西亚政府是如何担当领先用户的？

(8) 案例中，智能卡在促进马来西亚的创新中有什么作用？

参考文献

[1] ANDERSON P, TUSHMAN ML. Technological Discontinuities and Dominant Designs: A Cyclical Model of Technological Change[J]. Administrative Science Quarterly, 1990, 35(4): 198 - 210.

[2] ASHFORD NA. An Innovation - Based Strategy for a Sustainable Environment[M]. Heidelberg: Physica - Verlag HD, 1999.

[3] BEMPECHAT J. Against the Odds: How "At - Risk" Children Exceed Expectations[M]. New York: Jossey - Bass Inc. , Publishers, 1998.

[4] THEUVSEN L. Strategy is Destiny: How Strategy - making Shapes a Company's Future [J]. Journal of Orthopaedic Trauma, 2015(4): 245 - 248.

[5] ROBERT A. Burgelman and Yves L. Doz. The Power of Strategic Integration[J]. Mit Sloan Management Review, 2001, 42(3): 28 - 38.

[6] CHESBROUGH H. Managing open innovation[J]. Research - Technology Management, 2004, 47 (1): 23 - 26.

[7] CHESBROUGH H. The market for innovation: Implications for corporate strategy[J]. California Management Review, 2007, 49(3): 45 - 47.

[8] CHESBROUGH H. Business Model Innovation: Opportunities and Barriers[J]. Long Range Planning, 2010, 43(2 - 3): 354 - 363.

[9] CHESBROUGH H. Bringing Open Innovation to Services[J]. Mit Sloan Management Review, 2011, 52(2): 85 - 88.

[10] CHESBROUGH H. The Case for Open Services Innovation: THE COMMODITY TRAP[J]. California Management Review, 2011, 53(3): 5 - 8.

[11] CHESBROUGH H. Open Innovation Where We've Been and Where We're Going[J]. Research - Technology Management, 2012, 55(4): 20 - 27.

[12] CHESBROUGH H, AHERN S, FINN M, ett. Business models for technology in the developing world: The role of non - governmental organizations[J]. California Management Review, 2006, 48 (3): 48 - 50.

[13] CHESBROUGH H, BIRKI NSHAW J, TEUBALM. Introduction to the research policy 20th anniversary special issue of the publication of "Profiting from Innovation" [J]. Research Policy, 2006, 35 (8): 1091 - 1099.

[14] CHESBROUGH H, BRUNSWICKER S. A Fad or a Phenomenon? The Adoption of Open Innovation Practices in Large Firms[J]. Research - Technology Management, 2014, 57(2): 16 - 25.

[15] CHESBROUGH H, CROWTHER AK. Beyond high tech: early adopters of open innovation in other industries[J]. R & D Management, 2006, 36(3): 229 - 236.

[16] CHESBROUGH H, EUCHNER J. The Evolution of Open Innovation: An Interview with Henry Chesbrough[J]. Research - Technology Management, 2011, 54(5): 13 - 18.

[17] CHESBROUGH H, EUCHNER J. Open Services Innovation: An Interview with Henry Chesbrough [J]. Research - Technology Management, 2011, 54(2): 12 - 17.

[18] CHESBROUGH H, KIM S, AGOGINO A. Chez Panisse: BUILDING AN OPEN INNOVATION ECOSYSTEM[J]. California Management Review, 2014, 56(4): 144 - 171.

[19] CHESBROUGH H, PRENCIPE A. Networks of innovation and modularity: a dynamic perspective [J]. International Journal of Technology Management, 2008, 42(4): 414 - 425.

[20] CHESBROUGH H, SCHWARTZ K. Innovating business models with co - development partnerships[J]. Research - Technology Management, 2007, 50(1): 55 - 59.

[21] CHESBROUGH H, SOCOLOF S. Sustaining venture creation from industrial laboratories[J]. Research- Technology Management, 2003, 46(4): 16 - 19.

[22] CHESBROUGH H, SPOHRER J. A research manifesto for services science[J]. Communications of the Acm, 2006, 49(7): 35 - 40.

[23] CHESBROUGH H, VAN ALSTYNE M. Economic and Business Dimensions Permissionless Innovation[J]. Communications of the Acm, 2015, 58(8): 24 - 26.

[24] CHESBROUGH H W. Why companies should have open business models[J]. Mit Sloan Management Review, 2007, 48(2): 22 - 26.

[25] CHESBROUGH HW, APPLEYARD M M. Open innovation and strategy[J]. California Management Review, 2007, 50(1): 57 - 59.

[26] CHRISTENSEN - DALSGAARD J. Effects of Convection on the Mean Solar Structure[M]. Berlin: Springer Netherlands, 1997.

[27] COHEN W M, DANIEL A. Levinthal. Absorptive Capacity: A New Perspective on Learning and Innovation[J]. Administrative Science Quarterly, 1990, 35(1): 39 - 67.

[28] COOPER R, EDGETT S. Ideation for Product Innovation: What are the Best Methods? [J]. Pdma Visions Magazine, 2008(4): 22 - 26.

[29] COOPER R, EDGETT S, KLEINSCHMIDT E. Portfolio management for new product development: results of an industry practices study[M]. New Jersey: Addison - Wesley, 2001.

[30] DURAND T. The Strategic Management of Technology and Innovation[M]. London: Palgrave Macmillan UK, 2004.

[31] ENKEL E, GASSMANN O, CHESBROUGH H. Open R&D and open innovation: exploring the phenomenon[J]. R & D Management, 2009, 39(4): 311 - 316.

[32] FORBES N, WIELD D, RASIAH R, etc. From Followers to Leaders [M]. London: Routledge, 2002.

[33] FORSBERG N E, TAUR J. S, XIAO Y, etc. Internationalization of the animal science undergraduate curriculum: A survey of its current status, barriers to its implementation and its value[J]. Journal of Animal Science, 2003, 81(4): 1088 - 1094.

[34] FU XL, LI JZ, XIONG H R, etc. Open Innovation as a Response to Constraints and Risks: Evidence from China[J]. Asian Economic Papers, 2014, 13(3): 30 - 58.

[35] GASSMANN O, ENKEL E, CHESBRROUGH H. The future of open innovation[J]. R & D Management, 2010, 40(3): 213 - 221.

[36] GRUNERT KG, HARMSEN H, MEULENBERG M, etc. A framework for analysing innovation in the food sector[M]. Berlin Springer, 1997.

[37] HENDERSON R M, CLARK K B. Architectural Innovation: The Reconfiguring of Existing [M]. Berlin: Springer, 1990.

[38] HERTEL L, LACAILLE VG, STROBL H, etc. Mocarski. Susceptibility of immature and mature Langerhans cell - type dendritic cells to infection and immunomodulation by human cytomegalovirus [J]. Journal of virology, 2003, 77(13): 7563 - 7574.

[39] VON HIPPEL E. The dominant role of users in the scientific instrument innovation process [J]. Research Policy, 1976, 22(3): 212 - 239.

[40] LIM K, CHESBRROUGH H, RUAN Y. Open innovation and patterns of R&D competition[J]. International Journal of Technology Management, 2010, 52(3 - 4): 295 - 321.

[41] MILLER F D, AGNES F. Vandome and John Mcbrewster. James Dyson[M]. Berkeley: Alphascript Publishing, 2010.

[42] PRAHALAD C K. The fortune at the bottom of the pyramid [D]. Philadelphia: Wharton School, 2006.

[43] PRAHALAD C K. Bottom of the Pyramid as a Source of Breakthrough Innovations[J]. Journal of Product Innovation Management, 2012, 29(1): 6-12.

[44] ROTHWELL R. Successful industrial innovation: critical factors for the 1990s[J]. R&D Management, 1992, 22(3): 221-240.

[45] ROTHWELL R, IEGVELD W. Industrial innovation and public policy : preparing for the 1980s and the 1990s[J]. F. Pinter, 1981, 4(15): 201-203.

[46] ROTHWELL R, IEGVELD W. Reindustrialization and technology[M]. Lonlon: Longman, M. E. Sharpe, 1985.

[47] SANDULLI F D, CHESBROUGH H. The Two Sides of Open Business Models[J]. Universia Business Review, 2009(22): 12-39.

[48] SMZTH R M. Ideas, Institutions, and Strategic Choice[J]. Polity, 1995, 28(1): 135-140.

[49] TIDD J. Innovation management in context: environment, organization and performance[J]. International Journal of Management Reviews, 2001, 3(3): 169-183.

[50] TIDD J, PAVITT K. Managing innovation: integrating technological, market and organizational change[M]. New York: Wiley, 2010.

[51] TUCCI C L, CHESBROUGH H, PILLER F, etc. When do firms undertake open, collaborative activities? Introduction to the special section on open innovation and open business models[J]. Industrial and Corporate Change, 2016, 25(2): 283-288.

[52] TRUSHMAN M L. The Ambidextrous Organizations: Managing Evolutionary and Revolutionary Change[J]. California Management Review, 1996, 38(4): 8-30.

[53] TRUSHMAN M L, ANDERSON D. Technological discontinuities and organizational environments [J]. Administrative Science Quarterly, 1986, 31(3): 439-465.

[54] TRUSHMAN M L, ROSENKOPF L. Executive Succession, Strategic Reorientation and Performance Growth: A Longitudinal Study in the U. S. CementIndustry[J]. Management Science, 1996, 42(7): 939-953.

[55] UTTERBACK J M, KIM L. Invasion of a Stable Business by Radical Innovation[M]. New York: Springer US, 1985.

[56] VON HIPPEL E A. Has a Customer Already Developed Your Next Product? [J]. IEEE Engineering Management Review, 1976, 18(3): 5-16.

[57] WEIBLEN T, CHESBROUGH H W. Engaging with Startups to Enhance Corporate Innovation[J]. California Management Review, 2015, 57(2): 66-90.

[58] WEST J, SALTER A, VANHAVER BEKE W, etc. Open innovation: The next decade Introduction [J]. Research Policy, 2014, 43(5): 805-811.

[59] WOMACK J P, JONES D T, ROOS D. The machine that changed the world[M]. New York: Simon& Schuster, 1990.

[60] 彼得·德鲁克，张炜. 德鲁克创新与创业精神[M]. 上海：上海人民出版社，2002.

[61] 陈劲. 社会资本与技术创新[M]. 杭州：浙江大学出版社，2002.

[62] 陈劲. 赢在服务创新[M]. 北京：机械工业出版社，2004.

[63] 陈劲. 技术创新管理方法[M]. 北京：清华大学出版社，2006.

[64] 陈劲. 协同创新与国家科研能力建设[J]. 科学学研究，2011(12)：1762-1763.

[65] 陈劲. 创新管理及未来展望[J]. 技术经济，2013(06)：1-9.
[66] 陈劲，陈钰芬. 开放创新体系与企业技术创新资源配置[J]. 科研管理，2006(03)：1-8.
[67] 陈劲，陈钰芬，余芳珍. FDI对促进我国区域创新能力的影响[J]. 科研管理，2007(01)：7-13.
[68] 陈劲，董富全. 开放式服务创新协同机制研究：以D公司阅读基地为例[J]. 科学学研究，2014(09)：1390-1395.
[69] 陈劲，蒋子军，陈钰芬. 开放式创新视角下企业知识吸收能力影响因素研究[J]. 浙江大学学报：人文社会科学版，2011(05)：71-82.
[70] 陈劲，梁靓，吴航. 开放式创新背景下产业集聚与创新绩效关系研究：以中国高技术产业为例[J]. 科学学研究，2013(04)：623-629.
[71] 陈劲，邱嘉铭，沈海华. 技术学习对企业创新绩效的影响因素分析[J]. 科学学研究，2007(06)：1223-1232.
[72] 陈劲，吴波. 开放式创新下企业开放度与外部关键资源获取[J]. 科研管理，2012(09)：10-21.
[73] 陈劲，吴航，刘文澜. 中关村：未来全球第一的创新集群[J]. 科学学研究，2014(01)：5-13.
[74] 陈劲，项杨雪，楼程富. 研究型大学院系本科教学量化考核与绩效评价：以浙江大学为例[J]. 高等工程教育研究，2013(01)：153-158.
[75] 陈劲，阳银娟. 协同创新的理论基础与内涵[J]. 科学学研究，2012(02)：161-164.
[76] 陈劲，阳银娟. 协同创新的驱动机理[J]. 技术经济，2012(08)：6-11.
[77] 陈劲，阳银娟. 外部知识获取与企业创新绩效关系研究综述[J]. 科技进步与对策，2014(01)：156-160.
[78] 陈劲，殷辉，谢芳. 协同创新情景下产学研合作行为的演化博弈仿真分析[J]. 科技进步与对策，2014(05)：1-6.
[79] 陈劲，赵晓婷，梁靓. 基于科学的创新[J]. 科学学与科学技术管理，2013(06)：3-7.
[80] 陈钰芬，陈劲. 开放式创新机理与模式[M]. 北京：科学出版社，2008.
[81] 程源，雷家骕，杨湘玉. 技术创新：战略与管理[M]. 北京：高等教育出版社，2005.
[82] 杜跃平，雷家骕，温小霓. 电子企业创新的技术轨道[M]. 北京：世界图书出版公司，1995.
[83] 杜跃平，王林雪，段利民. 科技创新创业政策环境研究[M]. 北京：企业管理出版社，2016.
[84] 冯婉玲，雷家骕. 企业技术创新管理[M]. 北京：机械工业出版社，2000.
[85] 傅家骥，姜彦福，雷家骕. 技术创新：中国企业发展之路[M]. 北京：企业管理出版社，1992.
[86] 黑格尔，何兆武，柳卸林. 中国印象：世界名人论中国文化[M]. 桂林：广西师范大学出版社，2001.
[87] 雷家骕，冯婉玲. 高新技术创业管理[M]. 北京：机械工业出版社，2001.
[88] 柳卸林. 企业技术创新管理[M]. 北京：科学技术文献出版社，1997.
[89] 鲁若愚. 多主体参与的服务创新[M]. 北京：科学出版社，2010.
[90] 鲁若愚，银路. 企业技术管理[M]. 北京：高等教育出版社，2006.
[91] 罗伯特·A. 伯格曼，陈劲，王毅. 技术与创新的战略管理[M]. 北京：机械工业出版社，2004.
[92] 迈克尔·波特. 竞争战略：分析行业和竞争者的技术[M]. 上海：三联书店出版社，1988.
[93] 迈克尔·波特. 国家竞争优势[M]. 北京：华夏出版社，2002.
[94] 迈克尔·波特. 竞争战略 [M]. 2版. 北京：华夏出版社，2012.
[95] 若明. 伟哥摇篮：辉瑞崛起的秘密[J]. 经济世界，1999(5)：29-32.
[96] 邵云飞. 基于网络视角的产业集群创新[M]. 成都：电子科技大学出版社，2008.
[97] 约瑟夫·熊彼特. 经济发展理论[M]. 北京：华夏出版社，2015.
[98] 约瑟夫·熊彼特，朱泱. 经济分析史[M]. 北京：商务印书馆，1994.
[99] 张兵. 经济长波理论及运行特征研究[M]. 北京：中国商务出版社，2006.
[100] 庄景惠，邵云飞，王滨. 驾驭顾客心[M]. 北京：中国商业出版社，1994.